介護保険と階層化・格差化する高齢者

人は生きてきたようにしか死ねないのか

水野博達
Mizuno Hiromichi

明石書店

はじめに

２０１５年４月には、介護保険制度が施行されて15年目を迎える。あと10年経つと、人口の大きな塊である「団塊の世代」すべてが、75歳以上の後期高齢者となる。

２０１４年6月に「地域における医療及び介護の総合的な確保を推進するための関係法律の整備等に関する法律」が制定され、そこで改定された介護保険法が、２０１５年４月から施行される。今回の改定は、10年後の２０２５年を想定し、制度の持続可能性を担保するための介護保険法の改定であると言われている。介護保険制度は、15年目の曲がり角で急カーブを描いて方向転換を始めた。大きな転換点を迎えたこの機会に、２０００年４月から始まった介護保険とは何であったのかを振り返り、改めて介護・ケアと日本社会の未来について考えてみることにした。

私は、本書が何よりも、介護の現場で日々さまざまな悩みを抱えながら働いている多くの仲間たちに届くことを願っている。また、現状の介護・福祉の在り方を批判し、よりよい社会への道を求めている市民活動家、研究者・行政関係者の方々と、本書を通じて検討・討論を深められることを望んでいる。そして、介護サービスを利用しているか、利用を検討している当事者とその家族を含めた多くの方々には、介護をめぐる課題や将来について考えるヒントになれば幸いであるとも考えている。

私が、社会福祉・介護の事業に携わるようになったのは、１９９４年7月、ある社会福祉法人設立の準備室主任に着任してからである。社会福祉とは縁の遠い人生を送ってきた私には、社会福祉法人の設立準備の仕事は、極めて過酷なものであった。設計図を見直し、設計を一部変更するための打ち合わせ、入居者のベッドやタンス、食堂のテーブル・椅子・食器類、浴室の設備・備品、事務所の設備・備品、診療所の設備・備品や細々した介護用品などの選定とその発注・納品検収作業、法人設立の趣旨書づくりと監督官庁に提出するさまざまな書類の作成、そして、職員募集と採用のための諸事務作業……。書類提出期限が迫り、事務机の下で仮眠をとりながら提出になんとか間に合わせるといった綱渡り的な実務の連続であった。

間もなく建物が完成しようとしていた1995年1月17日朝、大地は大きく揺れ動いた。阪神淡路大地震である。設計変更で工事が遅れていた浴室の入り口の塗り壁に少しヒビが入っていただけで、建物は、何の支障もなかった。1955年4月2日、無事、デイサービスを併設した特別養護老人ホームを、大阪市東住吉区の同和指定地区の一角にオープンすることができた。

私たちが、福祉法人の立ち上げに忙殺されていた1990年代の後半は、日本の社会福祉が大きく転換していく時期と重なっていた。「措置の時代」から「契約の時代」と称された転換点である。

介護保険制定前後には、ケアの改革運動が、市民（家庭介護の担い手であった女性たちが主導）、看護師、保健師、セラピスト、ヘルパー・介護職員らによって展開されていた。官民の協同による「寝たきりゼロ作戦」や「おむつ外し学会」の取り組み、宅老所運動、訪問看護・訪問介護の在宅事業の立ち上げ等の形を取って展開されていた。従来の特養ホームに代表される大規模施設の介護の在り方への批判・反省を内容とした運動でもあった。

従来の「措置の時代」の福祉は、国家による貧窮者救済的な「（再）分配」としてのケアの提供という性格が強いものであった。従って、ケアの主体・中心は、いわば国家を後ろに背負ったケアする側の介護職員、看護師、医師等が握っていた。そこでは、入居者への平等なケアの分配が求められたため、画一化されたケアにならざるを得なかった。結果として高齢者一人一人の〈その人らしさ〉を抑制する「集団主義的ケア」が展開されてきたのである。

ケアの改革運動は、家庭の女に介護責任を押し付けている福祉の現状に対して「介護の社会化」を求める大きな市民運動の流れを背景にしながらも、〈その人らしい生活（暮らし）を支える〉ケアとは何かを追求するケア改革の運動であった。ケア・介護とは、〈その人らしい生活（暮らし）を支え、その人（たち）とできる限り自立した生活（暮らし）を整えていく〉ことであるという共通の認識・理解があり、医療モデルから生活モデル（社会モデル）へのケアの転換の必然性が語られた。１９８０年代の「国際障害者の10年」のさまざまな取り組みの中で、ＩＣＦ（国際生活機能分類）の考え方が、高齢者ケアにも波及してきたのである。それは一言でいえば、誰もが、〈尊厳〉に基づいた生存の権利を持っていることを社会が承認し、その権利の実現を図っていく営為の一つとして、ケア・介護を考えるということである。

こうしたケア・介護の在り方を改革しようとする取り組みがさまざまな形で展開されている時期に、私は、社会福祉法人の事業に関わることができた。介護保険制度と国の制度運用には、疑問と悲観的な認識が徐々に膨らんでいったが、ケア・介護の在り方を改革しようとする機運が盛り上がっていた時期であったこともあり、制度に対する批判をバネに、事業展開や地域での実践において、明るい展望を少しでも開こうと前向きに動いていたように記憶する。そこでは、ケアの改革を広げ、深めるための方策を描いたこともあった。ここで描いた夢の多くは、実現できる条件のなさや未成熟で立ち消えたものも多い。また、論理的に発展させる必要があった論点も、他の事態への対応に忙殺されて、そのまま野ざらしの状態で放置してきたことも多い。この本では、介護事業の現場で悩みながら歩んできた私自身の試行錯誤の歩みを通して、介護保険の15年の軌跡に迫ることを考えた。いくつかのテーマと章の内容については、「野ざらし状態」の残骸が、そのまま積み残してもいる。こうした「夢の痕」を回収する作業は、２０１５年を転機に新しい仲間と開始する以外にないと覚悟を決めている。

介護保険について検討する立場や視点は、それぞれの論者によって多様であるし、多様であって当然であろう。例えば、かつて厚生労働省老健局長であった堤修三は、２０１４年９月に『�木庵滴録』で、「介護保険に未来はあるか」と題した文書を発表している。彼は、介護保険の当初の理念に立ち返りつつ、「介護保険は、その後の度重なる改正や運用の変更により、当初の理念から離れつつあるのではないか。このままの介護保険に未来はあるのだろうか」とこの制度を行き詰まらせた厚労省の後輩たちや市町村担当者の政策展開に対して、さらには、国民・被保険者とケアの現場も制度への過度な依存・〝制度中毒〟となっていることへ率直な批判を行っている。その上で、医療保険と介護保険双方の思い切った再編構想を提起している。社会保障制度の柱の一つであった介護保険制定時の理念を守り、今日的な改革の方向を提唱しようというのである。彼は、国の社会保障制度に関わる「企画・政策立案者」の立ち位置から、今も発言していると言ってよいだろう。

また、上野千鶴子は、雑誌『社会運動』２０１４年９月号で編集部から求められて「介護保険以降のワーカーズ・コレクティブ」と題する論考を発表している。彼女の著書『ケアの社会学』（太田出版、２０１１年）で、介護保険において、生協福祉の担い手のワーカーズ・コレクティブとの関わりの中で、良質なサービスを提供するのは「協セクター」の事業主体だと主張していたが、そのワーカーズ・コレクティブのこれからについて論じて欲しいという依頼に基づいて書かれたものである。ここでは、時代の与件、すなわち、介護保険制度とそれを取り巻く社会条件・環境の変化を家族の変化やワーカーズ・コレクティブの主体の変化を絡めながら分析を行っている。今回の法改訂によって、ワーカーズ・コレクティブの事業が生き延びるための可能ないくつかの選択肢を提示し、最後に「だからといって、制度の与件そのものの変更を、ギブアップする理由はなにもない」としているが、ここでは介護保険制度そのものの問題点には明確には触れていない。また、ここでの彼女の立ち位置は、少なくとも下層の階層を代弁はしていない。

議論を始める前に、この本のなりたちと私の立場や問題関心のありかを明らかにしておきたい。

この本は、筆者が、特別養護老人ホームの施設長をしながら、折に触れて介護の現場から、国の施策や大阪市の方針、あるいは、老人施設連盟などの「福祉業界」の動向を批判的に記述して来た論考に手を加えたものが大半である。2009年以降は、社会福祉法人の退職と前後して、大阪市立大学大学院創造都市研究科の特任教員をしながら執筆してきた原稿に手を入れたものである。しかし、あくまでも私の原点は、1995年から務めた特別養護老人ホームの事業の中で、職員や利用者、あるいは法人の理事・評議員や地域の関係機関の人々との触れ合いから学んだことである。

私が仕事をさせていただいた特別養護老人ホームは、冒頭に述べたように同和指定地区の一角に設立された施設である。2000年4月以降も、70％以上の利用者が、利用料の減免措置を受けていた。つまり、低所得者層が圧倒的であり、利用者とその家族の多くは、差別や障碍、貧困や病苦などさまざまな生き難さを抱えて生きてきた方々であった。そのような「現場」の環境から、私の立場と視点を形づくることができたことを、私は大いに感謝している。

この本は、悩みながら歩んできた私自身の軌跡でもあるが、国民の多数者である働く人々、そして社会の底辺に押し込まれてきた人々の立場から、この介護保険制度の問題点と構造を透視してみる試みである。私の介護保険に対する観点は、「市場での自由は、人びとの尊厳を担保できるか」という2000年前後にたどり着いた市場原理への批判的視座である。

介護保険とは何であったか？　この点を明らかにする本書の構成を簡単に紹介しておく。

読者は、まず、序章を読んでいただきたい。その後は、順を追って読みすすんでいただいてもよいが、第1部は、やや理屈っぽい内容なので、飛ばして関心のありそうな部・章からランダムに読んでいただいて、最後に第1部にもどるのも結構であろう。各部・章は、全体と関連した内容であるが、それぞれ独立したテーマで書かれているからである。

なお、介護や福祉制度に馴染みのない方には、第5部第10章「政府の機能と市民の活力で『新しい公共福祉』へ」から読み始めることを勧めたい。中国の職業専門家を育てる大学（3年制）の学生に行った講義の原稿に手を入れたもので、わかりやすい語り口になっているはずである。

また、介護関係の仕事に携わる人には、第6部から読み始めることを勧めたい。介護労働をどう考えるかというテーマでもあり、討論会での話し言葉を文字にしたものなので、親しみやすく読みやすい文章になっているはずである。

さて、序章「地域は介護・福祉の救い主になり得るか?」は、2014年6月に制定された法により、改定介護保険法が2015年4月から施行される。要支援1、2のサービスを介護保険サービス体系からはずし地方自治体の責任において実施される「新しい地域支援事業」に組み替える改定の内容を中心に、介護保険が15年でたどり着いた地点を端的に示してみた。この改定を好機ととらえ、「地域福祉・地域自治の時代の到来」、あるいは、「ビジネスのチャンス」と身を乗り出そうとしている人たちもいる。それらも現実の姿である。こうした現実を踏まえ、この15年で日本の介護・ケアのたどり着いた地点を確認した上で、介護保険とは何であったか、検討を始めることにする。

以下、各部・章を紹介しておく。

〈第1部〉市場化と人間の尊厳

介護保険制度により介護サービスが市場化されることになった。そのことで表れてきた問題について批判的な眼差しを向け、介護保険制度への原理的検討を行った。

第1章　「介護の社会化」とは、「市場」での自由のことか？――問われる「人間の尊厳・個人の尊重」と家庭・地域と地方自治の役割／意味

第2章　尊厳を支える制度への転生を求めて――要介護認定システムを改変し、サービスの適正化を

〈第2部〉老後生活の階層化と介護保険／地方自治体

第1回目の介護報酬の改定が2003年に行われた。介護保険は、在宅サービスが中心になるように望まれたが、蓋を開けてみると入所施設へのニーズが強く、保険財源を圧迫した。入所施設の報酬単価の削減と新型特養（個室ユニット型）への「ホテルコスト」（部屋代）をはじめ利用者への新たな利用料負担が生まれた。こうした事態の変化の意味を考えた。

第3章　財政事情優先で進む制度の改変と入所判定基準――特養「入所基準」の策定と「居住と介護の分離」の意味

第4章　人は生きてきたようにしか死ねないのか？――老後生活の階層化を促進する「介護市場」を問う

〈第3部〉市場主義に抗するケア改革の模索

2005年、介護保険法の第1回目の見直しがなされた。介護の仕事が若者から忌避され始めた。介護の現場は、人手不足が広がる。しかし、介護への誇りを失わないためにも、より良い介護への挑戦を放棄することはできない。市場原理に負けない非営利のあり方と、危機が迫っている事態を検討した。

第5章　「介護の革命」第2段階を目指した模索――欠乏する介護労働力に悩み揺れる現場から

第6章　深刻な介護労働力の欠乏～行き詰まる介護保険制度――「尊厳を支える介護」と言うけれど……

〈第4部〉欠乏する介護の担い手を巡って

介護労働力が足りない状況の分析とそれを生み出している社会的構造の検討を行い、日本の福祉にかかわる理

論・政策、とりわけ福祉ミックス論の現実を批判的に検討する。

第7章　重大な問題をはらむ介護の資格と人材確保指針の変更――労働力人口の3～3・5％が必要な介護労働力の現実の中で

補論1　「介護報酬3％アップで2万円の賃上げ」のペテン――2009年度の介護報酬改定への批判

第8章　日本における「福祉ミックス論」再考――欠乏する福祉の労働力問題から見て

補論2　外国人介護・家事労働者の導入と地域の高齢者サービス――地域の「市場占有戦略」と高齢者向け住宅業者などの動き

〈第5部〉超高齢社会を考える

超高齢社会への移行は、日本だけではなく東アジアも少子高齢社会へと向かっている。超高齢社会への移行に際して、近代における「ケア」の位置・意味を反省的に捉え返すとき、私たちがどのような未来社会を描くべきかを教えてくれる。また、真っ先に少子高齢社会へと向かった日本の経験と教訓を私たちは、アジアの人々に伝える義務があるといえよう。

第9章　超高齢社会、必然化する「持続的社会」の構想――少子高齢社会は福祉施策では超えられない近代の行き詰まり

第10章　政府の機能と市民の活力で「新しい公共福祉」へ――中国の若い仲間へ～日本の高齢者福祉サービスの反省と教訓から

〈第6部〉介護労働者の組織化を巡って

「職場の人権」の2013年6月例会での講演と質疑討論の記録に手を入れた。介護労働者の組織化をどうするか、というテーマの討論会であったが、逆に、なぜ組織化が困難なのかについて考えた。

第11章　なぜ、介護労働者の組織化は困難なのか？――労働力商品としての介護労働の特性から考える

第4部 欠乏する介護の担い手を巡って

第6部　介護労働者の組織化を巡って

序章

地域は介護・福祉の救い主になり得るか？

◆現実の矛盾を覆い隠す〈コミュニティ幻想〉批判

「行政の皆さん、覚悟はできていますか？　地域で活動している皆さん、やりましょう。できますよね」壇上から、まるで、どこかの宗教団体の教祖か、投資コンサルタントのようなハイテンションの呼びかけがなされる。その声の主は「さわやか福祉財団」の堀田力である。

２０１４年6月3日、大阪市の東成区民センターで「これからの地域支援事業を考えよう」と題するフォーラムが開催され、大阪府下の市町村の行政と社会福祉協議会関係者、介護事業者やボランティア団体など５３０人あまりが参集した。

「来年度から介護保険制度の見直しを受けて、地域包括ケアシステムの構築と介護保険制度の持続可能性を基本とした改定が行われ、新地域支援事業として市町村へ要支援１・２の多くのサービスが介護保険から移行されます。（中略）地域で要支援者に対する生活支援を含めて、困っている方々を支えるためには介護保険制度だけでは対応することは不可能です。地域の地縁団体（地区協議会・自治会・町内会・地域活動協議会など）による日常的な助け合いと、ＮＰＯなどによるテーマ型（家事援助・配食サービス・外出支援サービスなど）の助け合いがネットワークを組み、地域を面として支える体制が必要です。（中略）介護保険制度だけでは実現が難しい『安心して住み続けられるまちづくり』の構築を官民が協働して考えます」との趣旨で開かれたフォーラムである。主催は、さわやか福祉財団、NPO地域ケア政策ネットワーク、後援には、厚労省、全社協、日本生協連、大阪府・大阪市・堺市・高槻市、大阪府・大阪市・堺市の社協が名前を連ね、住友生命保険が協賛になっていた。

厚労省老健局の川部勝一振興課課長補佐の介護保険改定の説明などもあったが、中心は「新しい地域支援の仕組みと今後の展望」をどう考えるかであった。

一人高揚して語る堀田力の話を聞いていて、彼の言う「地域」とは一体、いつの、どこのことなのかと、疑問ばかりが浮かんだ。少なくとも、高齢化と貧困化が進む大阪市では、彼の語るような地域は例外的にしか存在しないであろう、という思いが重なってくる。

1　福祉サービスの市場化がもたらしたものは?

介護保険は、「介護の社会化」「地方自治の試金石」などといわれ、多くの人々、ことに介護の重圧にあえぐ女性や地方自治の前進を願う団体・諸個人の期待を背負って生まれた。制度の誕生にあたって、政治的な条件もあり、「とにかく制度を出発させ、走りながら問題点を考え、改革していく」とも言われていた。

2005年の最初の制度見直しの時点で、すでに「制度の『持続可能性』を高める観点から」「給付の効率化・重点化」が強調されたことを思い出すのであるが[(1)]、介護保険制度が始まって間もなく15年になろうとする今日、何が問題かを考えてみることにする。

今日この頃、介護保険制度だけでは実現が難しいので、「安心して住み続けられるまちづくり」を官民が協働して押し進める必要があると言われる。介護保険の限界を超えていくために、地域の能動的で自主的な助け合いなどの努力により、地域のコミュニティ力再生が求められているのである。

介護保険は、措置から契約への転換により、サービスの選択が自由になる、と喧伝された。「契約」とは、つまるところサービスの市場化である。この市場化は、地域にどのような変化をもたらしたか。

２０１１年に「第41回毎日社会福祉顕彰」を受賞するなど、全国的に注目されてきた大阪市東住吉区の今川社会福祉協議会のボランティア部の活動と介護保険の関係について、岩間伸之らが次のように分析・総括している。(2)

「生活するなかで困ったことがあれば、まず介護保険を使うことになった」（中略）介護保険サービスに頼ることに慣れると、人びとは、近隣の住民や地域の活動に頼らなくても生活が成り立つと考えるようになります。（中略）

介護保険を利用するようになって、それまで築いてきた関係が途絶えてしまったという声もありました。ここから、介護保険がもたらした影響のひとつに、介護サービスの利用者と地域の人たちの関係の希薄化があげられます。（127～128頁）

さらに、こう分析・総括している。

こうした分離傾向に加え、さらに小地域福祉活動として地域住民が担ってきた部分を介護保険の側が浸食してしまったパターンも見受けられます。（中略）「介護保険があるのだから、使えるものは使おう」という住民の意識とサービスの導入を積極的に図りたい事業者の思惑もあって、小地域福祉活動と介護保険が分離されるだけでなく、（A）（＝小規模福祉活動）の部分を介護保険サービスが浸食してしまうことで、結果的に小地域福祉サービスの衰退を招いたことが想定されます。（129頁）

農村共同体をベースにした前近代から近代への移行、すなわち、資本主義の成長は、家族・地域の互酬的・互助的関係を後退させる。近代の産業化・都市化に伴う労働力の移動や女性の労働市場への編入などによって従来の家族・地域の在り方は変貌し、互酬的関係や相互扶助的機能は生産活動や地域社会を維持・発展させる活動の後景に退く。この機能の後退に替わって構築されてきたのが公共事業や社会福祉事業である。社会福祉・社会政策が、家族・地域の諸機能を後退させる原因ではない。社会政策が求められる「要因」を社会政策の「結果」とみなす誤りを確認した上で、今川の小地域福祉活動の分析・総括を考えてみることにする。

その一つは、今川の地域に根付いた小地域福祉・ボランティア活動ですら、介護保険に大きな影響を受け、地域の住民の自主的な福祉的活動が衰退したという指摘である。これは、公的な介護保険が地域の機能を後退させたことになり、先の確認は、意味をなさなくなるように見える。だが、従来の社会福祉事業と介護保険との相違について、いま少し検討してみよう。

●公的介護保険は、介護サービスの供給を市場化しているが、サービス自体は現金支給ではなく現物支給である。被保険者の介護目的のほかに利用・使用できず、サービスの転売は行えないので、介護保険制度自体が、人びとの金銭的欲望を増殖することはない。

●措置制度による従来の社会福祉は、家庭（企業・地域）機能の社会的な補助・補完として発展したが、介護保険は、被保険者個人への支援である。（「日本型福祉」の影響で、家族の役割が不断に織り込まれてくるが）

●また、サービスの契約主体は、高齢者本人であり、介護サービスは家族への支援ではない。原理的には、被保険者本人（高齢者）は、家族や地域への遠慮・気兼ねによって給付を抑制しなくてもよい当事者主義を促進させる制度の枠組みとして設計された。

●しかし、要介護認定により利用限度額が決められ、通常10％の利用料の負担が求められるので、どのサービスをどの程度利用するか等を金銭に換算して考えることになる。

要するに、介護保険は、プライバタゼーション（「私化・個人化」）に基づいて、（擬似）市場で介護サービスを「買う」という制度である。「契約」に基づく「市場での（サービス選択の）自由」という市場原理が組み込まれている結果、互酬的関係や相互扶助的機能は、サービス（商品）の売り買いに組み替えられるのである。ここに、従来の社会福祉制度との違いがある。

その結果、今川地域で見られたように、小地域福祉活動と介護保険が分離されるだけでなく、地域住民の福祉的活動の部分を介護保険サービスが浸食してしまうことで、結果的に小地域福祉サービスの衰退を招くのである。すなわち、地域の地縁的組織と活動の衰退に帰結したのである。

2　新自由主義の浸透と人々の暮らしの変貌

二つには、地域の互酬的関係や相互扶助的機能の後退は、介護保険制度の影響だけではない。１９９０年代には世界を席巻した新自由主義的グローバリゼーションによって、規制緩和と市場化が進められた。新自由主義的グローバリゼーションは、実は、日本では、高度経済成長の時代にその下地が作られ、１９９０年代の小泉政権以降その展開が加速化された。

高度経済成長におけるフォーディズム（大量生産・大量消費）は、人々の生活観・価値観の中に消費文化（労働や倹約よりも消費に価値を見出す文化現象）を押し広げた。その上で、戦後資本主義の行き詰まりの後に登場した新自由主義的グローバリゼーションは、富の蓄積の三つのフロンティアを開拓した。①金融と情報及びサービスの商品化、②第三世界を安価な資源・労働力のみならず生産拠点と消費の市場として新たに位置づけ直す、そして、③ニュー・パブリック・マネジメントなどの手法により福祉・医療・教育をはじめとした公共財産・公共事業を市場化する、という三つである。

このような資本増殖のターゲットの重点移動はあるが、人々のあくなき経済成長への願望と消費文化の様相は変わらず、社会の諸領域にプライバタゼーションが浸透した。

介護保険制度それ自体は、③のニュー・パブリック・マネジメントの手法による介護サービスの疑似市場化であったのだが、介護保険制度の準備→発足→展開過程の20年余りは、世界と日本社会が、新自由主義的グローバリゼーションの波に席巻された時期でもあった。外食店舗や配食・ケータリングの開発、商店街の衰退とコンビニ店舗の拡大、学校自由選択制と学習塾・スポーツクラブやジムの群生、さらには〈婚活〉が民間事業者によって組織されたことなどに象徴されるように、公的領域や家庭や地域の「親密圏」の互酬・互助の領域が圧迫・縮小され、すべてを商品化・市場化することを「是」とし、それが合理的・効率的だ、とする風潮を蔓延させた。

こうした時代の特徴と「その一」のことと合わせて考えれば、介護保険施行の15年の間に、全国の家庭・地域で人々の生活は、かつては、市場の外にあった互酬的関係や相互扶助的領域であった介護関連の多くの要素が介護保険制度を通じて「サービス商品市場」へと組織された。「介護の社会化」とは、さしあたり「介護サービスの市場化」として展開されたのである。こうした流れに抵抗し、異を唱えることは、相当の覚悟が求められたのである。

三つには、たいていの地域では、かつて盆踊りやお花見などの地域の活動・行事を自治会・町会といった地縁組織の活動が担ってきた。しかし、こうした組織と活動が１９９０年代頃には、長期の停滞と衰退状態に陥った。それは、少子高齢化という人口構成によるものだけではなく、二つ目にあげた新自由主義的グローバリゼーションに基づく社会変動の結果でもある。人びとのつながりが、消費者として〈個人〉へ分解され、消費文化へと溶解されてきた結果でもある。

この間、町おこし・村おこし、祭りや地域の文化遺産の復活が話題になり、マスコミでも紹介されるようになってきた。しかし、それは、全国的に地域の力が向上してきたからではなく、むしろ地域の停滞と衰退を何とかしたいとする数少ない貴重な取り組みであるからだ。しかも、この「地域おこし」の内容と目的は、厚労省やさわやか福祉財団などが考える地域の助け合いを生みだすものばかりではなく、商業主義的な地域再開発の手法によるものも多いのである。

こうした現実を踏まえると、介護保険の限界を超えていくために、地域の能動的で自主的な助け合い活動により、地域コミュニティ力の再生が必要と言われても、その中心となることが期待されている地縁的組織自体が、すでに機能不全に陥っていることやＮＰＯ等の市民活動団体も地域に十分根付いていないことを直視しなければならない。

3　介護保険は、都市中間層にとって of／for／by の関係

介護保険は、選別主義の福祉から「誰でも、どこでも、ニーズに応じてサービスを受けられる」普遍主義の福祉への転換点であるとされた。

かつての行政処分としての措置による社会福祉サービスの給付は、すでに見たように家庭機能の社会的な補助・補完であった。高齢者の介護の責任を負うのは、本来、家族・家庭であるという考えを前提に、しかし、経済的な理由や病気や障碍、仕事で日中独居になるなどの世帯構成員の事情等で介護に欠ける世帯だと行政が判断した場合、介護給付が措置されたのである。こうした選別主義による給付においては、世帯・家族の所得、世帯構成と介護の必要な事情などが詳しく調査・判定された。

その結果、介護保険以前の制度では、当然にも低所得者層が措置決定を優先的に受けることになった。特別養護老人ホームや在宅サービス（デイサービスやホームヘルプサービス等）の供給量が少ないという事情もあって、

サラリーマンなどの中間層[3]世帯は、高齢者に対する介護サービスや居場所を求めることができず、「介護地獄」が出現していた。

他方、アッパークラスは、高額な有料老人ホームを利用したり、看護師・家政婦を雇って在宅生活を維持したりすることができる。だから、普遍主義による介護保険は、何よりも、中間層にとって切実なものであった。こうして、選挙の結果を左右する中間層を納得させるためには、福祉政策は普遍主義に至りつくというわけだ。つまり、介護保険制度は、中間層のもの（＝of）と言い得るのである。

さらに、各保険者（市町村）が定める特別養護老人ホームの「入所判定基準」によって、在宅生活が困難な低所得者世帯が不利益を被ることになること[4]や、措置時代の累進制による特養などの階層別利用料金と比して、介護保険制度の下では、介護保険料を含めて考えると低所得者の費用負担が「逆進制」となるなど、中間層にとっては有利な制度として設計されてきた。つまり、中間層のための（＝for）介護保険と言い得るのである。

中間層は、源泉徴収などで多額の納税を行い、介護保険料では、各市町村の平均保険料を超える保険料を支払うことによって介護保険財源を大きく支えてきた。また、サービス受給における問題だけではなく、サービス提供の側面を見ると、在宅サービス、とりわけ、ホームヘルプサービス事業を支えてきたのは、30歳代後半～50歳代の「専業主婦」層であった。家計収入の大部分は夫で、ヘルパー資格などを活かして、近隣の介護事業所で、家事・育児の都合に合わせて、上手に短時間働くという「登録ヘルパー」「非正規パート」の存在によって在宅介護サービスは成り立ってきた。つまり、介護保険の大きな部分を成す在宅サービスは中間層の中高年女性によって（＝by）支えられてきたのである。[5]

さて、その中間層は、今日どうなっているのか。1997年をピークに、給与総額は減少しており、年間所得650万円台以上の割合が低下し、600万円台以下の割合が上昇している。団塊の世代のリタイア、中高年の賃金カットなどで中間層は、下方に転落しながらやせ細ってきた。貧困と格差が、新自由主義的グローバリゼーションと人口の高齢化によって拡大してきたのである。

4　介護保険の行き詰まりと地域コミュニティ幻想

介護保険の財源構成は、国庫から25％、都道府県の税収から12・5％、市町村から12・5％、被保険者の保険料が50％となっている。

２０００年当初、事業規模は３・６兆円で、保険料は、全国平均で約３、０００円（２、９１１円）であったが、２０１４年度の事業規模は10兆円、第５期の保険料が全国平均で約５、０００円（４、９７２円）となっている。団塊の世代が後期高齢者（75歳）になる２０２５年度には、事業規模は21兆円で、保険料は、全国平均で８、２００円程度になると厚労省は予測している。現状でも、夫婦二人で支払う全国平均の保険料は１万円に届き、２０２５年度では、平均で１６、４００円になるという予測である。

保険料は、市町村毎の介護保険事業の総量等によってその額は全国平均を上下する。また、各被保険者の保険料は、所得に応じた累進制なので、実際には、各個人が保険料を高いとみるか適切とみるかは、さまざまであろう。しかし、高齢者にとって決して安い額ではない。当然にも、低所得者は、規定の保険料を支払うことができない。この層については軽減率を現状５割から７割にして、現在の保険料と同等程度の額に抑えることなどが検討されてきたが、現状でも、市町村民税非課税世帯は65歳以上の約３割となっており、年金支給額切り下げや経済情勢によっては、さらに市町村民税非課税世帯が増加することもあり得る。将来、軽減率や所得に応じた各被保険者の保険料がどうなるかは、実のところ、かなり不透明である。この理由に付け加えて言えば、第２被保険者である40歳～64歳の「現役実働世代」は、健康保険料に併せて介護保険料を徴収されており、この世代が介護保険財源の29％を拠出している。65歳以上の第１号被保険者は、介護保険財源の21％の供出であるので、人口構成からも、非正規労働の拡大などのワーキングプワー層の拡大によって、「現役実働世代」が29%を拠出することが困難になり始めており、世代間の対立が惹起される条件が拡大しているのである。

いずれにしても、安倍政権の新自由主義的経済政策により、「分厚い中間層の復活」（2012年度版『労働経済の分析』）などはあり得ない話だ。中間層は、やせ細り、不安定な状態となっている。現状の保険制度の枠組みを前提とするなら、高齢化による介護需要の伸びをカバーできる介護保険財源の確保は、ほとんど不可能になってくることは疑いの余地がない。

こうして呼び出されたのが、いつもの介護保険制度の持続可能性のための事業の「重点化・効率化」論であり、今回、新たにサービス移転（切り捨て）の受け皿としての市町村と「地域」がご指名にあずかることになったのである。

今回の改定での「重点化・効率化」の主なものは、以下である。

① 要支援1、2の「予防給付」事業を市町村がとりくむ（新）地域支援事業に移すこと
② 特別養護老人ホームへの入所者を原則要介護3以上とすること
③ 一定の所得のある利用者の自己負担を1割から2割にすること
④ 低所得者の施設利用者の食費・居住費を補填する「補足給付」の給付要件に資産（貯金や遺族年金・障害年金のある者、配偶者の収入）の有無などを追加して制限すること

ここでは、①の点を中心に批判的検討を行うことにする。

第一に、そもそも介護保険の出発にあたって、「要支援」（介護予防）という考え方により、要介護度の低いレベルをも介護保険の給付対象に入れた。このことについて総括・反省が求められると筆者は考える。

「介護事故」に対する給付を行う保険制度に「介護事故にならないように予防する」事業まで組み込んだ「保

険制度」の語義矛盾は置くとして、要介護度の低い（1から2の中程まで）レベルは、本来、介護保険に馴染まず、地方自治体と地域住民の自治的活動によるスポーツ・娯楽・余暇などの活動を組み込んだ健康増進と生きがい事業、高齢者の地域貢献事業などとして構想されるべきであった。高齢になっても住み慣れた地域で生き生きと暮らすための人々の活動・取り組みは、それぞれの地域の文化・伝統・習慣や住人の状態に即した多様で柔軟なものであるべきだ。それは、基本的に住民自治に支えられ、サービスの担い手と受け手が一方に固定化されない、時間と場面、事柄によって相互に入れ替わる双方向の活動であり、お互いが主人公・主体となる活動なのである。しかし、例えば、介護保険がメニュー化（画一化）するデイサービスのように、高齢者を施設に囲い込み、地域から切り離して、一方的に利用者をサービスの〈消費者〉にしてしまうような事業ではなかったはずである。今さら、地域で「多様化した地域支援事業を」と厚労省に言われると失笑してしまうのである。

第二に、今川の活動経験に見るように、いまだ能動的な自活能力のある高齢者をこの15年余りにわたって、介護保険サービスの〈消費者〉に組み替えることになってしまった。このことによって、すでに活動が停滞していた地域では、地域の福祉的活動の根拠が奪われ、また、活動が展開されてきた地域では、これまで築いてきた近隣地域の人々のつながりが希薄化されたのである。

第三に、全国的な地域の現状を勘案すれば、さわやか福祉財団などが語る「新しい地域支援活動」の提唱は、現実の可能性がどの程度あるのか、また、その性格はどうか。

堀田は言う。「その地域では日常的にご近所どうしの交流が行われているほか、地域の絆を深めるため、誰もが気軽に立ち寄り交流できる居場所（人の集まる場所）が設けられている。／また、地縁組織が、見守りや交流（居場所、イベントなど）、ご近所どうしで行う日常生活上の助け合い、地域の景観保持や健康体操など、住民の地域活動を誘導している。市区町村や社会福祉協議会などは、地縁組織の活動を支援している。／さらに、福祉や助け合い、子育て支援、権利擁護や町づくりなどの分野で活躍するＮＰＯその他の非営利団体、それに企業の社会貢献活動部門などは、地縁組織と連携して、地縁組織では満たせない助け合いのニーズを満たす活動を行う……」と目指すべき地域社会像を描いている。[6]

増田寛也（日本創成会議・人口減少問題検討分科会）らが「提言・ストップ『人口急減社会』[7]」で警告を発しているように、２０４０年には５２３もの市町村が消滅しかねない危機的状態である。また、大都市の中にも、「限界集落」に似た高齢者や障碍者、生活保護受給者、シングルマザーなどの生きにくさを抱えた人々が集住する地域が現われており、町の清掃活動などの担い手も存在しないという現状が広がっている。[8]

堀田らの言うような地域社会像を描ける地域はどこにあるのか。今や、介護問題だけでなく、新たに生活困窮者自立支援の事業も市町村と小地域の活動へとその課題が振られている。介護・福祉・健康・育児、防災などの問題をトータルに考え、その解決の主導力になれる地域とはどこにあるのか。

おそらく分厚い、しかも安定した「中間層」が集住する地域以外には考えられない。とするなら、堀田らの主張は、動揺する中産階層が、過去の失われた記憶に新しい味付けを加えて描く〈コミュニティ幻想〉とでもいうべきものであろう。

5　自らを助け得る者は救われ、そのほかは切り捨てられる

制度はおうおうにして、その存在意義・意味を顧みられることなく、その存続が至上目的化される。介護保険15年の歩みから見えるのは、このことである。一旦できた社会制度は、その制度にまつわる利害関係者と利害関係の網を編み上げる。多くの制度の利害関係の頂点に立つのは所管省庁である。介護保険制度では、その頂点は、厚労省の「省益」である。

本来、保険制度に組み込むことが疑問視された「介護予防」を取り込んだのは、高齢者に反対されることなく

すべての高齢者に被保険者になってもらうためであったと考えられる。低いレベルの要介護者とボーダー層を捕獲するための大きくて幅広い〈投網〉が必要であったのだ。

今日、その大きな網を引き揚げるのが重荷になってきたので、低いレベルの要介護者およびボーダー層へのサービスを市町村・地域に、かねてから狙っていた通り、払い下げにするのだ。厚労省が本気で、腹の底から、さわやか福祉財団などの主張を全面的に支持しているとは思えない。全国の地域の状態がどうなっているかくらいは、おおよそ認識しているはずである。厚労省は、介護保険制度という「省益」を守るために、低いレベルの要介護者およびボーダー層を切り捨て、その切り捨てたサービスの受け皿として市町村と地域を指名し、呼び出しているだけなのだ。

介護サービスが多少高額でも購入できるアッパークラスとミドルクラスの上層の者、そして、分厚い中間層が集住する地域に居住する者、つまり、自らを助け得る階層の者は救われる。しかし、そのほかの階層の者やそのほかの中山間部や都市の生きにくさを抱えた人々が集住する地域で暮らす者の多くは、「介護の社会化」の埒外に置かれていくことになる。

今回の法改正は、底辺層と多くの地域の切り捨てへの一里塚なのである。まさに、堀田らの熱心な「新しい地域支援活動」への主張と活動は「地獄への道は善意で敷き詰められている」という格言がお似合いと言うべきなのかも知れない。

おわりに

地域との関係で介護保険のことを述べてきたが、最後に、介護の担い手の問題に触れないわけにはいかない。介護労働者の現状、とりわけ、民間営利企業のグループホームなどの施設における過酷な労働条件、あるいは、介護労働者全体の低賃金と将来性のなさについてはマスコミでも多く報じられてきた。介護保険が始まった頃とは対照的に、若者が介護の仕事を忌避していることも重なって、介護人材欠乏はどの事業所でも悩みの種である。また、在宅介護の担い手のヘルパー不足は、都会では深刻だ。かつてはヘルパー事業の担い手であった「専業主婦」層はどんどん高齢化し、新規補充が困難になっている。つまり、中間層世帯の不安定化とやせ細りによって、主婦のパート戦略は機能不全を起こしているのだ。

こうして、２０２５年には、介護労働者が、１２０万人～１３８万人不足するという予測まである。これらの解決の道は、介護労働がディーセント・ワークになることである。すなわち、介護報酬の増額による介護労働の社会的認知と労働条件の改善である。ところが、これまで述べてきたように、厚労省は、省益を守ることには熱心だが、介護保険の本質的危機の一つである介護労働力の問題を解決するために、保険制度の解体的再編を含めた抜本的な制度の見直しは避け続けている。

こうしたもとで、２０１４年6月24日、新たな成長戦略「日本再興戦略」（改定２０１４）を安倍政権は閣議決定した。この「日本再興戦略」には、①外国人の介護労働者を「技能実習制度」の対象職種として追加する検討（２０１４年内に結論）、②国家戦略特区において家事支援人材の受け入れを可能に（早ければ、２０１４年秋から大阪府・市などの特区で実施）の２点が入っている。介護の担い手の不足を抜本的に解決するのではなく、外国から３～５年の短期の出稼ぎ型労働力の導入でしのごうというのであろうか。

外国人介護労働者や家事支援労働者の受け入れが介護や地域の市場をどのように組み替えることになるのかについての検討は別途、第４部補論２で行うこととして、ここでは、以下の点の指摘に留めておくことにする。①、②はともに、実施内容や管理監督方法、つまり、外国人の労働条件・権利問題についての検討などをすっ飛ばして「日本の成長戦略として必要」という極めて独善的で横暴な視点からの政策の「枠組み」設定である。

①については、これまでも、日本の外国人を対象にした「技能実習制度」は、国の内外からさまざまな批判・問題点が指摘されてきた。研修生を派遣する国の斡旋業者と日本の受け入れ仲介者（エイジェントなど）の暗躍によって法外な借金を背負わされる研修生の問題も指摘され続けてきた。そもそも、「技能実習」に名を借りて、実態は労働力として受け入れるが、最賃制や労働法制を守らず、賃金不払いやパスポートを取り上げるなどの人権無視が横行している制度だとの批判だ。つまるところ、少子化で日本人が嫌がる分野の「労働力」は欲しい。しかし、「移民」は認めない。外国人が日本に永住し、労働者として家族（を呼び寄せたりして）と日本で普通に暮らせる「多民族・共生社会」に日本がなることは忌避し、「労働力」だけは外国から確保しようというのが日本の「技能実習制度」なのである。

②については、日本の女性の社会進出・就労を支えるためという理由で、外国（東南アジア）から家事労働者を「特区」（法規制を緩和した『特別区』）に導入するという。家事労働についてのＩＬＯ第１８９号「家事労働のためのディーセント・ワークに関する条約」を批准することなく、日本の働く女性とその家族の生活を下支えする労働者を東南アジアに求めることになる。

家庭内（親密圏）での外部から隠された空間での労働が生みだすさまざまな困難・問題が指摘されている。言葉や文化・習慣の違いに基づくトラブルや①と同じような斡旋業者（エイジェント）の暗躍も後を絶たない。フィリピンやインドネシアなどの女性労働力を送り出す社会の側では、家庭生活の困難や育児・高齢者や医療分野のケア労働者の欠乏を生みだしており、送り出し国の家庭生活やケア環境の荒廃の上に、女性労働者の移動がなされるのである。その底辺を支える家事労働者の問題について、十分な検討・検証が求められているのであるが、橋下大阪市長が、軽薄にも真っ先に家事支援労働者の受け入れ「特区」に名乗りを上げている。

問題は、①②ともに、政府や各地方行政で、どこまで、どのように「受け入れ」の内実が検討されているのかが、全くわからないことである。しかし、いずれにしても、日本の労働環境に大きな変化をもたらし、家族の在り方や危機に瀕する日本の介護保険制度などに大きな影響をもたらすことが予測できる。労働、ジェンダー、介護、家族制度と家庭生活、アジア民衆との連帯などの視点から、二つの問題を注視し、検討・監視していくことが求められる。

介護の課題は、こうして一挙に、グローバルな問題として検討することにもなる。問われていることは、小手先の手直しや幻想ではなく、新自由主義的なグローバリズムを超えていく日本／アジア／世界の社会を組み替える構想であり、その推進主体形成の戦略であることが明らかになってきたのだ。

【注】

（1）水野博達「生きて来たようにしか死ねないのか?」『現代の理論』05新春号、vol.2、2005年

（2）岩間伸之、図書三智羽「介護保険が今川の小規模福祉活動に与えた影響」『小地域福祉活動の新時代』上野谷加代子、竹村安子、岩間伸之編著、全国コミュニティライフサポートセンター、2014年

（3）時代とともに所得のどの層を「中間層」とするかは移動するが、2010年以降では、400万〜700万円の所得階層を「中間層」（構成比約28%）とみなすことにする。なお、1990年代後半以降、労働生産性が上昇を続ける一方で、実質賃金は横ばいで労働生産性の伸びに賃金は対応していない。給与総額は1997年をピークに減少が続き、650万円台以上の割合が低下し、600万円台以下の割合が上昇している。団塊の世代の退職、中高年の賃金カットなどで中間層は下方に転落しつつある。

（4）第3章「財政事情優先で進む制度の改変と入所判断基準」（98〜101頁）

（5）2014年3月、大阪宅老所・グループハウス連絡会編著「大阪・小規模福祉事業者の実態調査報告」（大阪宅老所・グループハウス連絡会発行）

（6）堀田力「新地域支援事業の推進戦略」『さぁ、言おう』通巻249号、公益財団法人さわやか福祉財団、２０１４年
（7）増田寛也「提言・ストップ『人口急減社会』」『中央公論』２０１４年6月号、中央公論新社、２０１４年
（8）水野博達「試論・都市部落における『揚水ポンプ論』の検討」『共生社会研究』№9、大阪市立大学共生社会研究会、２０１４年

第1部

市場化と人間の尊厳

第1章 「介護の社会化」とは、「市場」での自由のことか？

◆問われる「人間の尊厳・個人の尊重」と家庭・地域と地方自治の役割／意味

2000年4月、さまざまな議論や期待を抱え込んで介護保険制度が出発した。この介護保険と2000年5月の社会福祉事業法等の改正は、「公然とは表明されずに開始された新しい社会制度への移行の開始点」かも知れない、という思いを強く持った。

その一つの面は、「介護」等が社会化され、〈個人〉と〈家族・家庭〉との関係、〈個人〉及び〈家族・家庭〉と〈行政＝（市町村・地方政府）―（中央政府）〉との関係が広く変化する。この変化は、人々の生活の中における諸権利のありようを変化させるので、人々の社会意識に強く作用を及ぼすと考えられることである。

第二の面は、各方面（ことに金融や産業、教育や福祉などで）で言われてきた集団主義や護送船団方式による「保護主義」「親方日の丸意識」からの脱却の必要性、あるいは、世間の風潮として「自己責任」や「自立」「自己決定」の強調が、「人間の尊厳・個人の尊重」としてではなく、「株主主権」や「消費者主権」、福祉や教育サービスにおける「選択の自由」（これらの自由に意味がないとはもちろん考えないが）のレベルに、つまり、「市場の自由」にすりかえられ、落としこめられていくのではないか。従って、財力ある者、情報・知識にアクセスする力のある者の「自由」が謳歌される時代基調へと転遷しているのではないか、と感じるのである。

第一の面は、私たちが、めぐり合ったケースの検討を通じて、一定の検証作業を行ったが、今後、民法―家族関係法令や社会政策の検証作業が必要であると考えさせられた。第二の面は、第一の作業を土台に、「市場重視の構造改革」を唱えている八代尚宏の文献を検討する形を通して検証をしてみた。介護保険制度の検証作業の出発点とはなったが、「公然とは表明されずに開始された新しい社会制度への移行」であるか否か、もし、そうであるとするなら、それはどのような「新しい社会制度」か、については、2000年の段階では、まだ十分明らかにはできなかった。

I　「家庭」の位置・機能と入所者の権利をめぐって

1　措置から契約への移行の検討

2000年4月施行の介護保険制度及び5月の社会福祉事業法等の改正により、福祉サービスの利用については、当事者とサービス提供者・施設との契約を基本とすることとなった。措置から契約への移行は、同時に、介護等を「家族」の枠組みから解放し、個人化・社会化することを意味している。それは、福祉サービスが家族・家庭単位の生活（世帯）をベースにして措置決定され、提供されてきた枠組みから、個人の単位をベースにして「自己責任」の原理に基づく契約関係の中で提供されることに移行したのである。

これは、福祉関係者であれば、周知の事実であるが、まず、このことを整理しながら検討を始める。

措置から契約への移行を、行政／当事者＝個人と家族・家庭の関係を中心に概念図を作成（地域コミュニティ

図 1-1　措置によるサービス提供

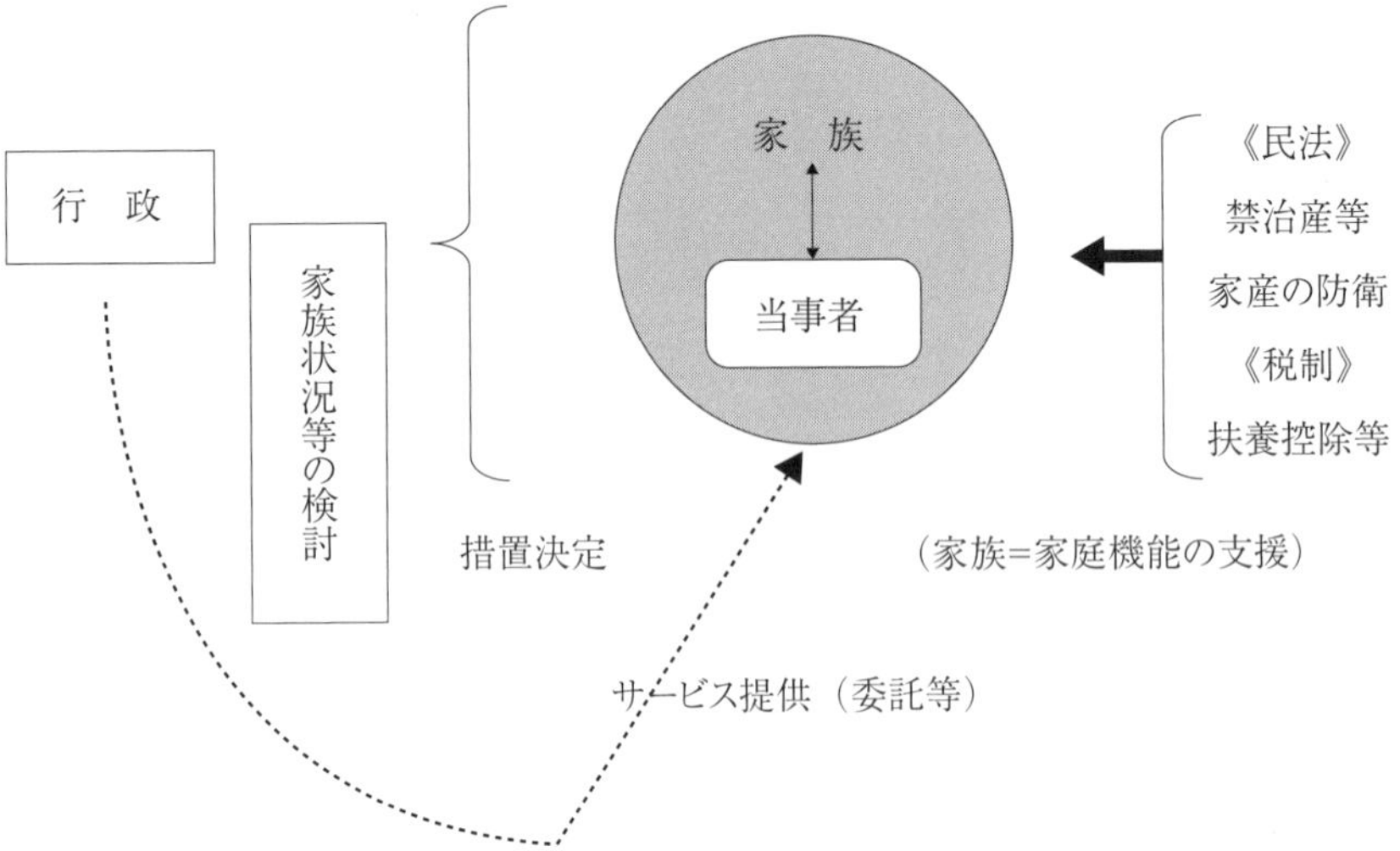

図 1-2　介護保険・社会福祉事業法等の改正によるサービス

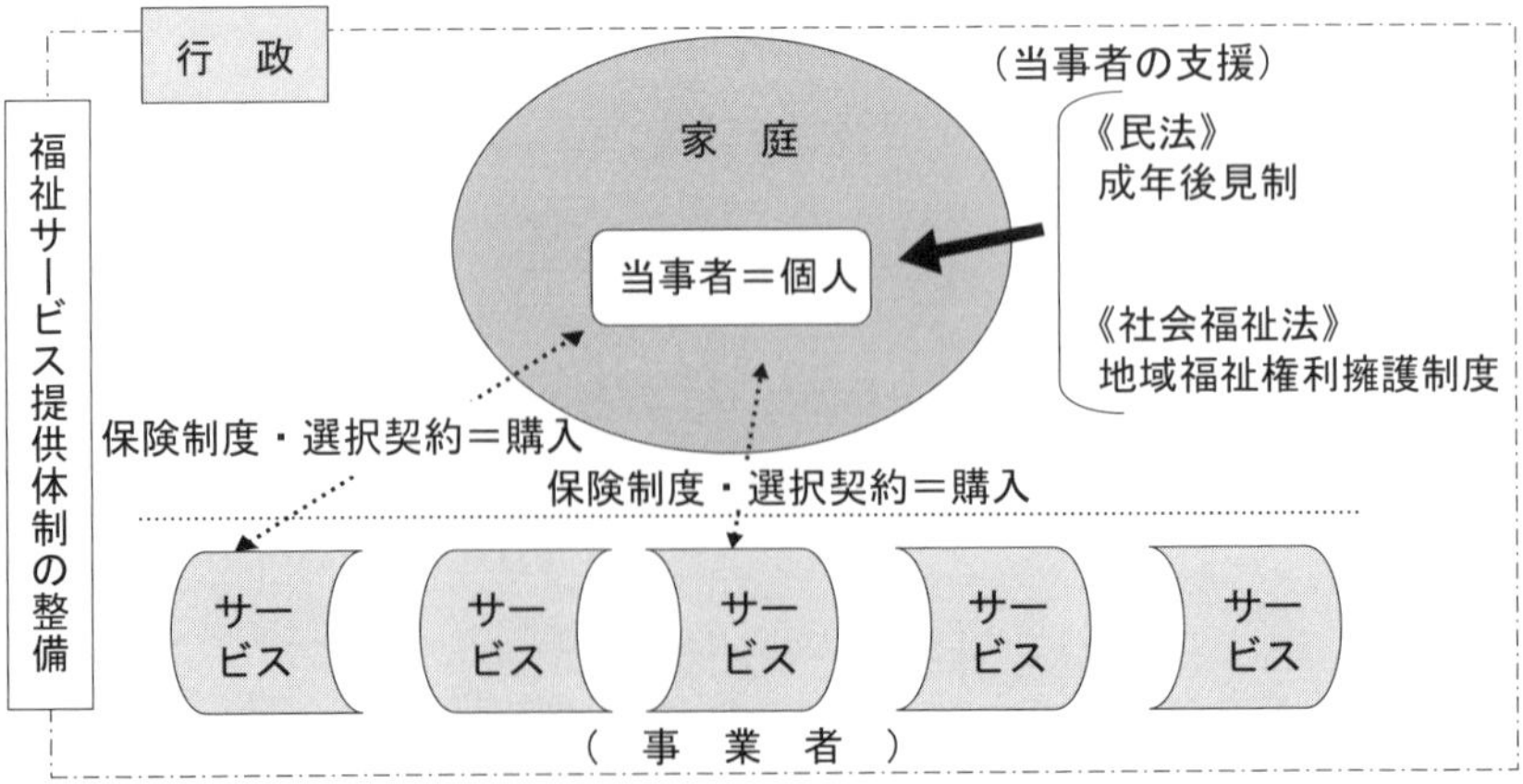

問題はここでは省略）してみた。

【図１―１】は、措置によるサービス提供の概念図である。

措置決定に先立ち、当事者とともに家族状況が調査・検討される。措置によるサービスは、原理的にいえば、保育でも、障害者の療育でも、高齢者の介護でも、あるいは、生活保護でも同様で、本来は、家族・家庭（世帯）が責任を持って行うべきであるが、その能力・条件をその世帯・家族が欠いている場合、それを行政が補うという仕組みである（親権、扶養義務の存在）。

措置制度は、一面では、当事者の自己決定よりも「家族の状況」が重視され、「利用者本位」ではなかったといえる。しかし、反面、行政処分としての措置決定であるから、当事者とともにその家族に対する行政の責任が及ぶことになり、住民から見ると行政の責任がはっきりできるという面があるといえる。

【図１―２】は、介護保険・社会福祉事業法等の改正によるサービスの概念図である。

介護保険が端的であるが、サービスの提供、すなわち、保険給付は、「保険事故」のあった場合である。「保険事故」の判定は、「要介護認定審査」によって行われる。ここでは、家族・家庭の状況は関係なく「当事者・個人の状態」の認定となり、あくまで当事者・個人に対するサービスの提供である。

ここでの行政の中心的業務は「サービス提供体制の整備」である。言い換えれば「福祉サービス市場の調整」ということになり、サービス提供にあたって行政は、きわめて間接的な責任の位置へと退いているといえる。

２　「身寄りのない」入所者の諸権利と行政及び施設

措置から契約への移行にあたって、「福祉サービス」の市場化・商品化の問題もあるが、この検討は後にまわすことにして、行政／当事者＝個人と家族・家庭の関係で、課題となる問題から検証を進めることにする。

従来の特養ホーム等は、家族・家庭に代わって生活の全般を支援・介護してきたが、介護保険下で給付される「介護サービス」は、従来行ってきた「家族・家庭に代わって生活の全般を支援・介護する」内容の一部である。だから、「高齢者の生活自立支援」にとって、衣食住を誰が支えるかだけでなく、むしろ、この「衣食住」を確保するためにも、その個人の社会的な諸関係（環境）の整備・調整が、言葉を替えれば、権利関係の調整が大きな位置を占めるのであるが、その要素はどうなるのか、誰がどのように担うのか、という問題に関わる検討である。

措置決定によるサービス提供を特養ホームが行う場合、入所者に対して措置決定を行った行政が、「後見的に配慮する」[(1)]ことになっており、行政処分としての措置決定により委託されてサービスを提供する施設は、この行政権限の外延上に、家族・家庭に代わって生活の全般を支援・介護してきたといえる。入所者の生活に即して、細々とした日常の金銭管理から、年金・健保・税金関係の管理や役所への手続き、健康管理と入院・退院の援助・手続き、さらには、家族間の利害に関わる事項に対する助言や調整、そして、葬式から遺留金品の処理事務にいたるまで「家族・家庭に代わって」権利関係に関わる援助・調整・代行事務を行ってきた。

それは、措置権者である行政が入所者の「後見人」として存在しており、施設は、行政の指導・監督の下、入所者・利用者の権利を尊重して事業を運営している、という法制的仕組みを前提としていたからである、といえよう。

「福祉サービス」を措置から契約を基本とすること、すなわち、「市場原理」を導入した提供システムに再編することにより、利用者とサービス提供事業者は、相互に権利義務関係を持ち、向き合う関係（利益が対立する関係）として法制的に整理された。この再編にあたって、「成年後見制度」「地域福祉権利擁護事業」「苦情処理システム」（第三者のサービス評価・運営適正化を含め）の３本柱が用意された。この３本によって、利用者の権利を担保し、サービスの適正化（「市場の調整」）を図ることが想定されたわけである。

ところが、先にあげた生活に即した「権利関係」の保障・調整については、この３本柱では、十分機能しないのが現状であり、解決の筋道を早急に作り出す必要のあることが明らかになりつつある。そこで、まず、いわゆる「身寄りのない」入所者のケースについて検証することとする。

成年後見制度は、家庭裁判所の審判手続きが必要であり、費用と手続きの両面から、この制度を利用できる条件のある階層は限定されている。公証人の関与で選任できる任意後見人を選任するにしても身寄りのない高齢者には、任意後見をお願いできる「身寄り」がないわけで、一般的にいって、困難を伴う。大阪弁護士会が立ち上げた高齢者・障害者総合支援センター「ひまわり」の委任後の費用の目安は、着手金５～20万円、面談等手数料３、０００円～１０、０００円／月、財産管理手数料１０、０００円～５０、０００円／月、介護・福祉支援３～30万円、精神保健支援３～12万円であり、私が勤めていた特養ホームでこの制度を利用でき、なおかつ、そのメリットがあると思われる身寄りのない入所者は、数名にすぎないのが現実である。むしろ、身寄りのない入所者、単身者の多くは、低所得者である[(2)]。

他方、地域福祉権利擁護事業は、地域の在宅の当事者に限定されており「公費負担のない民間の福祉サービスと入所施設などの契約は社会福祉協議会が代理しないことにしている。……入所施設の代理が必要な場合は、その時点での本人の意思が確かめられないことが想定され、この場合は、措置制度等、行政機関との緊密な調整が必要とされるためである[(3)]」と、入所以前に事業の対象から外されている。

このような条件の中で、身寄りのない入所者の権利にかかわって施設が抱える困難の一つは、当人の死亡時である。

葬儀や遺骨の処理をどうするかは、当人の意思能力・判断能力があり、事前に施設側に依頼がなされていれば方策が立つ。しかし、多くの場合、生前に、そこまで本人の意思を聞き取っておくことは当人の生死観もあって、困難がともなう。

さらに、当人の遺留金品の問題である。本人の遺言らしきものがある場合でも処理は簡単ではない。どこの特養ホームでも経験していることだが、「身寄りがない」というのは、遺産相続人が皆無であるということと実は、同じではない。死亡が明らかになると、いなかったはずの遺族が発見されたり、名乗り出てきたりする。[4]

措置制度のもとでは、措置権者の行政が、遺族の調査から遺族への遺留金品の引き渡し、あるいは、国庫への納入の一連の事務処理に権限と責任を持っていた。ところが、介護保険のもとでは、施設は、入所にあたって利用者の「身元」を確認・調査するわけではない。死亡後の遺族の存否を含めた調査、遺産の処理について権限と義務があるとは考えられない。まして、死亡後の「遺産相続権」が宙に浮いているといえる。

次に、「身上監護」の問題である。日常の施設での介護方針についての当事者の意思を尊重していくことになるが、判断能力に問題をかかえる身寄りのない入所者の権利をどう担保するのか。

第三者機関やオンブズマン制度が対応することが想定されるが、当事者のすぐ近くで、これらの機関・機能が働くと考えるのは、現実的ではない。ことに、緊急を要する医療機関への入院や治療方針をめぐる判断は、特養ホームの退所とも関係する場合があるので、当事者の権利をもっと身近で担保できるシステムが必要になる。

さらに、この延長線上に次のような問題が生まれる。病気入院→3カ月経過＝介護老人福祉施設との「契約期限切れ」がくる。3カ月までは、介護保険にかかわる介護サービスの外延的・付属的サービスとして本人との契約によって特養ホームが行ってきた金銭管理・支払い業務等のサービスなどが宙に浮く。さらに深刻な場合は、生活保護受給者や、入院治療費を払っている間に貯蓄を使い果たし生活保護の受給が必要になった人の場合である。生活保護の受給にかかわる行政機関との連絡や手続き、あるいは交渉等は誰が行うのか。しかも、入院した病院の所在地が特養ホームの所在地とは異なる市町村の場合は、措置権者はどちらの市町村か、住所はどうなるのか、疑問点も多い。現実的・実際的な保護適用基準の改定が望まれる。[5]

いずれにしても、病気で動けない高齢者との間で、従来の契約関係を整理し、必要によっては、新しい条件のもとで身上監護を含めた当事者の諸権利をサポートする体制整備を誰が、どのような権限で行うのか、さらに言えば、例えば、病院での死後、施設で葬儀を希望していた当事者の遺志は、その葬祭費の支給を含めて保障されるのか等の再検証が求められている。

また、日常生活において、社会活動への参加の条件と権利は、家族のある利用者に比して現状では身寄りのない者は、限定されている。本人の趣味や個人的な関心についての活動は、介護保険では、給付の対象ではない。自己負担かどうかの問題もあるが、こうした社会活動への参加の権利をどう実現していくかが新たな課題となっているといえる。

3　「家族・世帯」の問題と介護保険

さて、第1項で整理したが、新しい社会福祉・社会保障の制度は、家族・家庭から当事者を一人一人個人に一旦分離して、介護等の福祉サービスを提供する仕組みである。このことの意味は、単に福祉のレベルにとどまらない大きなものがある。地域共同体及び家族・家庭（家庭の共同体）と個人を、どのような関係性で社会の中の位置付けるかという問題がはらんでいることを思い知らされたケースを検証してみることにする。

このケースは、寝たきりになってしまった高齢の母親と知的障害者の娘に起こった問題で、母親が元気なうちは、措置制度のもとで、生活保護を受けながら家族・世帯の枠組みでやっと暮らしを成り立たせていた。新しい［利用者本位］の介護保険制度で、一方の母親が、当事者として特養ホーム入所というサービス提供を受けた結果、もう一方の当事者である娘が、生活自立の手立てを奪われるという事態が出現してしまったのである。【図1―3】は、この状況を概念図に示したものであるが、「家族・世帯」の枠組みでやっと暮らしを成り立たせてきた家庭が、措置制度から介護保険へ移行したときに遭遇する問題を鋭く明らかにした。具体的に、このケース

図1-3 「家族・世帯」の枠組みでやっと暮らしが成り立っていた場合

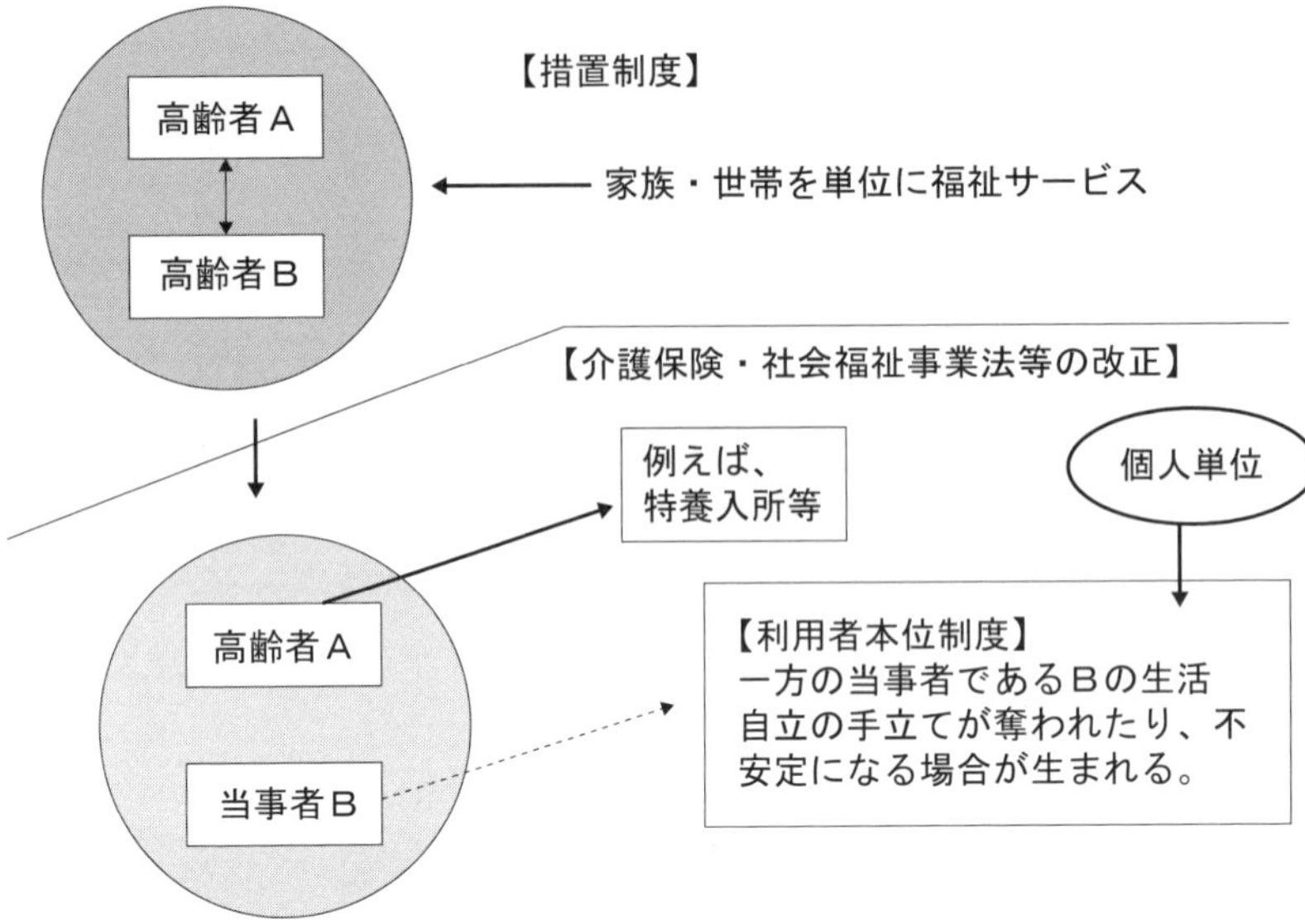

を要約して報告する。(6)

《ケースの概要》

◎家族の状況：母子2人家族

●母：O・K　1917年生まれ　83歳

〈2000年4月の診断書より〉

高血圧症、パーキンソン症候群、胆石症、不眠症、栄養失調、四肢筋萎縮、両下肢創傷（ひっかいた傷）、食指不振、股関節部湿潤にてADL低下。不潔で家庭における介護困難状態。（娘に暴力的に介護されている様子があるが本人は絶対認めない。娘：精神遅滞B）

●娘：O・I　1947年生まれ　53歳（3歳頃養女）

知的障害あり。1986年4月「療育手帳」申請B―2（2000年10月、更新手続き→B―1、また後に、「非定型精神病」の診断も出る）

結婚歴：27歳の時5カ月で離婚。

就労経験：皿洗いを数週間、それ以外はない。

◎世帯の様子：Iさんが、3歳のころ養女となり、Kさんの夫が死亡後は、母子2人だけの生活が長い。

・経済状態：年金と生活保護で月14万円の収入。
・住宅は、いわゆる「文化住宅」で借家。
・近所の人とのつながりは、同じ宗教団体の人たちとの付き合いが中心で、社会生活の範囲は極めて限られている。

◎母親の入所までの経過の概略は、以下の通り。
1996年11月：食事サービスについて相談あり→入院のため保留
1998年8月末：左大腿骨骨折後、入浴困難となり、デイサービス利用を紹介。1回／週利用。この頃までは、母親は室内歩行可能で、母子で家事をこなし、母子ともに安定しており、問題は表面化せず。
2000年2月：Kさん、自宅玄関で転倒。右大腿部骨折（後日、骨折の発端に、娘の母親にたいする暴行・介護放棄がある、との情報が地域やKさんの掛かりつけN診療所より入る）。
2000年4月：Kさん、KF病院退院。とりあえず、介護保険法によりヘルパー派遣を開始。しかし、娘は、母親の介護や家事できず、尿失禁のまま放置されている等状況きびしい（先の診断書参照）。娘のIさんは、家事や母親の介護・世話はできず、母親への「虐待・暴行」が予測されるので在宅介護支援センター相談員とN診療所の医師らで相談開始。
4月下旬：リハビリを兼ねてM病院に入院→Kさん退院後は、「虐待」防止のため、とりあえず母子分離を図る必要を確認。介護保険で施設短期入所を準備・検討＝要介護認定の再審査の手続きを開始すると共に、措置権を使って特養ホームへの緊急入所を大阪市に要請→大阪市、措置制度の詳細不明等の理由にて措置せず。
5月12日：要介護認定（要介護度5）などの手続きもそろい、介護保険の制度枠でKさん特養ホームKへ入所（ただし、これができたのは、特養ホームが増床で入所枠が確保できたから。本来は、措置権の発動が求められたケース)。

◎問題点の顕在化（解決すべき課題は娘のIさんの問題であること）

母親が特養ホームに入所となり、娘のIさんは、一人での生活となる。5月末頃から、彼女の状態が徐々に分かってくる。

●朝、陽の上がる前から、ホームの玄関に来て開門を待ち、開錠と同時に母親の部屋にあがる。あるいは、宿直員を呼び鈴や電話で起こして施設に入ろうとする。

●母親の部屋に入ると、お金や食べ物、タバコを漁る。母親を叩いたり、押したりなどの「暴力行為」も見られる（ただし、職員や他の入所者に暴言を吐いたり、暴行を加えたりなどということは一切なく、職員の指示に反抗するようなことは起こっていない）。

●汚れた衣服を何日もまとい異臭が漂よい、風呂にも入っていない。尿汚染もあることなど生活の異常が判明してくる。

↓聴き取りや、職員の情報等で以下のようなIさんの実態が判明してくる。

○ホームヘルパーが介護保険の枠で入っていたが、母親の特養入所でヘルパーの派遣はなくなった。Iさんは、家の掃除や炊事はできず、食事は母親の取っていた配食サービスとコンビニの弁当で食をつないでいるらしいこと。かなりヘビーな喫煙習慣があり、タバコを持ち歩き、自宅はタバコの吸殻が一杯で、火の始末を近所の人を含めて心配していること。

○経済面・お金の管理は、場当たりで、あれば使ってしまう。

○精神面では、孤独、不安が強く、以前から睡眠薬・頭痛薬への依存があったこと。そして、母親とつながりのあった近所の人から「お母さんはいつ帰るのか。どうしているのか」などと聞かれ、それを「怒られる」等と感じたりで、パニックになっている。ついには、家に帰らず近くの近鉄電車の駅で野宿をしたりして、不安、不眠が続いていること。妄想や心因的反応が出ているらしいことなどがわかってきた。要するに、母親に依存して生活してきたIさんは、一人で生活ができず、自立的に暮らしを成り立たせることができない状態になっているということが判明してきた。

こうしたIさんの状況に対応して、保健所のＰＮＳ・精神相談員や福祉事務所のケースワーカー、Ｎ診療所と連絡をとり、Ｉさんの対策を検討し始めることとなった。

《経過の概略》

６月13日：福祉事務所ケースワーカー、保健所精神相談員、施設Ｋ職員付き添いでＹ精神病院へ。本人の合意のもと体力回復と不安症の解消のため１カ月の予定入院。
７月５日：本人の希望でＹ病院を退院。
８月８日：療育手帳更新の面接。
午後10時前、寝タバコで小火出す→緊急に地域と連携～区へ。
８月９日：区役所にて緊急対策会議～福祉事務所生保担当、健康福祉サービス課障害担当、地域ネットワーク推進員、施設Ｋ職員２名／各機関、地元の作業課題を整理・確認。
９月７日～13日：区内の知的障害者施設ＩでショートステイRO利用。
９月13日：区役所にてカンファレンス～福祉事務所生保、健康福祉サービス課障害、保健センターＰＮＳ、Ｙ障害者会館、地元町会長、Ｋ施設。
９月下旬：Ｉさん再び精神不安・生活の乱れ→精神科の受診・相談→精神病院紹介
９月27日：Ｋ精神病院に３カ月の予定で入院。
（10月24日：母親Ｋさん、転倒骨折によりＭ病院に入院）

図1-4　I・O（女性）の地域支援マップ

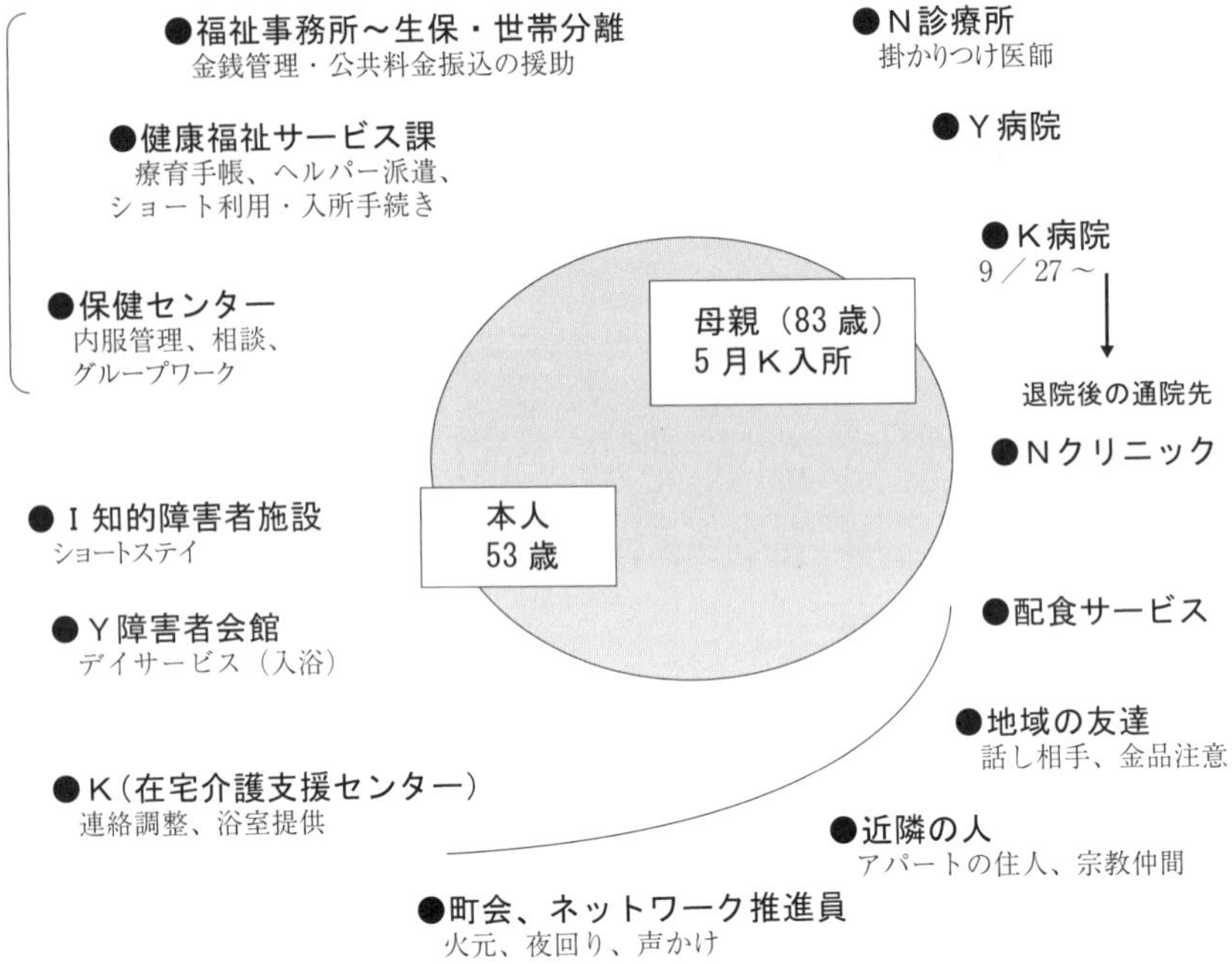

10月31日：退院を希望するIさんへ面会と医師の所見聴取へ～保健センター、施設職員。

11月8日：施設Kにてカンファレンス～福祉事務所生保、健康福祉サービス課障害、保健センターPNS、Y障害者会館、地元町会長・婦人部長・ネットワーク推進員、施設K職員。Iさんの障害の原因と生活自立の見通しや在宅で冬をどう越せるか等検討。

【図1―4】は、Iさんの問題に取り組み始めてから、約7カ月で到達した、地域の支援体制の概要を示すマップである。

このケースで、本稿の目的に沿って必要な諸点をここで整理してみる。

第一に、家族・世帯の枠組みで、やっと暮らしを成り立たせている家庭の構成員に、新しい個人単位＝「利用者本位」の福祉サービスを提供した時に発生する問題である（家族・世帯で暮らしを成り立たせている組み合わせには、例えば、精神障害者の子と高齢者、身体障害者と高齢者、知的障害者と高齢者、難病の親とＸＸの組み合わせ等いくつかの組み合わせが想定できる）。

【図１―３】で整理検討してみると、それまで、家庭・家族の内部で処理されていた一方のＡの要素（関係性）を、「個人の問題」として分離し、サービス提供（「社会化」）すれば、残されたもう一方のＢの要素も、一定の「社会化」なしにはやっていけなくなることは明らかでる。残されたもう一方が、障害者手帳１、２級であったり、療育手帳Ａであったり等、現行の福祉制度で生活を支えるに足る一定の公的援助が保障されている場合は、まだよい。ここにあげた療育手帳Ｂ―２で、精神疾患も軽い場合、公的支援の範囲は限られており、地域で自立的に生活していくことが極めて困難な事態となる。

高齢者が安心して生きていけるということは、高齢者の介護・介助に切り縮めない施策・制度が大切だということである。この83歳のＯ・Ｋさんが、安心して生活できる社会とは、知的障害や精神障害などの障害を抱える住民が地域で当たり前に生活していける社会の実現である。その意味で、高齢者の問題を、介護や介護保険の問題に限定せず、広く社会的広がりをもって活動する「在宅介護支援センター」等の重要性を確認しておきたい。

第二に、「虐待」と措置権の問題である。

このケースの一つの性格は、「家族による虐待」である。高齢者である当事者の状態（骨折の術後であり安静な環境が必要）からしても、緊急な対応が必要であったにもかかわらず、「措置権」は発動されなかった。

人権が侵害されていることが明らかな場合に、行政の措置権限が機能しないということは、権利侵害を放置することを意味する。母親は、娘の状態を心配して虐待の事実を認めない。しかし、娘は、母親に全面的に依存してきた結果、その局面では、家事能力を含め母親を介護する力はない。放置すれば母子の共倒れである。

「虐待」という事実は、多くの場合、虐待を受けている者の救済だけでなく、虐待を行っている側への対応がさまざまな方面から必要である。だから、行政が、措置権限を発動して、虐待を受けている者を緊急に救済するとともに、虐待を行っている側への対応策を関係方面との協力のもとに進める必要があり、それらの責任と権限・能力を行政が持っているからである。家族の能力・条件の「欠落」を補正するための措置＝行政処分ではなく、「人権救済」という積極的視点で措置権限を地方自治体は行使すべきであると考えるのである。

第三に、障害者、ことに、知的・精神的障害者への地域支援システムの遅れである。高齢者の場合は、一応、居宅支援事業者＝ケアマネージャがトータルコーディネーターの役割を担うことができる。しかし、このケースで最も困難なことは、行政サイドにおいてもトータルコーディネーターは誰かが定まらないことである。

また、高齢者施策にはあった緊急通報システムや自動消火装置の助成事業等の初歩的施策をはじめ、地域で生活する障害者の自立を支援できるマンパワーの配置などが求められているのである。

第四に、母子分離の問題である。

O・Iさんは、母親に生活のほとんどを依存して暮らしてきた。母子分離が適切にされてこなかった結果、一次的な機能的・形態的障害以上に、二次的、三次的な障害、つまり、能力的・社会的不利益を生んでいる。家族・家庭（母親）に教育・介護の責任が大きくのしかかっている日本社会の現状を変革し、障害をかかえていても、できる限り社会活動へ参画し、親から自立して育ち、生きていける地域コミュニティの再構築をどう進めるか。誰もが、自立への欲求を持ち、自己責任を取れる人格が少しでも育つ社会環境や文化的価値観の創建をどう進めるかが問われている。

4　高齢者の権利・財産と家族・世帯（「共同の生計」）の性格

ここでは、精神疾患を持つ子とその母親のケースを検討することとする。

《家族の状況（母親と娘2人）と緊急入所まで》

●母親：B・T　1922年まれ　78歳

〈199×年×月のA病院の診断：高血圧症、関節リュウマチ症にて独歩不可〉

（現在、要介護度4）

●子：長女：B・F　50歳代。高校卒後に躁鬱病発症。自宅にこもり切り。

次女：B・L　40歳代。同じく青年期から精神症発症。「性格障害」の診断あり。

（共に就労経験なし。生活保護受給）

◎家族の様子

・B・Tさんは、12歳で大阪にI県から奉公にあがる。

・194×年結婚（「婚外婚」）。当初は、「夫」の収入で、J区で生活。

・2女が生まれて間もなく母子3人の生活となる。○○等の小売で暮らしを成り立たせる。娘の2人精神疾患を患う。長女は病状重く自立的な生活が困難になり、次女がリュウマチの母親と姉の世話をする形になる。

・199×年×月、○○等を販売していた自宅（借家）を失火で焼失させ、母親は一時、A病院に入院。娘達は、同区の市営住宅に緊急入居。娘達は、退院してきた母親の介護ができず、尿等を垂れ流しになっているのを地域活動家や訪問看護婦が発見。母親のB・Tさんは、特養Kへ○月末、緊急入所。

◎入所及びその後の状況

衣類等も焼失したため、「着の身着のまま」の状態での入所であった。区役所が用意した健康保険証、老人医療受給者証等は預かるが、当座の日常生活費等の預かり金はゼロであった。

「住所は事情がある」との次女Lの要請で、焼失した住宅の住所に再度住民届けをしなおすことになる（居住権・借地権・営業権等で係争のためであることが後日判明）。

毎月、入所者徴収金を含め３５、０００円をホームに持参すること等を次女のＬさんと取り決めたが、その取り決めは、一度も実行されなかった（母親の年金証書は、焼失したので再発行等の手続きに時間が必要であろうと当初は想像していたが、次女が管理をしている模様。入所者徴収金＝20階層から年金所得は、48～50万円と推定された）。衣服等もほとんど届けられないので、寄付でいただいた古着からＢ・Ｔさんに選んでもらう等の措置を取ってきた。

次女のＬさんは、入所後しばらくは、施設の行事にも参加して母親を支えていたが、96年春あたりからは、連日面会に来て、施設にいろいろ要求や注文を付けていたかと思うと、２、３カ月全く音信不通になるという状態になってきた。「下痢をしているのでいけない」「胃が痛いので……」「母親は元気か」等の連絡は、時々、電話であるが、自宅に電話がないので、施設からの連絡は、手紙か、電報になり、双方向のコミュニケーションにならない状態となった。

当初は、母親に少額の小遣いを渡していくことがあったが、１９９７年後半からは、それもとだえてしまった。１９９９年の地域振興券で、衣類の購入や外食費用を賄うことができたが……。

◎次女の希望と母親の意思のズレ

Ｌさんは、９×年春あたりから母親の退所（在宅復帰）を主張するようになった。

その理由・真意は、施設として、いつも測りかねる状態が続いてきた。

彼女は、「親は、本来娘が世話をすべきで、施設に預けているのは不本意である」とも言う。また、「リュウマチの治療をしてくれない。施設がそれを妨害している」という気持ちを持っていることが推察される（毎回、施設の医師や看護婦から、「リュウマチの症状は安定しており、今は、その必要がない」と説得されることに対しての感情）。また、こうした気持ちと同時に、経済的な理由もありそうだが、それは不明。

Ｌさんのこうした「退所」の希望に対して、母親は、毎回「家に帰っても介護をうまくできないし、娘に負担をかけるだけなので帰らない」と意思表示される。そうなると、一層、Lさんは「母親は、施設に言いくるめられている。施設は、私のことを理解せず、偏見を持っている」と感じるようである。これまでに2回腸閉塞等の疑いで、緊急入院したことがあったが、ここでも、Lさんは、母親の意思を聞くことなく、「リュウマチの治療をせよ」「料金が高い……」「退院させ家に連れて帰る」と「退院騒動」を起こし、施設が対応に走るという状況である。

他方、母親のTさんは、入所当初、訴訟やお金のこと、娘のことなどで気持ちが落ち着かず、時々感情失禁を起こしていたが、今は、施設にも慣れ、悠悠自適に施設での生活を楽しんでいる風である。

このケースも、前項で検討したケースと同様、「家族・世帯」の枠組みでやっと暮らしを成り立たせていた家庭で、一方の高齢者が福祉サービスを受けることによって、これまで家庭内に隠されていた（娘達の）問題が顕在化してきた場合といえよう。

ここでも明らかになっている課題は、第1に、地域での精神疾患・精神障害者への支援システムが存在しないことによって、当該高齢者に「施設介護」という福祉サービスが提供されているが、この母親にとっては、それだけでは、安寧（well-being）の状態ではないということである。

Lさんの母親にかかわる不安定で情動的動きは、彼女達自身の不安定な生活から発生しているのであるから、母親の安定した生活にとっても、娘達の生活不安の解消が重要な要素となる。そこで、地域で、この精神障害を抱える姉妹への支援体制・作業が考えられないかと、2000年9月中旬に、J区役所で、区健康福祉サービス課、福祉事務所生保担当、保健センターと地域でかかわりのあった精神科医師、訪問看護婦等と対策会議を持ってもらったが、「性格障害」との診断名が報告される中、むしろ行政側の積極的姿勢や方策のなさを知らされた。民間の人間が、善意で姉妹と「コンタクト」をとることから始めるしかない、という現実であった。

第二に、高齢者（障害者等）の年金受給についてである。法により、当人の年金受給権は、守られることになっている。しかし、多くの場合、家族との関係では、実態的には、本人の権利があいまいになっている。多くの家庭では、実際上「生計を一にする」ことによって、やっと暮らしを成立させている。とりわけ就労能力や資産形成能力のない者同士で構成された家庭・世帯の場合、親の年金を子が管理し、家計の柱にしている。

今回のケースは、まさにこのケースであるが、現に、世帯が分離しており、子の世帯は、生活保護を受けながら親の年金を「抱え」ている。しかし、おそらく、このケースの子達は、親の権利を踏みにじっていること、経済的な「虐待」となっていることなどの自覚はないのであろう。行政の福祉サービスが、「家族・世帯」を単位に実施されている限りは、親の年金を子が管理・運用していても、さして不都合はなかったが、今後は、年金の受給権は誰にあるのかを明確にしていく取り組みが、行政や施設、あるいは、司法の課題になるということである。

第三に、親子関係と社会的な「契約関係」との整理である。

一連の社会福祉事業法等の改正においては、福祉サービスを受ける本人の自己決定を重視している。しかし、このケースが示すように、実態的には、高齢者に判断能力や意思能力が十分にあっても、その家族の（高齢者の場合は、その子）発言権が大きい。そこには、「老いては子に従い」という意識や家族に対する「遠慮」意識が高齢者にも働いている。

いずれにしても、福祉サービスの領域において「当事者の自己決定権」＝「個人の幸福追求の権利」（日本国憲法第13条）を優先する制度・枠組みが立ち上げられてきたわけであるから、[7]「夫婦関係」「親子関係」等の「家族・家庭内問題」への「不介入」という行政（警察行政も含めて）の従来の法制度の原則・慣行が、新しい次元で洗い直され、整理されることが求められていると言えよう（ドメスティック・バイオレンスや家庭内の児童や高齢者等への虐待の問題は、当事者の「人権」と、これまでの「家族関係法・民法」等の解釈を含む法制度のあり方との間で、その整合性が揺らいでいることを端的に示している）。

5　改めて問われる21世紀の「家庭」の位置と機能

かつて、近代＝市場経済＝資本主義は、地域共同体を解体しながら成長し、国民国家の下へその市民社会を（暴力を産婆役に）法律と社会諸政策・制度を通じて統合・総括してきた。

日本の戦後の出発点にあたって、従来の「家族」「社会」のあり方は、民主主義との関係で鋭く問われた[8]。ここで問われた問題がすべて解消されたとはいえないが、戦後の高度経済成長―消費社会・情報化社会は、都市化、「マイホーム主義・核家族化」の中で家父長的気風が残存できる物質的・社会的条件を吹き飛ばしてきた。

近年の「消費社会・情報化社会」は、資本・技術のグローバル化を推し進めてきた。それは、一段とスピードを増して「市場」の外部を侵食、あるいは蚕食して共同体や自然などを市場へと取り込み、一方で、国民国家という共同体の枠組みを動揺させてきた。他方で、都市化を進めた大量消費社会は、かつて共同体が担ってきた要素を社会福祉・社会保障等に置き換え、パブリックセクターの事業・サービスを拡大させてきた。それは、従来の地域共同体のみならず、家庭機能の縮小を意味し、先進資本主義諸国は、徐々に、あるいは急速に、少子・高齢化社会を迎えた。

「家庭」は、人類にとって原初的な共同体であり、かつ経済の単位であるが、この小さな共同体が、どのように再編されていくのか、また、位置づけられていくのか。

すでに見てきたように、介護保険の中で、家庭が担ってきた高齢者の「介護」の多くは、社会化され始めた。それは、さしあたり市場化という方法で始まった。さらには、家庭機能の重要な一部（種の保存機能）が、遺伝子技術によって外部化・市場化され始めた[9]。

今日の多様な家庭・家族のあり方は、「婚姻は両性の合意のみに基づいて成立し、夫婦が同等の権利を有することを基本として、相互の協力により、維持されなければならない」（憲法第24条）と、「両性の合意」による婚姻を通じて形成される家庭を想定した憲法の規範を超えて事態は進んでいる。

また、日本の高度経済成長のなかで、各家庭・世帯の「総中流化」＝格差の縮小が進んだといわれてきたが、再び格差化が進み始めたともいわれる[(10)]。「学校崩壊」なども語られるが、家庭・地域・学校などの位置と機能が、トータルに問われることなく、破綻した国の財政事情という現実を土台に、新自由主義経済学派＝新保守主義の手法で「構造改革」が各領域で進められようとしている。そこでは「家庭」を単なる経済単位とみなすか、逆に、伝統的な「家族愛」の倫理が季節はずれに強調されるかのどちらかであり、ご都合主義的にこの二つの立場が使い分けられる。

介護保険の制度設計において、今日のさまざまな現実の家庭像が想定された上でなされたのかどうか疑問が多い。おそらく、その時間的余裕はなかったと思うのである。介護保険における「ショートステイ」の利用方法の設定は、都市の安定した中間層（管理・事務・専門職）を中核とした高齢者の家庭・世帯をモデルにしてしか考えられないものである。在宅での訪問系サービスと施設のショートステイを計画的に合わせて利用できるためには生活スタイルが安定した家庭でなければ不可能であるからだ[(11)]。

これまで「家族・家庭」、あるいは地域共同体が担ってきた、〈命の育ち〉→〈人格の育ち〉→〈生の終焉〉にかかわり、各人の個性、アイデンティティをはぐくんできた「精神的文化的かつ経済的役割」のすべてを分化・外化、市場化して、別の何かに置き替えられるとは考えられない。これまで「家族・家庭」―「地域」が担ってきた機能・役割の評価と今日の矛盾のありかたを分析し、今後の展望を解明するならば、そこでの各世代の役割が、「生き甲斐対策」といった地平を越えて、おのずと検出されるはずである[(12)]。しかし、同時に、保育・教育・介護……と共同体から分離して、「社会化」してきた問題と合わせて家族・家庭及び地域が担う役割やその意味を考えるということは、近代の「命」と「人権」を根本から問うこととなる。

とするならば、財政学や経済学（市場理論）による「福祉見直し」ではなく、権利の主体としての人間のありようにとって重要な社会構成要素である「多様な家庭」のあり方や地域コミュニティの構想を含めた「人間の自由」を発展させる社会像・社会政策を社会福祉の領域から提起されてもよいと考えるのである。

Ⅱ　「市場原理」と「個人の尊厳・自由」について

1　社会福祉は、社会主義のミニュチュア版の小世界？

後回しにした、福祉サービスの「市場化」「商品化」の問題の検討に移ることとする。

ここでは「市場重視の構造改革」を唱える八代尚宏の『少子・高齢化の経済学』[(13)]を参照しながら検討してみる。彼の著作を取り上げて検討するのは、日本の福祉の現状批判と改革について、多くの経済学者、財政学者が提言を行ってきたが、彼らの立論の典型がここにあると考えたことが、一つである。

二つには、経済学や財政学からの「批判や提言」に対して、「福祉」の側からの反批判と内在的な福祉改革論へのアプローチが皆無に近いと感じてきた。１９９８年の別の論考で、私は、「社会福祉基礎構造改革」論や、「経済戦略会議」の「規制緩和と市場原理万能論」に「福祉の世界」は躍らされ、脅迫され、浮き足立っているようにも感じると、述べた[(14)]。そう感じるので、八代尚宏の『少子・高齢化の経済学』への批判を荒削りではあるが展開することとした。

さて、八代は、これまでの日本の福祉を「内なる社会主義」とか、「従来の『措置』という、すでに崩壊した社会主義のミニチュア版の小世界……」と述べ、福祉サービスに「現代の市場経済メカニズムの要素を一部導入することで、消費者選択の自由度の向上と福祉サービス供給の効率化を図ることが、当面の福祉制度改革の基本となる[15]」と主張する。

彼の主張全体は、「新古典経済学派」の「福祉版」といえるもので、間宮陽介や、金子勝、神野直彦らが批判するところの「新保守主義イデオロギー」であるといえる。すなわち、財政危機は、戦後社会システム全体の機能不全の結果と見ないで、「市場原理」を導入すれば問題が解決できるとする「『市場経済』を信仰する新保守主義的イデオロギー[16]」であるとの批判や、「市場原理主義対中央計画型社会主義」「小さな政府対大きな政府」「規制緩和対政府介入」という不毛な2項対立の「冷戦時代」の立論である[17]等との批判が、妥当なものであると思われる。

彼の主張は、資本主義的近代法体系の中に「社会権・生存権」といった法概念がなぜ生まれたのかという「近代↓現代」についての「歴史認識」を忘れたふりをして、市場原理への「信仰告白」を展開しているように私には、まず、読めたのである。

また、彼の立論は、国家・社会のあり方、システム全体の機能不全を分析・評価しないで、今日の国民国家の矛盾を「市場」の調整力によって越えていこうとしているだけで、行政権力は、「市場の自由」を保障する補助的な機能に限定していく。前述の間宮や、金子、神野らが提言しているような、従来の「国家」～「経済主体（『企業』『個人』）」～「市場」という政治・経済・社会構造の理解の枠組みを超えて、大胆に社会システムを改革するという発想が見られない。いわば、「政策の手直し」に見えるのである。

例えば、単一の中央政府ではなく、複数の中央政府と地方政府（自治体）による政治・経済機構の再編等を提言している金子は、次のように言っている。

「われわれの言う自己決定は、コスト（費用）とベネフィット（便益）が計算できるといった行政改革論が主張する矮小な『自己決定』ではない。……われわれが問題にしているのは、自らの生き方を選び取る自由である。……これらは決して市場が自動的に与えてくれるものではない。……自己決定なき『自己責任』論を超えていくためには、市場原理主義と巨大国家の二分法イデオロギー自体を超えていく制度改革という第三の道が必要」と。(18) こうした視点こそが、福祉改革論議に求められているはずであるのに……。

2 公的介護保険「市場」における「サービス選択」の実像

八代の経済学への総論的な批判は、他に譲るとして、まず、彼の言う「現代の市場経済メカニズムの要素を一部導入することで、消費者選択の自由度の向上」という主張の検討に移る。

【図1―5】は、介護保険におけるサービスの選択＝購入の対応関係を概念図にしたもので、左側のA、B、C、D、Eは、ホームヘルプサービス、デイサービス、施設介護サービス等の提供されるサービスの種類を、右の①、②、③、④、⑤は、被保険者を表す。サービスが「市場原理」に基づいて、『保険』という形で提供される仕組みを整理してみると、

⑴ 供給されるサービスの標準化と単価・価格設定が、つまり、介護サービスの商品化が、保険給付されるサービスの種類の設定と、その介護報酬の決定を通じてなされている。

⑵ 「保険事故」の認定（要介護認定審査）により、被保険者一人一人が受けられるサービス限度を要介護度で計数化して設定する。これは、各被保険者へのサービス提供の「打ち止め」水準を設定し、サービスの需要＝供給量を調整できる「調整弁」を設置し、また、⑴とあいまって、「市場規模」の抑制を図って、この「保険制度」の財政規模を統制できる仕組みをビルド・インしたことを意味する。

⑶ 「介護商品」のサービスの選択については、居宅介護支援事業者（ケアマネージャ）等による調整が図られ

図 1-5　福祉サービスの選択＝購入の対応関係図

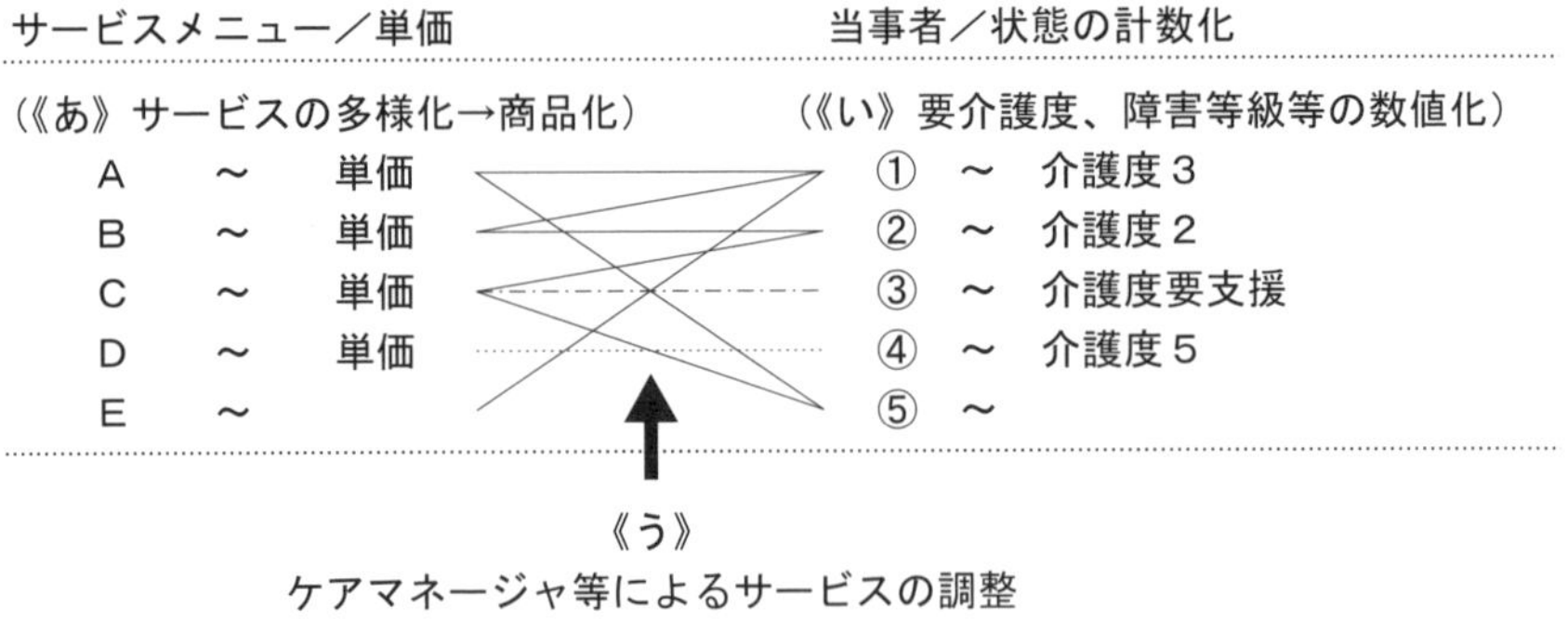

《あ》供給されるサービスの標準化と単価設定
《い》当事者の状態を要介護度等で計数化を図る（受けられるサービスの限度設定）
《う》限度内でのサービスの選択～ケアマネージャ等によるサービス調整

る。第三者委員や行政の苦情処理等への対応も、これらの「介護商品」の流通過程における調整であるといえよう。

この整理で明らかなように、一定のサービス選択の機会を「消費者」たる被保険者は獲得した。しかし、この「選択」は、八代が言うように「福祉サービス事業者間での競争を通じて、質の悪いサービスを提供する業者が淘汰されるメカニズム」として機能する程の力を持ち得るであろうか。

「市場」が、自由で公正な競争を実現できるためには、その市場に係わるすべての人々に情報がいきわたっており、自主的に選択・決定できる能力を各人が保有しているという前提など、いくつかの前提条件が必要である。ところが、介護サービスを購入することが必要な高齢者ほど、「市場」の中で、公正で自由な競争から疎外されているのである。しかし、八代は、「今後の高齢社会では、高齢者の平均的な教育水準や仕事の経験者の比率は着実に高まっていく。自らの利益を判断できない個人は、あくまで例外であり、その場合にも成人後見制度を活用すればよい[19]」という。彼は、われわれが、第Ⅰ節第2項等で検証してみた成年後見制度や地域福祉権利擁護事業が現実には、どの程度機能するのかを検証・検討せずに、権利はここで担保されるはずだと考えているに過ぎない。

なぜそうなるのか。彼にとって、必要な権利擁護とは、「市場原理が円滑に働くためには、消費者が自らにとってもっとも利益となる選択を行うこと……」[20]であり、「市場原理を補完するための規制」の一つにしか過ぎないからである。つまり、われわれは、（Ｉ）で検証した成年後見制度や地域福祉権利擁護事業あるいは、行政の役割についても、「個人の幸福追求の自由＝権利」の視点から問題にしているのに対し、八代は、「消費者の権利」「商品選択の自由」あるいは「市場への参入の自由」を問題にしているのである。彼にとっては、「人間の自由」ではなく、「市場の自由」が、すなわち、経済主体（人間でも、企業でもよいのだが）の「市場での自由」が問題なのである。

実際、八代が期待するサービス提供事業者相互の競争は、さしあたり、すぐには「よりよいサービスの質」をめぐっての競争にはなりえないだろう。ファーストフードの店員のマニュアル化した接客サービスのように、介護サービスの「質」は、突然良くなるものではない。それなりの年月がかかるからである。しかも「介護」の質については、利用者は日々感じることができるが、家族には、わかりにくいところがある。だから「介護保険になってサービスが良くなった」と利用者の家族に思わせるためのテクニックや小手先の技術（宣伝・広報の改善、接客マナーの改善と苦情処理の技術習得、玄関や外装の修繕など）を取り入れる施設・事業者も多い。

だから、当面、「介護サービス」の本当の意味での質の競争については、あまり組織されない。そこで、他の事業者より、損失をより少なくする方向で業者間の競争は働くであろう。つまり、事業の「効率化」「合理化」の方に事業者の関心が向かう。現に、こうした面での経営・管理セミナーが活発である。

具体的には、その一つに、外注化や非正職員化などの人件費削減と、もう一つは、リスク管理による管理費用の圧縮に注意が向けられる。ことに「顧客管理」費用の圧縮に気を配ることになる。同じ要介護度であれば、顧客管理費用がかからず、支払いの硬い客層を「上客」とする傾向が当然生まれる。つまり、第Ｉ節で取り上げたような社会的背景や家族関係で問題を抱えそうなケースは、一般的に見て、サービス対象としては敬遠・忌避・

排除されることになる。

情報の「非対称性」は、「競争市場」では、措置時代と比べものにならないほど大きくなり、「利用者がサービス・事業者を選択する」より「事業者が利用者を選択する」ベクトルの方が強く働く。「消費者主権」なるものは、なかなか打ち立てられないのが現実である。冷徹にいえば、事業者同士の競争は、利用者の側の「サービス」に対する〈期待の内容・レベル〉に実は、規定されているからなのである。

「この程度の国民に対して、この程度の国会議員」と「政治改革」が進まぬ現状を自嘲的に語った議員がいたが、これは、「介護の世界」においても「市場原理」のみに頼る限り、同じなのである。八代の「市場信仰」の夢は、この面でも、うちやぶられるのである。

3　介護サービス（労働）の特質とは？

ところで、介護や福祉サービス（労働）は、他の消費財（例えば、テレビとか冷蔵庫とか）との相違はないのだろうか。

テレビや冷蔵庫といった商品は、輸送手段の発達と電気・電子技術の世界的標準化によって世界を駆け巡る。介護や福祉サービスは、例外（例えば、旅行の付き添いサービス等）を除けば、限られた地域の範囲を超えて「商品」として駆け巡ることはない。また、物（テレビ）と人（買い手）との関係ではなく、サービス（人間労働）と人（買い手）との関係である。これらのことは、介護や「福祉サービス」は、本来、当事者個人の状態とともに、その個人の地域性を含めた社会的自然的背景等によって必要度合やニーズが大きく影響される。そして、介護サービスの選択は、「市場」での商品の選択というよりも、本来、限定された地域の「いちば」で、人のつながりと共にサービス・商品を購入するあり方に似ているはずである。[21]

ところが、【図1―5】に示したように、介護保険では、一方で、「本人の状態」（要介護度）のみを計数化し、他方で、介護サービスを標準化＝「商品」化し、その介護サービスを組み合わせる形でサービス提供をシステム化した。ここでは、当事者の社会性はどう担保できるのかという問題をはらんだままである。

さらにまた、当事者の全国的・平均的な生活や必要な介護内容等を想定したうえで、それをいくつかの部分に分解する（サービスのメニュー化）ことによって、介護サービスの標準化・商品化がなされる。それを再度組み合わせること（当事者に選択させること）で、自立支援を実現するというサービス提供体制の設計である。この仕組みによって、本当に、当事者の人格のトータリティに対応したサービスの内容と質が確保できるのか、原理的に考えると問題点・課題も多い。要するに、介護サービスは、もともと、商品化に馴染みにくい特性を持っているといえるのである。[22]

「介護サービス」を徹底的に規格化・マニュアル化して、いわば介護サービスの「コンビニエンスストアー化」による全国展開で、この市場獲得に乗り出した民間企業が事業展開に苦戦したのは、こうした福祉・介護労働の特性を理解できなかったことによるといえよう。介護サービスは、「コンビニより、馴染みの地域のお店」なのだ。

ところが、八代は、こうした「介護」の特性に全く無頓着に「画一的な報酬体系ではなく、コストの高い重度の要介護者には、相対的に高いサービス単価を設定する介護報酬が設定されれば、どの介護サービスの分野でも営利企業の参入を促すことができる」というのである。

さらに、彼の見解を介護保険に則して検討してみよう。

「要介護認定システム」は結局は、「本人の状態」の判定である。が、それは、「介護」という当人の社会生活を含めた生活の全体性を持った視点からの判定ではなく、個々の「介助」に掛かる手間の時間を計数化したものである。[23]だから、実際の介護場面では、要介護度が軽ければ、必要労働の時間は少なく、その質は低くてすむということにはならない。一般的にいえば、自立的に行動できれば、社会的要求もそれだけ多くなるわけで、介護量が少なく、介護の質も低いものですむことにはならないのである。介護保険の要介護度判定の場面と介護メニューの設定の段階で、つまり、介護サービスの「市場化」の過程で、その当事者の社会性を背景としたニーズを無視して「商品」として成り立たせてきた矛盾が、そこにはある。八代は、このことに、無知、ないしは無関心なのである。

再度【図１―５】に立ち戻って、検証する。

テレビや冷蔵庫の選択では、その人の生活の質を決定的に左右することはないが、福祉や介護のサービスにおける選択は、大きく生活の質を規定する場合が多い。にもかかわらず、介護サービスの選択範囲は、実は、極めて限られていることがわかる。被保険者ができる選択は、保険者＝市町村が定めたサービスメニュー及びその地域の事業者の提供するサービスの内からの選択である。しかも、被保険者にとって、この選択に至りつくまでに、面倒な手続きが続く。利用に当たっての「契約書」なるものと「契約行為」の煩雑さは、現状では、被保険者にとって、苦痛以外の何ものでもないであろう。

「市場主義者」が主張する「無数の利用者と事業者との選択による、市場での『投票』の結果」「価格を通じた資源の配分」「効率化」が行われるというのは、現状では幻想にすぎない。介護保険の全体構造、ことに、要介護認定システムの煩雑さと膨大なコストおよび消費される時間と、被保険者の「選択の自由」の幅と内容の少なさの双方を比較・評価すると、「しかし、自由の増大によって、その人にとってはどちらかと言えばしなくても済んだ選択をたくさんしなくてはならなくなり、必要となる時間と労力が増え、その結果、不利益が生じる可能性がある」[(24)]とのアマルティア・センの指摘が、耳に痛く響く。

福祉・介護サービスを「商品化」する過程で切り捨てられた被保険者の「個別性・社会性」が、サービス計画作成からサービス提供過程で、今度は、一挙に強調され、重視される。

この重い役を最初に担うのが、居宅介護支援業者（ケアマネージャ）である。つまり、高齢者のより快適な生活の質を確保するトータルコーディネートが求められるのである。

利用者の社会性が見えれば見えるほど、実際に提供できるサービスといえば、先にみた「規格化された商品」である。地域のインフォーマルな社会資源を組み合わせることが求められるが、現実に、多くのケアマネージャは民間の事業者であり、社会的にも十分な権限が与えられているわけではない。しかも、第Ⅰ節で見てきたように、被保険者の家族の問題をも抱えるとなると、途方に暮れるのが実態である。頼みの社会福祉協議会の地域福祉権利擁護事業もトータルコーディネートという発想には、禁欲的である[25]。

こうして、当事者の社会活動への参加を含めたトータルな自立支援のあり方を構想しようとすれば、当面、可能なことは、一面では、介護保険の給付の種類・量・内容を定める過程に、人々の自由な権利が及ぶことが必要である。それは、「消費者の選択の自由」ではなく、「住民の幸福追求の権利」が、とりあえず保険者である市町村に届くこと、〈住民の受けるサービスの決定過程〉を住民の手の届くところに手繰り寄せる仕組みを造りだすこと。もう一つは、日常生活の中で連携し、協働できる地域のコミュニティなどの自治的住民のつながりを創造したり、あるいはまた、地域福祉権利擁護事業を拡張したりして、地方自治体の施策を引き出したり、活用しながら、生み出していく「地域の掘り起こし」の計画と活動以外にない。

なお、これらの先に「政治改革」の領域があるが、それはまた別の要素も孕むので、ここでの検討課題と直結させて考えない方がよい、というのが私の見解である。

4　「市場」での価格と人の生涯での「価値」〈かけがえのなさ〉

ところで、八代は「社会福祉の構造的な問題を、公的介護保険のように、社会保険化によって避けて通るのではなく、それ自体の改革も同時に進める必要がある[26]」と述べているのだから、介護保険の現状への批判をもって、八代への批判に代えるのは公平ではないといえる。彼は、もっと大胆に「市場化」を図れといっているのである。公的サービスを含め、多様な財を商品として流通させることによって「効率化」でき、そのことが社会生活を豊かなものにすると主張しているのである。この点を一つ取り上げることにする。

彼は、第12章で「高齢者の生活と家族の役割」のタイトルで論を展開している。そこに私は、高齢者の「生活」や家庭の「役割」を見ることができなかった。彼は、経済学者なのだから、「経済的」をつけて読むことが必要であることを、この章の読後、しばらくしてから了解した次第である。すなわち、「高齢者の（経済的）生活」「家族の（経済的）役割」といった具合に……。

さて、ここで彼が言いたいのは、この章の最後に述べていることである。すなわち「高齢者の生活安定にかかわる政府と家族の役割が次第に低下するとすれば、いずれも最低限度の国民生活の安全弁の機能を果たすものにとどめ、市場機能をより活用させることが《ママ》ある」「保険を通じた水平的な所得の移転や、逆住宅ローン等、高齢者の資産の有効な活用とともに、民間の福祉サービスの活用など、高齢者の所得・資産水準の向上を前提とした市場を通じた高齢者の生活保障の方向に、政策的対応が必要とされる[27]」とするのである。要するに、政府の機能はどんどん小さくなるのだから（小さい政府）「市場機能を活用」しないといけない。それは、老後の心配等で抱え込んでいる高齢者の住宅資産やその他の資産を流動化させ、「市場」を拡大することが必要だと言っているのだ。

もちろん財貨だけが流動するのではない。それにともない、人も動くことになる。それは、高齢者の住み慣れた家、地域からの流動化でもある。

人は、物・商品・金によってのみ生きるわけではない。例えば「家」「宅地」は、経済学者（八代）の目から見ると、交換可能な財の一形態かも知れない。「市場主義者」の彼が、この固定資産を流動化させ、商品・金融市場に乗せることによって、高齢者世帯は経済力を高めるべきだと助言したくなるのは、当然であろう。

しかし、この「家」は、その「所有者」にとっては、思い出の一杯詰まった交換不可能な「かけがえのない生活の場」であるかも知れない。高齢者にとって、否、人間にとって住み慣れた「空間」（消費と区別された「人間存在の空間的形態としての生活[28]」）、「かけがえのないもの」（「測定し交換しえないもの[29]」）が存在する。それだからこそ、誰もが住み慣れた地域で、当たり前に生活を続けられる社会をつくりあげるというノーマライゼーションの思想が多くの国々で受け入れられてきたのである。

ところが、それらすべてを「商品」として「市場」に流通させられると思い込み、そのことが社会進歩であるとする思想は、人間の尊厳・自由を「情報化・消費化社会」の市場における「選択（交換）の自由」に落とし込めることになるといえよう。

八代の粗野な市場経済万能論を目の当たりにすると、「古典的な資本制システムの矛盾――需要の有限性と供給能力の無限に拡大する運動との間の矛盾、これが『恐慌』……――この基本矛盾を、資本システム自体による需要の無限の自己創出という仕方で解決した」大量消費社会の延長線上に「地球資源」の枯渇と「環境破壊」が確実に待ち受けていた[30]。そのような現実を回避するためにも、福祉の分野からも「市場原理」を超える新しい「社会システム」を模索しなければならないと痛感するのである。

おわりに

介護保険の制度の要である、「要介護認定システム」と「ケアマネージメント」について共同研究で執筆を計画したが、共同討議の時間が取れずじまいになった。今後の宿題として、残しておく以外にない。

なお、第Ⅰ節第3項の内容は、私と同じ施設で働く武川早苗さんが中心になって、地域で取り組んできたケースである。2000年に大阪で開催された「平成12年度老人福祉施設研究会議」第11分科会で、11月15日に発表した報告を大幅に利用させていただいた。そのことをお断りするとともに、共に取り組んできた地域の皆さんへ感謝の気持ちを表明させていただきます。

【注】

（1）高村浩「福祉サービス利用援助契約書標準様式の解説」『よくわかる地域福祉権利擁護事業』全国社会福祉協議会、2001年

（2）水野博達「2000年をどう迎えるか」『大阪市社会福祉研究』№21の「所持金及び年間所得の分布状況」の表参照（107頁）

（3）全国社会福祉協議会地域福祉部「地域福祉権利擁護事業の概要と実施体制」『よくわかる地域権利擁護事業』全国社会福祉協議会、42頁

（4）措置の時代であるが、我々が経験したAさんの事例を紹介しておく。

「身寄りがない」ということで、Aさんは、知人のXさんに、死後の献体と遺体処理、財産の管理や介護・看護の相談の一部援助をお願いしていた。死後の献体などについては、当該病院等と生前に手続きがされていたので、さして問題はなかったが、遺産＝遺留金品の引き渡しでトラブルが発生した。

Aさんから Xさんへの依頼は、今日でいう任意後見や補助・補佐等の法的に裏打ちされたものではなく、いわゆる「口約束」に近いものであった。しかも、役所の調査によって、相続権を持つ親族2人が見つかった。また、AさんがXさんに「遺言である」と言っていた封書の中身は、家庭裁判所の審判で遺言とは認定されない「覚書」の類であった。つまり、Aさんが生きている間は、Xさんは「親しい友人」として「親族」代わりを演じることができたが、死亡後には、「後見人的役割」を担うことはできなかった。しかし、Xさんにしてみれば「生前はいろいろ

お世話をしてきたのに、Aさんが亡くなったとたんに遺留金品がどうなっているか一切私に明らかにしない施設、行政の態度は許せない。Aさんの依頼状を持っているのに」という怒りを抑えることができず、施設ともトラブルとなった。後で判明したのだが、施設で管理していた通帳以外に、Xさんは生前Aさんより○○○万円の定期預金証書を預かっており、一定の財産贈与が「遺言状」に記されているであろうと想定されていたようであった。が、「遺言状」なるものには遺産の相続・処分の類についても一切記載はなかった。

結局、弁護士の仲立ちで、遺産相続権を持つ親族から、Aさんの「お世話料」として一定の「謝礼」（報酬）をXさんが得るということで決着をみたようである。

Xさんの心情に即して言えば、「後見人的にお世話をした」労苦に対して正当な報酬を受けるという契約関係的意識は、全くない。むしろ、「報酬を目的にしてお世話をしたのではない」「家族に代わって、家族以上に親身になって老後のお世話したのだ」という「親愛の情」である。だからAさんに注いだ「情」を「報酬」等という損得勘定で測定されるのは、もってのほかであるわけだ。しかし、他方で、その「情」に報いるものとして「遺産の一部が贈与」されるかも知れないという、あいまいな、しかし、公然とは主張しにくい意思が働いていたといえる。冷徹に言えば、それは、民衆意識一般に存在するであろう、「後見人的お世話」に対する「報酬」と「遺産相続」とが区分されず、ない交ぜになった意識であり、「家産を継ぐ者は、親の面倒を見る者」↓「老後の面倒を見る者が、遺産の相続を受ける」というような旧民法的な意識の変形とでもいう意識・感情であると言えよう。

いずれにしても、措置制度のもとであったので、行政が遺留金品の処理＝遺産の処理を公正に行う権能を持っていたので、施設は遺産相続の権利問題に直接巻き込まれなくてすんだが、介護保険のもとではどうなったか、どうなるのか心配な事例であった。

（5）「生活保護」の措置基準＝支給基準は、何も変化していない。「入院して3カ月は入院前の施設所在地の市町村が措置権者であるが、それを過ぎると病院の所在地の市町村に生保の措置権者が移る」ことになる。従来は、家族に代わって施設が、生活保護の手続きや入院中の世話をし、その費用は「事務費」のなかに含まれて施設に支払われていた。つまり、措置権者が生保支給者への「後見人的」位置を占め、施設が、その委託を受けて受給者の利害関係を調整・援助してきたのである。この「家族に代わって」の機能がここでは働いていないのに、生保支給基準などはそのままで、新しい条件を考慮していない。

(6) 武川早苗ら「(第11分科会)『虐待』→母親の緊急入所、その後に残された課題をめぐって」『平成12年度全国老人福祉施設研究会議・要覧』全国老人福祉施設協議会、参照

(7) 水野博達「憲法25条と13条の再検討」『大阪市社会福祉研究』No.22、1999年、90～91頁

(8) 「家的家父長制」と規定し「まさにこの家族的生活原理こそ、われわれの社会生活の民主化をいまなお強力にはばんでいるものであり、これの「否定」なくしては、われわれの民主化をなしとげ得ない」と川島武が主張した「家・家族」制度に回帰しようということではもちろんない(川島武宜『日本社会の家族的構成』岩波現代文庫、2000年)。その「家族」は、高度経済成長の過程で解体されており、その後に来た「マイホーム主義」「核家族」そのものが、揺らいでいるのが、現代である。

(9) 岡田光世『アメリカの家族』(岩波新書、2000年)は、人工授精、養子、同性愛、離婚再婚等多様な家族・家庭のあり方を取材で迫っている。

(10) 佐藤俊樹『不平等社会日本――さよなら総中流』中公新書、2000年
橘木俊詔『日本の経済格差――所得と資産から考える』岩波新書、1998年

(11) 水野博達「2000年を目前にして――地域で『介護保険の説明・相談会』に取り組んで」『大阪市社会福祉研究』No.22、1999年、94頁

(12) 天野正子『老いの近代』岩波書店、1999年

(13) 八代尚宏『少子・高齢化の経済学――市場重視の構造改革』東洋経済新報社、1999年

(14) 水野博達「2000年をどう迎えるか――気になる『措置→保健制度のエア・ポケット』」『大阪市社会福祉研究』No.21、1998年

(15) 八代尚宏『少子・高齢化の経済学』195頁

(16) 神野直彦『システム改革の政治経済学』岩波書店、1998年、238頁

(17) 金子勝『反グローバリズム――市場改革の戦略的思考』岩波書店、1999年、14～20頁

(18) 金子勝『反グローバリズム』131頁

(19) 八代尚宏『少子・高齢化の経済学』198頁
(20) 八代尚宏『少子・高齢化の経済学』206頁
(21) 武田晴人『日本人の経済観念』岩波書店、１９９９年
(22) 浜田きよ子「高齢者の『生きるかたち』に寄り添う関係をもとめて」『市場経済を組替える』内山節・鬼頭秀一・大熊孝・榛村純一編著、農山漁村文化協会、１９９９年、142頁
(23) 水野博達「２０００年をどう迎えるか」『大阪市社会福祉研究』No.21、１９９８年、114頁
(24) アマルティア・セン著、池本幸生他訳『不平等の再検討――潜在能力と自由』岩波書店、１９９９年
(25) 『よくわかる地域福祉権利擁護事業』全国社会福祉協議会、２００１年「第2章　座談会」より
高村浩「まずは事業の目的を、福祉サービスの利用援助と、それに伴う金銭の管理に絞り込んでおいたほうがいいのではないか……。そもそもこの事業には、家族が担っていた機能を外部化するという面があります。……介護も介護保険という形で外部化が試みられることになった。地域福祉権利擁護事業も、この流れの一つととらえることもできます。そうした機能を社会で担おうという場合は、分業したほうがいい。家族は、仕送りから介護、精神的支えまで、すべてを担ってきましたが、その役割を外部に出した場合は仕事を特定して分業する。その代わり、その仕事はきちんと果たすという方法が効率がいいと思います」
(26) 八代尚宏『少子・高齢化の経済学』195頁
(27) 八代尚宏『少子・高齢化の経済学』228頁
(28) 間宮陽介『同時代論――市場主義とナショナリズムを超えて』岩波書店、１９９９年、298頁
(29) 見田宗介『現代社会の理論――情報化・消費化社会の現在と未来』岩波新書、１９９６年、164頁
(30) 見田宗介『現代社会の理論』30頁

第2章

尊厳を支える制度への転生を求めて

◆要介護認定システムを改変し、サービスの適正化を(1)

第2部の第4章で扱う「生きてきたようにしか死ねないのか？――老後生活の階層化を促進する「介護市場」を問う」のテーマは、２００５年介護保険法の第1回目の改訂を前に、改定議論の現状について批判的な見解をまとめたものである。そこで課題として残した論点に、要介護認定システムと「市場原理」によるサービス提供のミスマッチの問題がある。ここで、その残した課題を先に論ずることにする。

現状の介護保険法において介護サービスは、一般的には、【表2―1】別表のような手順で受けることになる。介護保険である以上、「保険事故」であるかないか、どの程度の「事故か」を認定する「要介護認定」が必要となる。「要介護認定」システムは、いわば被保険者が、介護サービスを受給する際の入口に立つ「門番」であり、介護保険制度の要の位置を占めている。

ところが、これまで要介護認定システムについてさまざまな検討が加えられてきたが、その多くは現状の認定システムを前提とした技術的検討の側面がほとんどであった。例えば、認知症の高齢者の介護実態に認定システ

表２−１　介護サービス受給の手順概略

①　介護保険者（＝市町村）に要介護認定の申請

⬇

②−１　保険者指定の認定調査員が訪問して９種の基本調査（麻痺・拘縮に関連する項目、移動等に関連する項目、複雑な動作等に関連する項目など）

⬇

②−２　主治医が「意見書」を作成

⬇

③−１　一次判定【「基本調査」をもとに、コンピュータによる演算で５つの分野（直接生活介護、間接生活介護、問題行動関連行為、機能関連行為、医療関連行為）の状態を調査し、介護の手間を「ものさし」にして「介護にかかる時間」で表す】

⬇

③−２　二次判定【介護認定審査会で、②−１、②−２と③−１をもとに介護度（非該当＝自立、要支援、介護度１〜５）を認定】

⬇

④　保険者から認定結果の通知を受ける

⬇

⑤　居宅介護支援業者（ケアマネージャー）を選び介護サービス計画書作成を依頼

⬇

⑥　介護サービス提供事業者とのサービスの連絡調整（被保険者、ケアマネ、事業者）

⬇

⑦　サービス提供事業者と被保険者の契約（＝ケアプランの作成・合意）〜サービス提供

⬇

⑧　モニタリングなどサービス管理

（注）現行法では、①〜④を30日以内と義務づけているが、医師意見書の作成が遅れたり、申請者が多数であったり、事務上の繁忙であったり等の理由で、認定に30日を越える場合がしばしば起こる。また、改正法により、予防介護の認定が新たに加わるので、認定事務—認定過程の煩雑化と繁忙化が予測される。

ムが十分対応していない、ということで調査項目の検討や「問題行動」へのウェイトのかけ方などの研究・検討、あるいは、認定調査員の調査能力の引き上げや調査基準及びマニュアルの検討等ということが中心であった。

２００５年の法改定に関連して、２００４年7月30日に発表された厚生労働省・社会保険審議会介護保険部会の「介護保険制度の見直しに関する意見」（以下「見直し意見」と略す）では、「①要介護状態になる前の段階からの市町村による介護予防事業と介護保険制度のサービスの両者を貫く統一的なマネジメントが欠如しているという「体系上の問題」……②軽度者の多様な状態像をふまえつつ、早期に対象者を発見し、明確な目的と期間を設定して短期・集中的にサービスを実施・評価し……「予防重視型マネジメント」が十分に制度化されていない」と批判し、「審査判定対象者の療育に関する意見やサービス利用等に関する意見を付与する機能を強化していく必要性[(2)]」を指摘していた。しかし、この観点は、新たな「新予防給付」のアセスメント設計に限定して適応されたのみで、認定システム全体の見直しはなされなかった。

現行の認定システムはこれでよいのか。根本的に問い直す時期にきていると考えた。

1　「尊厳ある生活」をおくる権利と「潜在能力」

現行の「要介護認定」システムは、そもそも、高齢者の尊厳を支える介護保険制度の要のシステムとして問題はないか。すなわち、介護保険法の自立支援の原理・理念に適合したシステムであるのかという観点からの検討である。

人々（高齢者）が尊厳をもって生きることができるためには、(a)人たるにふさわしい生活を営める物的社会的資源・環境が、誰にも用意されていることが必要であるとともに、(b)自らの生活を自ら決定できる自由（自己決定権）が確保されていることが必要である。福祉（well-being）とは、誰もが尊厳をもって生きることができる社会的状態のことであるとすれば、(a)と(b)がどのようなレベルと内容、相互関係性において実現可能とされているかによって、その社会の福祉を評価することができるといえる。

ある社会において、(b)の自由が形式的に認められていても、実際には(a)の資源・環境にあずかる範囲とレベルには大幅な差異があり、制限されているならば、それを誰も福祉社会とは言わないであろう。この差異・制限が、階級・階層、職業、身分・出身、性別、心身の状態等に基づいていれば、人はこれを差別と言い、その社会を不平等社会と呼ぶであろう。歴史的に見て、この社会の典型は、ワイマール憲法成立以前の「夜警国家」といわれた自由主義的な資本主義社会の姿であると判定するかも知れない。

また、(a)の資源・環境にあずかる範囲とレベルに大幅な差異はないが、(b)の自己決定の権利が制限された社会に対しても、人は、福祉社会とは呼ばないであろう。人は、その典型を、国権的社会主義社会や国家統制の強い「福祉国家」、あるいは「開発独裁国家」に見るかも知れない。

しかし、後者の社会像が示すように、自己決定権が制限された社会は、自由の制限された社会であり、そのような社会は、一見、資源・環境にあずかる範囲とレベルに大幅な差異がないように見えながら、一部に特権がはびこり、資源の公正な配分が疎外され、人々への資源の配分は低い水準に抑制され、閉塞的な不平等社会となっていたのである。

以上の簡単な考察からも、誰もが尊厳をもって生きることができる社会的状態、つまり福祉（well-being）とは、(a)人たるにふさわしい生活を営める物的社会的資源・環境が、どのように、どの程度用意されているか、(b)自らの生活を自ら決定できる自由がどのような範囲と深さで確保されているかという、レベルと内容及び相互関係性において洞察されることが必要である。

ところで、介護保険法第1条で、「その有する能力に応じ自立した日常生活を営むことができるように」とあるが、「その有する能力」[3]とは何か。

経済的能力のことなのか、心身の能力のことか。あるいは、その他の能力のことか。経済的能力のある者は、その財力に応じて豊かな老後を、その逆は、惨めな老後を。心身の能力のある者は、そのレベルに応じて、何の不自由もない日常生活をおくるということか。あるいは、その他の能力に応じて、「日常生活」のレベルはさまざまに差別化されることが「自立した日常生活」の中味であると理解すべきか。

法は、「国民の共同連帯の理念に基づき介護保険制度を設け、（中略）もって国民の保健医療の向上及び福祉の増進を図ることを目的とする」と述べているのだから、「その有する能力」に応じて、「自立した日常生活」の差別化を図り、不平等を拡大することを意図しているわけではない。とするなら、この「能力に応じて」の「能力」をどのような意味において捉えたとき、法が述べる目的に適うのであろうか。

この「能力」とは、アマルティア・センが提起した「潜在能力」（capability）のことであると考えることが、福祉を巡る、あるいは平等を巡る理論の中では最適であると考えるのである[4]。

センは、こう言う。

「なんの平等か」という問いの重要性は、現実の人間の多様性から生じているのであり、一つの変数を基礎にして平等を求めることは、単に理論上だけでなく現実的にも他の変数における平等の要求と衝突することが多い。……人間の多様性は、（無視したり、後から導入すればいいという程度の）副次的な複雑性ではない。私たちが平等に対して関心をもつのは、この多様性が人間の基本的な側面だからである[5]。（x頁）

人間とは全く多様な存在である。われわれは、相続した資産や自然的・社会的住環境などの外的な特性において異なっているだけでなく、年齢、性別、病気に対する抵抗力、身体的精神的能力などといった個人的な特性において異なっている。平等を評価する場合、人間につきまとうこのような多様性を考慮せざるをえない。（1頁）

個人の福祉【well-being】は、その人の生活の質、いわば「生活の良さ」として見ることができる。生活とは、相互に関連した「機能」（ある状態になったり、何かをすること）の集合からなっているとみなすことができる。このような観点からすると、個人が達成していることは、その人の機能のベクトルとして表現することができる。重要な機能は、「適切な栄養を得ているか」「健康状態にあるか」「避けられる病気にかかっていないか」「早死にしていないか」などといった基本的なものから、……「自尊心をもっているか」「社会生活に参加しているか」などといった複雑なものまで多岐にわたる。……人の存在はこのような機能によって構成されており、人の福祉の評価はこれらの構成要素を評価する形をとるべきだということである。（59頁）

潜在能力は「様々なタイプの生活を送る」という個人の自由を反映した機能のベクトルの集合として表すことができる。……

もし「達成された機能」が人の福祉を構成しているとすると、潜在能力（すなわち、ある個人が選択可能な機能のすべての組合せ）は、「福祉を達成するための自由（あるいは機会）」を構成しているということである。（60頁）

センの福祉政策における、「潜在能力アプローチ」の提起は、彼自身が言うように、「福祉の評価と自由の評価の両方に寄与する」ものであり、「（一）財や資源という形をとる『手段』の次元から、人の福祉の構成要素である『機能』の次元に移していること、（二）人がそこから選択できる様々な機能ベクトルを含んだ集合（必ずしも必須というわけではないが）を考慮に入れることが可能になる」（236頁）というのである。

センの考え方を私流に敷衍すれば、ある個人が到達している福祉の状態は、もちろん、その個人が所属している社会の状態を反映しており、その個人と社会の（無作為な）関係を示しているのであり、ある個人の「潜在能力」とは、その個人が所属している社会から、各個人が選び取り、組み合わせることのできる「生活の質」（QOL）の内容・レベルを表現しているといえる。つまり、「潜在能力」とは、ある社会が、その社会を構成する誰に対しても権利（エンタイトルメント）として付与する「生活の質」として記述されるはずのものであり、その記述（社会的合意）の過程において、個人は社会と能動的な相互関係を形づくることとなる。

このように考えれば、法のいう「その有する能力」とは、現にあるがままの各個人の「能力」ではなく、その社会が、各個人の「有する能力」として付与することができる「生活の質」（QOL）の内容・レベルのことであり、その社会が、各個人に付与することができるものとして保有する、社会福祉の（社会的・政策的）能力を表すものだともいえる。

以上から、人々（高齢者）が尊厳をもって生きることができるためには、まず、自分が、生理的・社会的な諸側面から見てどのような状態にあるかについて認識を持つこと、すなわち、現に「達成されている機能」についての理解である。その上で、各個人が「どのような人生・生活を生きるか」という希望・目標との相互関係において、どのような社会的資源・環境との組合せにおいて日常の生活を営むかを選択できることであろう（この選択の範囲は、その個人及びその社会が有する「潜在能力」の範囲である）。

では、現行の要介護認定過程は、どうか。

そこでは、介護にかかる「手間」を「ものさし」にして、個人の状態を測定して要介護度を算出している。その要介護度の演算過程と認定過程は、被保険者からは事実上、「ブラック・ボックス」となっていて、被保険者から、判定の過程と結果について異論や疑問をはさむことは、実際上むつかしい。

また、認定審査会で審査委員は、コンピュータで演算された1次判定結果をもとに、医師意見書と調査員作成の認定調査票を頼りに2次判定を行うのであるが、対象者の像は、これらのデータから類推するしかない。実態的に人物像を画いて判定を行えるわけではなく、わずかなデータを手がかりに、判定を行うのである。従って、多くは１次判定結果をオーソライズすることが、認定調査委員会の役割であるといっても言い過ぎではない。その結果、認定審査会での要介護度判定は、介護保険サービスの「利用できる限度額」を被保険者に示すことが中心的役割となっているのであって、先の「見直し意見」が言うような、「審査判定対象者の療育に関する意見やサービス利用等に関する意見を付与する機能を強化していく必要性」を指摘されても、現実には、例外的な事例を除いては、そのような機能を発揮しようがないのが現実である。

このことは、被保険者の立場からいえば、「要介護認定」という介護保険利用の入口の所で、被保険者は、この制度の主体ではなく、客体化されていることになる。つまり、今日ＷＨＯのＩＣＦ（国際生活機能分類）が到達した地点から見れば、現状の要介護認定システムは、「医療モデル」を越えて「社会（生活）モデル」の考え方によって人々の自立的な生活を支え、整えることを目指すはずの「介護」の領域・制度に忍び込んだ「医療モデル」の装置であると言えそうである。介護保険のサービス受給の入口の所で、この「医療モデル」が門番の役目を担っているのである。

人々（高齢者や障害者等）の状況の「分類」（人々を分類するのではなく、それぞれの人の状態・状況を各領域の機能などに整理し記述すること）は、ＩＣＦやアメリカ精神遅滞学会が示したように、その人が自立して生きていくために必要な援助の領域・方法・質・時期・量等によって表現・表記されるべきである。当事者が一方的に分類・分析される「対象」ではなく、自己主張する「主体」として、社会がその人を認知・肯定する方法論でなければならない(6)。言い換えれば、認定過程において、自分の状態についての自己認識を持て、当事者が、生活や介護についての希望を述べ、判定過程に疑問や異見を出しやすいことが必要なのである。

なぜなら、認定過程は、その社会が用意した調査項目（それは、その個人が達成している機能、および、その人の潜在能力を測定するものとして定めた「変数」の指標として働く）と当事者との突合・対話の過程であり、その意味で、個人とその社会との交渉・コミュニケーションの過程として設定される必要があるからである。

2　介護市場は、「効用」によって自動調整できるか？

次に、要介護認定過程とサービス提供過程との関係において、現行の要介護認定システムの問題点についての検討を行う。

そもそも介護保険制度における要介護認定システムは、保険である以上、「保険事故」であるかないか、どの程度の「事故」かを判定するものであり、それは、別の観点からみれば、市場原理を介して提供される介護サービス提供の総量と各被保険者へのサービス提供量を統制する装置であると言える(7)。

だからといって、介護保険サービスの「利用できる限度額」を被保険者に明示することを中心的役割とする現行の方法だけが、介護サービス市場をコントロールする方法であるといえるであろうか。また、それは成功しているか。

介護保険の制度において、被保険者は、その限度額の範囲で、自己決定に基づいて、介護サービス市場から多様なサービスを自由に選択―契約できることになっている。つまり、被保険者は、サービス利用限度が示されれば、その限度内で、その人にとって効用が最大になるようにサービスを選択するであろうという、市場原理に対する楽観的な信仰が制度設計を支えているように見える。

現実には、「高齢者リハビリ研究会」の調査結果（04年1月29日）や、先の「見直し意見」等では、要支援や要介護度の低い高齢者への介護予防の効果が上がっておらず、「制度の『持続可能性』を高める観点から」「給付の効率化・重点化」が強調され、サービスの総量規制と重点配分が必要な段階に来ているという認識を述べていた。

しかし、その内実は、限度額から、最大限の「効用」を引き出しているのは、被保険者ではなく、介護サービス提供者の方であり、利用者が必要か否かではなく、限度額一杯になるように、杖1本でも、30分でも多くサービスを利用させて、利潤に結びつけようとする商いの論理が介護市場を席巻し始めていることが、その原因の一つである。

いずれにしても、現状の認定システムでは、サービスの選択の場面において、被保険者（およびその家族等）は、当人が、生理的・社会的な諸側面から見てどのような状態かを十分に認識することから疎外されており、また、どのような援助・介護によって自立的に生活を営むことができるかについても、多くの場合ケアマネージャの立てる「介護サービス計画」に依存せざるを得ない仕組みとなっている。だから、サービスの選択といっても、せいぜい、その選択は、Aという業者にするか、Bという業者からサービスを受けるかといった程度のもので、各個人が「どのような人生・生活を生きるか」という希望・目標との相互関係において、どのような社会的資源・環境との組合せによって日常の生活を営むかを自己決定するような選択ではありえないのである。

つまり、高齢者にとって、現状の要介護認定システムと介護サービス市場の関係の中では、人生の目的等と関係した本質的な自己決定権を行使することが、事実上不可能であるので、「その人にとってはどちらかと言えばしなくても済んだ選択をたくさんしなくてはならなくなり、……その結果、不利益が生じる可能性がある」「よりたくさんの選択肢を持っているということが、常に、その人がしたいことをする自由を広げることには必ずしもならない」（セン、94頁）という側面を介護保険は多分に持っているのである。

第1節でも触れたが、現行の要介護認定は、介護にかかる「手間」の測定である。それも、今日では改革の対象となっている介護観・介護方法論である「集団一括処遇」を行っていた施設で集めたデータの統計的処理によって構築されたものである[(8)]。今日、小規模ケア等の『介護の革命』が進む中では、過去の施設介護のあり方を化石化した〈迷惑な枰〉となっているとも言える。過去の施設介護とは、優秀な施設の介護でも高齢者の「ディスアビリティ」（できないこと）に注目した介護方針に基づいてなされたものであり、当事者のエンパワメントによる主体的な生活の再生・創造を目指した介護という考えは、まだ成熟していなかった段階にあったのである。

現行の認定調査の指標の立て方も、なお、ＡＤＬ中心となっている。認知症判定の弱点を解消するように一次判定ソフトを改定して精度が上がったと、厚生労働省は主張するが、認知症高齢者だけでなく、あらゆるタイプの被保険者の判定を求められる判定の場面で、各ケースの実像と付き合わせて、「精度が上がった」という検証がなされているわけでもない。調査項目を変更したことによって（例えば、「居室の清掃」をなくしたこと等）、「生活機能」の実態について、分析・判断できづらくなった結果、不利な扱いを受けるケースも生まれているのである。

さらにまた、介護保険は、人が生きていく上での社会性（社会参加や余暇等）を捨象した基準（変数）で要介護度を判定し、これに介護報酬体系をリンクさせている。だから、現状の認定制度において、要介護１の人と要介護３の人とで、必要な介護の量（時間）と内容（支援の中身）、その質（専門性）は、社会生活の領域に対する援助の問題を視野に入れた介護を考えるならば、３が１よりも量も多く質も高いものが要求されるとは、必ずしもいい得ない場合がある。こうしたことを高齢者自身の生活再構築を目指す「介護の革命」（小規模・グループケア等の取り組み）を進める現場でいくつも発見するからである。

以上、現状の要介護認定による「利用限度額」の判定及びサービス量規制（新予防事業の立ち上げとサービス提供の重点化）と、「効用」による介護市場の自然調整力とをリンクすることによって介護市場を適正にコントロールすることには限界があり、問題点があると言い得る。従って、被保険者が尊厳を保って自立して生きていくために必要な援助の領域・方法・質・時期・量等によって表現・表記する認定ツールの開発によって、介護市場をコントロールする方法を構築することが求められていると言える。それは、市場原理（効用）を超えていく、別の価値観・方法論の発見であるとも言える。

3　「認定システム」の再構築

「認定過程」と「介護計画策定過程」を一部統合・再編して、当事者（その家族等の代弁者）の主体的参加を重視した「認定システム」を再構築することを考えてみることにする。

その理由は、現状の「認定」過程での調査と「介護計画策定」過程のアセスメント（ニーズ調査・調整過程）が重複しており、時間的にもコスト面でもムダが大きい。しかも、地方分権の「三位一体」財政改革により、介護保険に関わる事務費に対する国庫負担がカットされるという事態の中で、認定審査委員の定員減と認定有効期限の延長が進んでいる。

だが、こうした小手先の合理化・効率化で問題が解決できるわけではない。そもそも、介護保険制度で、この要介護度の認定過程と介護計画過程との分離・不適合が、無駄なコストを生んでいると考えるべきであろう。また、現行の認定のツール及び方法と重なって、利用者にとっても重複した調査は負担が大きい。しかも、自分の調査・認定の過程とその結果に対する意見表明が困難である。従って、この「認定」システムの存在は、障害者にも介護保険を適用していくとするなら、制度統合の大きな障害となるであろう。

そこで、当事者の主体的参加を可能にする〈「要介護認定」過程＋「基本介護計画策定」過程〉の構築により、自らの心身状態等に対する適切な認識を当事者と専門家との協力・討論で作り上げ、自らの生活・生のまっとうの仕方（介護や社会参加、権利擁護などの在り方）を主体的に選択していく自己決定の過程として構築し、もって要介護認定過程を尊厳を支える介護保険制度の「入口」とすることである。言葉を変えて言えば、自らの生活・生のまっとうの仕方に関わる自己決定をベースに制度設計をした時に、初めて、真に制度の効率化と適切な成果を生み出すのであり、それこそが、市場を住民の主体的関係性の力でコントロールし、ノーマライゼーションの土台を築くことになるはずである。

現行の認定過程にかかる膨大な費用のムダをなくし、「認定過程」と「介護計画策定過程」の一部を統合・再編した新しい認定システムを【図2―1】のように構想してみた。

このシステムの中心的担い手は、在宅介護支援センターに在籍するケアマネージャを想定することがよいであろう。もちろん、その力が本当に活かされるような権限・知識・処遇を整えることが急務であると考えるのであるが……。

また、現行の認定に関わって意見書を作成している医師の独自の権限・位置・資格を整備しつつ、地域の医療・健康・福祉を支えていくための日本における「ホームドクター制度」整備を本格的に構想すべきである。

以下、【図2―1】に従って流れを説明する。

まず保険者によって「介護認定医師」として登録・指定された医師が「意見書」を作成し、同じく、保険者によって「認定調査員」として認定された公務員や（現行の）在宅介護支援センター等のケアマネージャが被保険者の居宅において調査を行い、このデータと医師「意見書」をもとに、保険者によって「認定員」として認定されたケアマネージャなどの専門職が、先の「認定調査員」と認定作業を複数人で行う。非該当の場合は、直ちに、その判定結果を保険者に報告し、被保険者に保険者から報告される。その他は、自立して生きていくために必要な援助の領域・方法・質・時期・量等を表現・表記した新しい内容・形式の「認定書」第1次案をもって当該被保険者の居宅に赴き、報告説明する。ここでの協議により、修正・補強して「認定書」案が完成される（ここでは、当事者と家族などによる「マイ・ケアプラン」作りの活動と努力が力を発揮することになる）。もちろん、当事者との意見・見解の相違・対立が起こり得る場合があるが、その場合の処理システムは別に用意される。

この協議・補正された「認定書」案は、保険者の「審査委員会」事務局に報告され、事務手続の後、即日「認定書」として交付される。なお、当事者の異論・苦情が出たものについては、「審査委員会」において、多角的

図 2-1　統合・再編後の「認定」過程／「サービス提供・管理」過程チャート

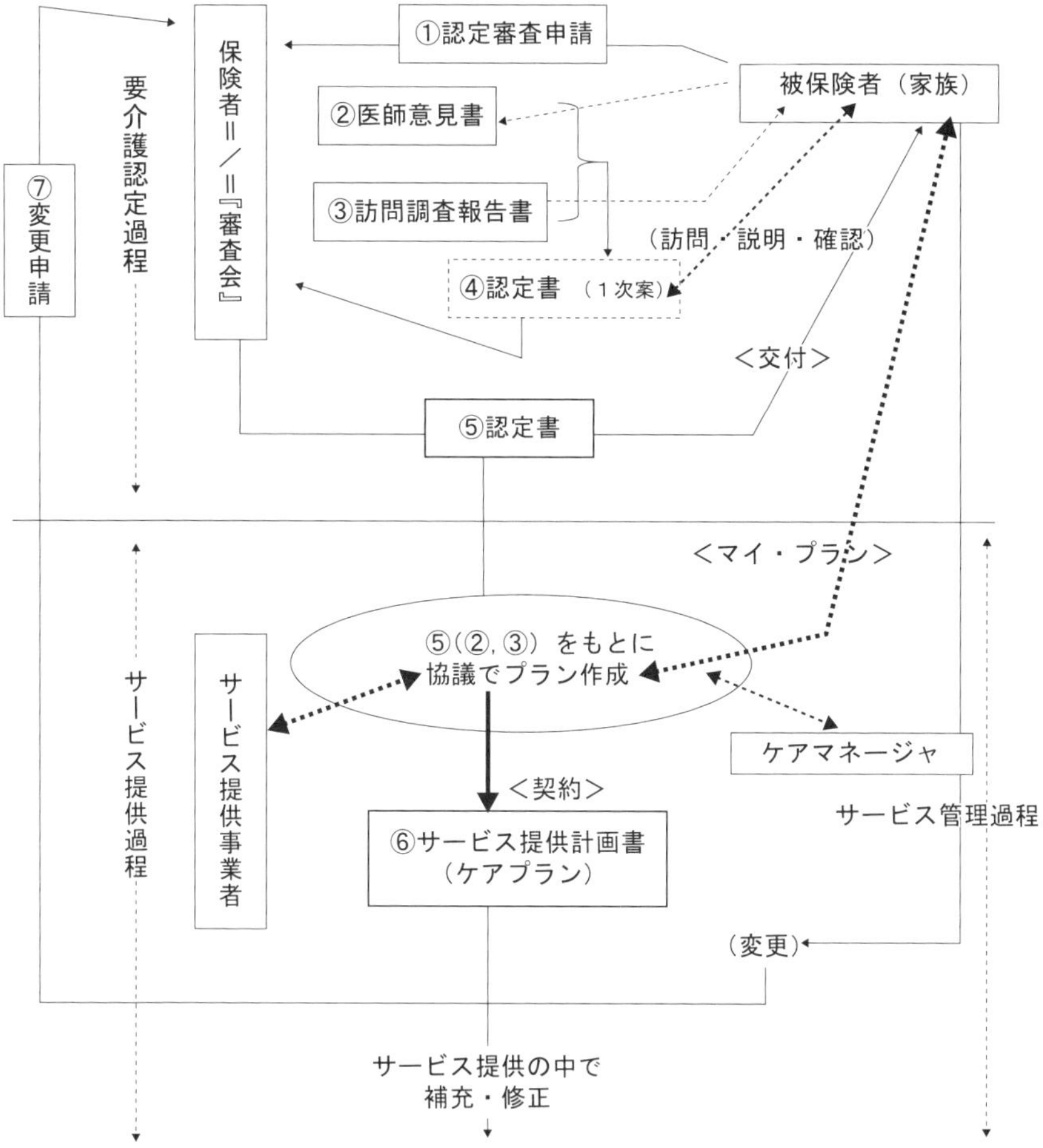

専門的立場で検討する。必要によっては、直接、利用者と面談・意見聴取ができる体制を整備する。すなわち、現行の「認定審査委員会」は、むしろ住民のサービス利用にかかわる苦情や再認定要求を、当事者の身近な所で対応できる、より広い権限をもった審査機関（「審査委員会」）へと再編する。

認定有効期間内の再調査・再認定は、特別の事情のある場合を除いて、当該の認定調査・認定員が行うが、認定更新の際は、他の認定調査・認定員メンバーが当たることにして、重複した誤りの回避や認定作業の公正化を図る。

なお、この「認定」のツールはＩＣＦの分類指標をベースに再構築することになるわけだが、どのような項目・機能を分類の「変数」にするかは、諸個人が保有できる「潜在能力」を規定することになるので、現在のように、厚生労働省の審議会の密室での検討ではなく、社会的に検討できるように公開される必要があるし、その内容自体が政治的政策的な論議に仕上げられていくことが必要だと考える。なぜなら、諸個人が保有できる「潜在能力」を定める議論をするということは、その社会が保有する限りある資源の内、どれだけの資源をその社会の構成員の「潜在能力」として配分するかを定めることにつながる。つまり、この論議は、介護保険全体の財源を、ひいては介護保険が提供する市場の大きさを定めることにもなる。すなわち、現状の制度の枠組みでいえば、中央政府と地方政府の税を介護保険にどれだけ投入するか、介護保険料金をいくらにするのか、利用者の自己負担割合をどうするかについて、国政レベルと地方自治レベルでの主権者の政治的・政策的な選択につながっていく問題であるからだ[(9)]。

この構想に対して、「保険制度だから、要介護認定は、被保険者の利用限度額を示し、その限度内で、適切なサービスを調整するのはケアマネの役割だ」という反批判が起こるかも知れない。

もちろん介護保険であるから、「認定」には、利用できるサービスの種類とその量等「利用範囲とその限度」の指定が必要である。それを「単位」数をもって示すようにする。新たに構想される「認定書」は、その人が尊厳ある自立した生活を維持していくために、例えば、(イ)リハビリ的要素の支援を何単位、(ロ)家事・生活援助の要素を何単位、(ハ)移動・身体援助の要素を何単位……(ニ)(ホ)(ヘ)(ト)その他総合的な組合せの要素を何単位というように表記される。同時に、施設利用が適切か、適切な場合は、どのタイプの施設が望まれるか等についての「記載」や、介護保険以外で望まれる社会的資源の利用についても記述できる「付記事項」が設けられているものである。

この認定システム再構築は、同時に、これに対応して、保険で提供されるサービスの種類を類型化し、その単位数を再整理することになる。

「認定書」は、実際に提供される介護（予防）サービスの計画作成のガイドラインであり、ある意味で、広い選択肢を持った「処方箋」とも言うべきものとなる。従って、サービス提供事業者は、これに基づいて被保険者・家族（ケアマネ等の代理人）と協議して、「サービス提供計画書」（これこそ「ケアプラン」）を作成し、利用者と契約を取り結ぶことになる。つまり、「認定書」は、介護市場をコントロールする大きな武器ともなるのである。

すでに明らかなように、ここに提案する〈「要介護認定」過程＋「基本介護計画策定」過程〉と、その後に続く〈サービス提供過程＝サービス管理過程〉（「ケアプラン作成」〜「契約」〜「サービス提供」〜「モニタリング」）の全過程は、当事者との一連のコミュニケーション過程として構想されているのである。医師やケアマネージャ、介護職員、看護師、セラピスト、薬剤師、歯科医師、栄養士等の専門家と当事者・家族・ボランティア等が、一連の過程の節々で出会い、当事者の意思を聞き、協議し、サービスを調整し、当事者自らが、支援をもテコに自らの生活を創り出していくという社会的なコミュニケーションの過程である。この一連の過程によってエンパワメントが、全人間的回復が、促進され、「尊厳ある生活」が支えられるのである。

被保険者の状態を、科学的に分析するという名目によって要素分析的に一方的に人を要介護度によって分類し、判定された利用限度額の範囲を念頭に置いて、ケアマネという専門家が一方的に当事者のニーズをアセスメントして判断し、ケアプランを立てるという発想ではなく、当事者・専門家・社会・環境の相互作用・相互討論を要介護認定過程から、サービス提供の全過程にわたって組織することによって、エンパワメントが、全人間的回復が、促進されるのである。

私が提案する、このような仕組みのなかで、実際に仕事のできる専門家・ケアマネージャが育っておらず非現実的ではないか、という疑問や批判が生まれるのは、根拠がないわけではない。

しかし、当事者・住民の自己決定を土台にした制度をつくり上げていくためには、調査や認定、アセスメント・ケアプラン作成、モニタリングにかかわるケアマネージャや医師をはじめ各専門家が、当事者と直接向き合い、自己の専門的能力（対話能力を含めた知識・経験）と職業的倫理が問われなければ、専門家としての本当の力は育たないと私は考えるのである。

とりわけ、要介護認定過程では、調査員のケアマネージャによって、9種の基本調査項目に沿って被保険者が一方的に分析され、その9項目の調査結果のデータは、コンピュータが行う第一次判定に提供される。調査員は、特記事項の調査票への記入という一定の専門職としての力を発揮する位置と権限は与えられているが、要介護の認定は、認定審査委員会が行うことになる。つまり、当事者とのコミュニケーションの内容と機会は、「調査員の調査票への特記事項の記入」という極めて狭い、しかも、間接的な形でしか要介護認定に反映されないのである。こうした現状の調査員＝ケアマネの仕事のあり方からは、自己の専門的能力（対話能力を含めた知識・経験）と職業的倫理が深く、広く問われることはない。ある意味では、被保険者に対する専門家の責任は、認定審査委員会の存在によって、すなわち、地方政府の権力によって、免責されているのである。このようなシステムの中で何十年働いても、専門的能力と職業的倫理は育たず、むしろ、惰性に流れるだけである。

福祉先進国のソーシャルワーカーが経験し、蓄積してきたように、当事者と直接向き合い、いわば、専門家として「真剣勝負の対話」を行うことこそが、専門家の能力と倫理を育て、公平な立場で必要な課題を見つける力

（認定の力）を育てることになり、ひいては、当事者の自己決定（自律）の力を高めることになるのである。

我が国の専門家といわれる一群の職種の人々は、根拠のない権威や特権によって支えられるのではなく、自らの職能によって社会から認知されて自律する時期にきており、ケアマネも、このレベルへ到達する準備を急いですべきである。職能団体である介護支援専門員協会や社会福祉士協会は、この改革の先頭に立つべきであると提言をしておきたい。

ところで、一連の再構築される「認定」過程―「サービス提供」過程をどのような手法で管理・点検するか。これは、認定医師・ケアマネ（認定調査員・認定員）の専門性と職業的倫理を信頼したシステムとして構築されるものであり、コンピュータを利用し、統計的データのチェック等を多用した事後的監査・点検のシステム管理を構築する。例えば、すべての「認定書」には、医師・調査員・認定員の署名・コード番号が記載され、コンピュータに記録・管理され、統計的に傾向分析と評価が可能になるようにデータの集積・管理を行う。

また、「審査委員会」のもとに「評価小委員」を設置して、記録のチェックや各サービス提供事業者から「認定書」―「介護計画書」及びサービス実施にかかわる状況をモニタリングしたり、また、ケースの抜き取り調査をしたりする等の権限を与える。この小委員会の活動は、定期的に「審査委員会」で審議され、必要な決定が行われるものとする。

これらの管理の仕組みにおいて、「審査委員会」は、不適切な「認定書」や「サービス提供計画＝ケアプラン」を作成しつづけるケアマネや事業所への勧告・指導、さらには業務停止の発議権限を与えるとともに、介護予防の成功や自立促進に成功したケースを多く出して成果をあげたケアマネや事業所には、定められた成功報酬の支払いを勧告できる権限を付与するようにシステム全体を構築していくことも必要であると考える。

おわりに

この「要介護認定」過程の再構築試案の土台にある筆者のテーマは、限りある資源の配分・分配方法の問題である。とりわけ、公共サービスや福祉サービスにかかわる領域で、不平等をどう克服していくことができるか、これまでとは違った方法論がないかという探究の一つである。すなわち、古くは、国家の統制による計画経済か、市場の自由競争による効率化か、という対立であり、近年であれば、措置制度による福祉の充実か、規制改革による市場原理の導入による効率化か、という議論である。

この改革試案の提言は、こうした二項対立を超え、主権者である住民自身の自己決定権（とりわけ、社会的不利益を被る層の自己決定権を重視した）を確保するとともに（社会）政策の決定に主体的に主権者が参加できるシステムのあり方を、日本の介護保険制度の場で考えてみようということである。国家の機能不全と市場の失敗を超えて、資源の有効で効率的、かつ公平な配分を実現するという、いわば「第3の道」の方法論を検討してみたのである。

また、それは同時に、家庭や地域のアンペイドワーク等で賄われてきた介護（労働）が社会化・商品化されて提供される段階で起こる、ある種の「乖離」をできる限り超えていく方法論の探求でもある。すなわち、各機能に分割されて商品化された多様なサービスを組み合わせて提供することと、その人らしい生活とその人の尊厳をトータルに支えることとの間に生まれる「断層」に橋をかけたり、ミスマッチを避けたりする方法として、要介護認定からサービス提供の過程全体を当事者と社会のコミュニケーション過程として構想してみたのである。

こうした、大状況の問題とは別に、この試案提起の意味を我々の地域の生活レベルから言えば、次のようなことである。

高齢者の心身の変化や家庭環境の変化は、突然・急激に起こる。だから、要介護認定の時間短縮が求められる。現行の「認定」では、最低1カ月はかかるのが、実情である。この事態の改善のためにも、また、介護保険制度が、地域住民の生活の身近にあり、人々に「安心」をもたらす真の意味での「基礎的社会システム」になるためにも、以上に述べたように「要介護認定」過程は再編されなければならない、ということである。

その再編・再構築は、「地域包括ケアシステム」の要として今後整備される地域包括支援センターが、これまでの在宅介護支援センターの活動を生かしきって権利擁護事業をはじめ地域の社会資源を掘り起こす機能の拡充につながっていくように、従来の基幹型支援センターと他の地域型センターとの関係や行政機関との関係整備が各地の条件を勘案して柔軟に進められていく中で可能となると考えるのである。

なお、これらの改革を積み重ねた将来においては、保険制度を超える新しい行財政制度が生まれる可能性も排除されるものではないというのが、筆者の立場であることを最後に述べ、試案の提起を終わりたい。

【注】 本文及び（注）の文章中の**【　】**は、筆者がつけた注記である。

（1）本論は、大阪府社会福祉協議会・老人施設部会の２００３年度「大阪老人福祉施設研究大会」（２００４年2月14日）で発表した報告を２００５年に加筆・修正して、雑誌『共生社会研究』（大阪市立大学共生社会研究会発行）に載せたものが元原稿である。

（2）要支援、要介護1など、介護度の低位な高齢者への介護予防の効果が上がっていないことを調査して注目された「介護サービスの有効性評価に関する研究」（日医総研・川越雅弘／島根県健康福祉部高齢者福祉課、２００３年）には、多くの問題があることが今日明らかになっている。

例えば、要介護度の全国的出現率は、以下の数値。

	40〜64歳	65〜69歳	70〜79歳	80〜89歳	90歳〜
要支援	3・6%	5・4%	28・7%	44・9%	17・4%
要介護1	3・4%	5・4%	31・3%	47・4%	12・7%
要介護4	3・3%	4・9%	23・8%	42・5%	25・4%

「要支援、要介護1など、介護度の低位な高齢者への介護予防の効果が上がっていない」というが、若いうちは、要支援、要介護1の出現率は、要介護4と比べても格差はない。つまり、70〜79歳以降に要支援、要介護1となる高齢者が圧倒的で、この年齢層では、介護サービスによって状態改善はかなり例外的で、現状維持ができれば成功と言わねばならない。日医総研・川越雅弘らの「研究」は、データの正しい分析・評価とは言えず、何らかの政策目的実現のためになされたのではないか、との疑念を呼ぶものである。

(3) 法第1条（目的）「この法律は、加齢に伴って生ずる心身の変化に起因する疾病等により、要介護状態となり、……これらの者がその有する能力に応じ自立した日常生活を営むことができるよう、必要な保健医療サービス及び福祉サービスに係る給付を行うため、国民の共同連帯の理念に基づき介護保険制度を設け、……もって国民の保健医療の向上及び福祉の増進を図ることを目的とする。」

法第2条（介護保険）「3　第1項の保険給付は、被保険者の心身の状況、その置かれている環境等に応じて、被保険者の選択に基づき、適切な保健医療サービス及び福祉サービスが、多様な事業者又は施設から、総合的かつ効率的に提供されるように配慮されなければならない。」

(4) マルティア・セン著、池本幸生・野上裕生・佐藤仁訳『不平等の再検討――潜在能力と自由』岩波書店、1999年

(5) アマルティア・センの「人間の多様性」「機能」「capability」（潜在能力）といった考え方を生み出した土台にインド社会の歴史・文化、ヒンズー教の哲学・思想が、あるいはガンディーの業績とその研究が大きく作用しているように感じる。

E・H・エリクソンは、『ガンディーの真理――戦闘的非暴力の起原』星野美賀子訳、みすず書房、1973年）の中で、

(ア)　インド社会を「測りがたい多様性を持つ揺れる大海の中にひそむ意義深い瞬間――人生とは、街路上【エリクソンは、路上生活者の多さに驚かされた】のものであれ、家庭内【何かあれば、家長のもとに一つに融合する家族のあり方にも彼は驚かされた】のものであれ、そのようになにもかもひっくるめる形態を印象づけるものではないだろうか。事実、これが、私のインドについての感じであり、それは時に、一抹の感覚的、感情的船酔いを伴わないこともなかった」（第1巻、43頁）と述べている。

(イ)　ガンディーの「真理」（サティヤーグラハ＝「非暴力的に戦うことによって、敵の魂とその魂が持つ潜在的な『真理』」を引き出して社会の対立・矛盾を平和裏に解決する道）について、

「われわれは、真理を測るためには、あらゆる憎しみのうちにある潜在的な愛にしがみつかなければならないと同様に、……最愛の者同士の出会いにも両価性（アンビヴァレンス）が存在することを認めるときにのみ、真理は、まさにあなたがおっしゃる真理となります。つまり真理は、分かれている機能、たとえば、大きさ、年齢、性、力において不平等であること、から生ずる対立関係の中で進化する人類を支えるものとなります。そして、これらすべての不平等は、道徳的抑制より意識的な洞察を必要とします」（第2巻、27頁）と述べている。

社会の対立・矛盾を越えていくガンディーの「真理」とは、人間の多様性、すなわち、「分かれている機能、たとえば、大きさ、年齢、性、力において不平等であること、から生ずる対立関係」について、その両価性（アンビヴァレンス）の存在を認めるとき【敵対関係であることを取り除いて洞察したとき】、双方の人間の中に潜在する共通の社会的正義・公正といった倫理・価値観の果たす可能性（＝capability）への確信・信念であるとエリクソンが分析しているように、私には受け止められる。

(6)　文献：

佐藤久夫『障害構造論入門――ハンディキャップ克服のために』青木書店、１９９２年
関宏之『障害者問題の認識とアプローチ』中央法規出版、１９９４年
アメリカ精神遅滞学会編、茂木俊彦監訳『精神遅滞（第9版）――定義・分類・サポートシステム』学苑社、１９９９年
ＷＨＯ、障害者福祉研究会編『ＩＣＦ国際生活機能分類――国際障害分類改定版』中央法規出版、２００２年

（7）水野博達「２０００年４月が過ぎて……『介護の社会化』とは、『市場』での自由のことか?」『大阪市社会福祉研究』第23号、大阪市社会福祉研修センター、２０００年、35～37頁参照
（8）筒井孝子「公的介護保険制度下におけるケアマネジメントの意義」『老施協』第301号～310号、全国老人福祉施設協議会)、１９９８年
（9）水野博達「２０００年を目前にして――地域で『介護保険の説明・相談会』に取り組んで」『大阪市社会福祉研究』第22号、大阪市社会福祉研修センター、１９９９年、89～96頁参照

第2部　老後生活の階層化と介護保険／地方自治体

第3章

財政事情優先で進む制度の改変と入所判定基準

◆特養「入所基準」の策定と「居住と介護の分離」の意味

はじめに

この章は、大阪市所管の老人福祉施設の連盟において、特養ホーム等のサービスを抜本的に改革するために、私たちが「大阪市小規模ケア研究会」の立ち上げを準備していた２００３年の初めに書いた原稿に手を加えたものである。[(1)]

２００３年４月から実施される介護報酬を削減する改定は、私たちの計画と活動に大きな重圧となることは確かであった。しかし、問題はそればかりではない。社会福祉法人のあり方についての見直し議論や個室・ユニット型の新型特養での「ホテルコスト」の徴収の動き、さらには、高齢者住宅とセットにした介護事業への参入など民間事業者の活発な動きがある。これらの動向と中期的な日本の経済社会の変動を重ねてみると、２００５年の介護保険の第１回目の見直し・改定が生やさしいものでないことが十分予測されたのである。

こうした事態に対して地方政府（自治体）や社会福祉法人、あるいは非営利事業団体がどのように対処すべきか、腰を据えて討論・検討することが求められていた。そうした思いを持ちながら、さしあたり、この論考では特別養護老人ホームを軸に高齢者施策にかかわる事項を取り上げ、事態の進行が生み出す課題や矛盾を検討してみた。

1　2003年の介護報酬の改定と「入所選考指針」の制定について

２００３年の介護報酬の改定について施設系の報酬削減が大幅であった。その削減の根拠づけとなった基礎データについてもさまざまな憶測と批判がなされているが、財政事情から「初めに施設系の削減ありき」という機運のもとでの改定であった。

介護保険は、「在宅重視」といわれながらも実施してみれば、「施設への入所」へと住民のニーズが傾き、小さな市町村では、一つ施設が新設されれば、それだけで保険財政を厳しく圧迫することとなった。全国的には在宅サービス体系の未整備のなかで、都会では、それに住宅政策・施策のたち遅れ・不在等が重なり、多くの住民は在宅サービスより、さしあたり「施設入所」を求めたのであった。この施設入所への傾向を放置すれば、介護保険財政の破綻は急テンポで進む。２００３年の報酬改定には、これを阻止する狙いがあったとみて誤りはないであろう。

特養ホームの報酬について検討してみるとどうか。

要介護１の場合、これまでは大阪市内の特養ホームでは、１日の介護報酬８２７０円が、改定後は７０４０円となり、差額は１２３０円、１カ月30日として差額３万６９００円、年間では44万８９５０円となる。要介護２では、日額差９７０円、月額差２万９１００円、年額差35万４０５０円となる。要介護３では、それぞれ７００円、２万１０００円、25万５５００円の差額となる。

ホームの経営を考えれば、要介護度１・２の人を入所させれば経営が困難になることは一目瞭然である。ことに人件費の相対的に高い大都会にあっては、１ベッドあたり年額約45万円～35万円超の差額はきわめて厳しい額である。

要するに「要介護１や２の者は入所させるな。１や２は在宅サービスで対応せよ」というのが、今回の介護報酬改定の経営者に対する無言のサインだということである。

この介護報酬改定論議と並行して、特養ホームへの入所選考が「不透明で、不公平だ」「重度で困っているのに入所申し込み順で、なかなか入所できない」等と各施設の入所選考のあり方が提起されてきた。２００２年８月７日付けで、厚生労働省は「指定介護老人福祉施設の人員、設備及び運営に関する基準」（省令第39号）の一部改正にかかわる省令第１０４号とともに、同日「指定介護老人福祉施設の入所に関する指針について」という「通知」を発した。

大阪府や大阪市でも、それを受けて新「入所選考指針」の策定が議論となったが、地方分権一括法施行後にもかかわらず、厚生労働省の「通知」があたかも強制力を持つかのような姿勢が行政側にあり、初発の議論は混乱気味に開始されたといえる。(2)

さて【表３―１】は、大阪市と大阪市老人福祉施設連盟の協議によって作成された大阪市の「指定介護老人福祉施設入所選考指針」の「基本的評価基準」である。

大阪市の入所選考指針では、表に示された大阪市内共通の基準である「基本的評価基準」と各施設が個別に設定する「個別的評価基準」の二段階によって入所者の選考が行われることとなった。

施設が行う「個別的評価基準」とは、おおむね性別、空きベッドの特性、施設の専門性（介護・看護の能力・条件）、利用者・家族の居住地の遠近、家族の介護量や経済的事由により在宅サービスの利用度が低位な者に対する配慮、その他特別に配慮しなければならない個別の事情などを独自に評価する基準＝方法を設定する、とし

表 3-1　基本的評価基準

				②介護の必要性				
	施設入所者等の在宅サービス利用率					25		
	在宅サービス利用率※1			80%以上	60%以上 80%未満	40%以上 60%未満	20%以上 40%未満	20%未満
	本人の状況・世帯の状況		評価点	35	30	25	20	15
①本人の状況・世帯の状況	要介護 5	単身	60	95	90	85	80	75
		高齢者のみ世帯	55	90	85	80	75	70
		介護者有	50	85	80	75	70	65
	要介護 4	単身	50	85	80	75	70	65
		高齢者のみ世帯	45	80	75	70	65	60
		介護者有	40	75	70	65	60	55
	要介護 3	単身	40	75	70	65	60	55
		高齢者のみ世帯	35	70	65	60	55	50
		介護者有	30	65	60	55	50	45
	要介護 2	単身	30	65	60	55	50	45
		高齢者のみ世帯	25	60	55	50	45	40
		介護者有	20	55	50	45	40	35
	要介護 1	単身	20	55	50	45	40	35
		高齢者のみ世帯	15	50	45	40	35	30
		介護者有	10	45	40	35	30	25

※1　在宅サービスの利用率
サービス利用表別表に基づく支給限度基準額とサービス利用額の単位の割合。

【算定の対象となるサービス】

訪問介護、訪問入浴介護、訪問介護、訪問リハビリテーション、通所介護、通所リハビリテーション、短期入所生活介護、短期入所療養介護、福祉用具貸与

※2　病院入院・施設入所者で在宅復帰が困難な場合
病院又は他の介護保険施設に入院・入所している人で、退院・退所を求められているが、在宅復帰が極度に困難な場合は、介護の必要性を 25 点とする。

※3　地域性の加算
上記の評価点に、施設の所在地と入所申込者の住所地により、次の点数を加算する。
・大阪市内　　5 点
・隣接市町村　3 点

ている。

神戸市や大阪府の「基準・指針」と比較して、大阪市の「基準・指針」が配慮した点は以下の諸点である。

第一に、在宅サービスの利用率に対する加点を低く抑えた点である。厚生労働省がお墨つきを与えた「神戸方式」等の狙いの一つは、高齢者の施設入所ニーズを在宅にシフトさせる仕組みを「評価基準」に組み込むことであった。つまり在宅サービスの利用率が高い者ほど、評価点数が高くなる仕組みで、「特養入所を早くしたければ、在宅サービスをたくさん使うと有利」というインセンティブ（誘因）を組み込むことである。この誘導要因を高くすれば、高い利用率により高い評価点を与えることになる。

ところが大阪市の高齢者の状況をみると、単身高齢者および高齢者のみの世帯が多い。そのうえ低所得者が比較的多く、介護サービスを経済的理由で抑制しているケースが多くみられるのである。この現状から、在宅サービス利用度による判定基準は低所得者にとって不利益をもたらすことになる。したがって、大阪市では在宅サービスの利用率による配点は比較的低位に抑えることとなった。

第二は、家族の状況に対する差異（単身、高齢者のみ世帯、介護者あり）を各要介護度別に組み込んだことである。これは先に述べた大阪市の高齢者の状況を考慮したものであり、障害者との同居世帯も「高齢者のみの世帯」に準じたものとして考えてもよいものとしている。

第三に、病院や他の施設の利用者に対して、自動的に40～60％の在宅サービス利用率と同等と換算することとしたことである。これも病気入院→退院となって「行き場」のない高齢者が多く存在する大都会の高齢者の実情を考慮したものである。

第四に、施設利用に関して施設と家族の距離が近いことを誘導要素に入れたことである（市内５点、近隣市町村３点の加点）。

こうした配慮にもかかわらず、大阪市の「基本的評価基準」は依然問題点を残している。

特養ホームへの入所は、在宅生活が困難になった場合であるが、この「困難」は介護保険制度が想定する要介護度によるのではなく、各家庭・世帯の〈介護力〉の水準に規定されている。一般的・経験的にみて、低所得者層は収入のみならず、住宅の面、家族構成の面、知識・情報・技術へのアクセスの面等、総合的にみて家庭の〈介護力〉は低い。その結果、介護度が低くても在宅での生活（支援）が困難となりやすく、ホームへの入所ニーズがより高くなる。われわれの経験でも、要介護1や2の家庭でも、その家族に何らかの異変が起こると（例えば、配偶者の入院、介護者の転勤等）、特養入所以外に生活を維持できないケースにたびたび遭遇するのである。

そのとき、大阪市の「基本的評価基準」で、「家族に介護者有り」の要介護5と1では40点、要介護度2では30点の差が生まれるので、低所得世帯で介護に行き詰まっても、入所判定から巧みに排除されることになる。「入所基準」と今回の介護報酬の改定を重ねてみるとき、現状の要介護認定が一次判定ソフトの改定にもかかわらず、痴呆等の認定が必ずしもうまくなされないものであることを考えると、所得と情報へのアクセス能力における各世帯の落差は、その落差の分だけ不利に働くことになりそうである。結局、低所得者は在宅サービスもさして受けられず、特養ホームの入所からも遠ざけられるという「システム」を打ち立ててしまったのではないかという疑念が残るのである。

しかも、全室個室・ユニットケアの新型特養は、その建設費の補助において、住宅部分は国・地方自治体は負担せず、利用者から徴収する「ホテルコスト＝家賃等」で賄うこととなる。およそ「ホテルコスト」は月4〜5万円といわれる。介護保険をはじめ他の社会保険費用を支払い、そのうえ、介護費用とは別に「家賃および光熱水費」として月4〜5万円を支払える階層は、じつは大都会においてもそう多くはないのである。むしろ事態は深刻である。介護保険開始前に、要介護認定システムの開発者である筒井孝子の見解に対して私は、「低所得者の特養からの排除論につながりかねない」と危惧を述べておいたが、そのことが現実化してきたと思うのである。(3)

2　特養ホーム経営への民間資本参入と「施設解体論」の意味

ところで、私たちが取り組もうとしているユニットケアや小規模ケアは、その入り口は「その人らしさ」の発揮で、その出口は「地域」だと考えている。それは施設職員が主体であった従来の「集団一括処遇」のあり方を利用者が主体となるように転換する「介護の革命」であり、特養ホームの内在的改革を通じて「脱施設化」につながっていく道であると私たちは考えるのである。

しかし前節で検討した事態はさらに先へと突き進んでいくようにみえる。すでに高齢者の居宅以外の「生活の場・居住の場」は、特養ホームだけではなくなっている。しかも新型特養ホームの登場やホテルコスト論、民間資本の特養ホーム経営への参入、さらには社会福祉法人の（解体的）見直し論の行く手には特養ホームなどの「施設解体・再編論」が存在するのである。つまりノーマライゼーションの理念実現の回路からではなく、財政事情と「市場主義」の立場からの「施設解体論」が待ち受けているとみるのである。

ディレギュレーション（規制改革）派の今日的「脱施設化」は端的にいえば従来の施設体系を「居住」と「介護・支援」が一体的に提供されているものと規定したうえで、「居住」と「介護・支援」を分離し、分離した「居住」にあらためて「介護・支援」を結びつける形で、介護・支援のサービスを構想しようという考え方である。

「市場主義」「競争優位」の立場から「脱施設」を積極的に進めようとする動きは、ノーマライゼーションやインクルージョン等の理念によるものではない。脱施設化を〈「居住機能」と「介護機能」の分離〉ととらえ、それを「介護市場」及び「介護周辺市場」の多様化の契機と考えて、市場原理による「効率的で良いサービス」による市場独占の機会ととらえる経営論が先行しているように思われる。(4) ここにはいくつかの落とし穴があることを指摘しなければならない。

第一に、個人の人権、障害者や高齢者のアドボカシーが行政的にも社会的にも低位にある日本社会で、介護機能を分化し市場化していくとき、従来〈家庭機能〉・〈地域機能〉といわれてきた市場の外にある領域で育まれる個人のトータルな人格権（個人として尊重されること）あるいはアイデンティティと深く関係する社会関係の調整の問題が放置されていく危険性がある。この落とし穴が見えていないことである。

自覚的でなかったかもしれないが、市場主義による「脱施設化」の試みが、大都会とちがって人間関係の結びつきが相対的に強い地方において実践・実験されてきたことによって、こうした落とし穴が十分自覚されてこなかったのかもしれない。しかし社会的にハンディキャップを抱える者の社会的自立にとって、「アドボカシー」の存在は前提条件である。措置の時代は恩恵的で不完全な形で、かつ無自覚的にではあったが、行政と施設によって、このアドボカシーの要素が担われてきたのである。[5]

いずれにしても、人が生きていくうえで〈居住機能〉と〈介護機能〉を組み合わせればＯＫと考える機能主義の思想は危険である。一人ひとりのその人らしい生活を支えることに必要な介護・支援の全体と現状の介護保険等での「介護サービス」を比較したとき、その部分性は明らかなはずである。また、子どもや障害者の自立を支える活動に端的にあらわれるように、現状の制度化された介護や社会的支援の分業化された専門性が実現する範囲と内容を、従来、家庭機能・地域機能といわれてきた共同性の中で生きる主体としての「個人のトータリティ」の育ち等を対比して検討すれば、居住機能と介護機能を分離して、再結合すれば「脱施設化」となるという想定は、人間の全体性・共同性を忘れた機能論であることが明らかとなる。

第二に、居住機能と介護機能を分離した社会福祉・社会保障体系をつくるうえで、整備すべき問題が対象化されていない点である。

この機能分離論からいえば、新型か旧型かは別にして、特養ホームでも「ベッド」ではなく、ホームの住人の

「住居」となり、住人の住まい＝居住であるから、ホテルコストの負担が利用者に求められる。「レジデンシャル」の考え方に立てば、それは、「ベッド」ではなく居宅＝自宅であるので、その居住にかかる費用は、介護費用とは分離すべきものとなる[6]。

しかし、介護機能と居住機能を分離する前提に、もう一つ、基本的人権として住宅の保障（住宅権・住宅手当など）が法制的・社会的に確立されている必要がある。ドイツでも介護保険の前に住宅権・住宅手当などの制度ができていて、「ホテルコスト」を払えない人には国・地方政府が住宅手当を支給することになるので、低所得者層が保険給付を受けるうえで不利益となることは少ない[7]。

日本においても二つの機能を分離するにしても、その前に「住宅権」の保障という社会福祉・社会保障制度の整備が求められるのである。そのことが無視されている今日の機能分離論は、結局、中産階層以上の豊かな階層を対象とした市場主義による「新しいケアシステムの開発」ということが目標となるばかりである。

第三に、要介護認定システムと「生活支援」とのズレについてである。

介護保険である以上、「保険事故」であるかないか、どの程度の「事故」かを認定する要介護認定が必要となる。日本の要介護認定の調査や判定システムはＡＤＬ（日常生活動作）中心で、社会生活ができるかどうか、どのような援助があれば自立的に生活ができるのかを判定しているわけではない。それは、ＷＨＯのＩＣＦやアメリカの知的障害者分類の方法論などとは無縁のものである[8]。今日では批判的に乗り越えられはじめた「集団一括処遇」の優等生施設のいくつかの入所者と、そこでの「介護」（じつは介護にかかる『手間』）の関係を時間測定して、統計処理により数量化したものが要介護認定システムの「コア」なのである。したがって、それは、「介護の革命」が進むなかでは、過去の「施設介護のあり方」を化石化した迷惑な「秤」となるのである。まさに「生活モデル」とはかけ離れた「いびつな医療モデル」には、退場を願わねばならない。

人が生きていくうえでの社会性を捨象した基準で要介護度を判定し、これに介護報酬体系をリンクさせて介護保険が成り立っている。[9] 現実に、例えば介護度２の人と４の人とで必要な介護の量＝時間と質＝専門性は、社会生活の領域に対する援助の問題を視野に入れた介護を考えるならば、介護度４が２よりも量も多く質も高いものが要求されるとは必ずしもいい得ないのである。

第四に、「脱施設」と地域生活・地域社会との関係である。利用者のエンパワメントによる「居場所と役割」の創出＝生活の創造・再興を「介護の革命」とするなら、現状の介護保険の土台を形成している要介護認定システムそのものの解体・再構築が要求されているといえる。さらにいえば、社会政策においては「脱・社会福祉・社会保障政策」ともいえる産業・雇用政策、地域・都市政策全般の変革・再編が必要であるといえる。

つまり、脱施設＝「介護の革命」は、地域の再興に向けた社会政策・制度の再編を要求せずには進まないものであり、その意味で地域コミュニティの重要さ、地方分権の重要さは強調しすぎてもしすぎることはない。ところが現に進行している民間資本主導のディレギュレーション派による〈居住機能と介護機能の分離〉による「脱施設化」の主張は、こうした地域・コミュニティの重要性にはほとんど目を向けていないようであり、地域社会の上にそそり立つ〈産業としての介護事業〉の定立をめざしているようにもみえるのである。

【注】

（1）水野博達「財政事情優先で進む『市場主義』と『特養ホーム解体』への流れ」『市政研究』２００３年春号、大阪市政調査会、２００３年

（2）本来「通知」は、法・省令の趣旨および内容について通知したものであって、いわば省令等の運用にあたっての担当部局・課の解釈である。従って、この「通知」の法的拘束は、厳密にいえば、ないことが多かった。従来の「通達・通知」のあいまいさは、現実に、朝令暮改・ご都合主義的な中央省庁の「通知・通達行政」と批判されてきたものである。

地方分権一括法を経た今日、「通知」は、あくまで地方自治法第24条の４第１項による、各都道府県介護保険主管部局長宛ての厚生労働省老健局計画課長の「技術的助言」にすぎないものを、大阪府や大阪市の当初の対応は、あたかも法的拘束を持つかのようなものとして、老人福祉施設関係者・団体へ連絡をしてきたのである。そして、いわゆる「神戸方式」を中央の権威・権力を利用して、単純に大阪へ持ち込もうとする安易な姿勢が見え隠れしたのであった。

（3）水野博達「二〇〇〇年をどう迎えるか――気になる『措置→保険制度のエア・ポケット』」『大阪市社会福祉研究』21号、１９９９年参照。

（4）民間資本の新しい参入では、厚労省の基準の特養ホームやグループホームではなく、国土交通省を後ろ盾とした高齢者向け優良賃貸住宅（高優賃）、高齢者円滑入居賃貸住宅（高円賃）や高齢者専用賃貸住宅（高専賃）で、職員住宅・寮を改装したグループホームなどの低コストの住居の提供という動きが活発になった。そして２０１１年以降には、サービス付き高齢者向け住宅（サ高住）という形で、賃貸型の住居建設が急速に推し進められた。これらの動きについては、第４部の補論２「外国人介護・家事労働者の導入と地域の高齢者サービス」で検討する。

（5）水野博達「二〇〇〇年四月が過ぎて――『介護の社会化』とは、『市場』での自由のことか？」『大阪市社会福祉研究』23号、２０００年参照。

（6）当然、「空いたベッドをショートステイに利用する」という考えは通用せず、居住の権利を持つ住民との関係で厳しく規制されることになる。

（7）産業政策としても、「基本的人権として住宅の保障」を進めることは、土建屋国家から脱して、生活に密着した健全な建設業の育成と仕事創出につながると考えるが、今後、こうした社会福祉と産業・雇用政策とを結びつけた政策が必要となる。

（8）①ＷＨＯ、障害者福祉研究会編『ＩＣＦ　国際生活機能分類―国際障害者分類改定版』中央法規出版、２００２年
②アメリカ精神遅滞学会編、茂木俊彦監訳『精神遅滞（第９版）――定義・分類・サポートシステム』学苑社、１９９９年

（9）第１部第１章「『介護の社会化』とは、『市場での自由』のことか？」59～65頁参照

第4章

人は生きてきたようにしか死ねないのか？

◆老後生活の階層化を促進する「介護市場」を問う

はじめに

確か2002年度末の近畿の施設長研修会でのことであった。介護保険や特別養護老人ホームの将来を巡るテーマの議論の中で、「結局、人は、生きてきたようにしか死ねないのです。それで、いいのでは……」と、日本経済新聞社の論説委員・浅川澄一が、ポロリと本音を表白したことがあった。彼が、「個室でなければ人権は守れない。今の特養ホームは、人権無視だ」と挑発的に問題提起をしたことよりも、この本音に「なるほど」と私は、一人大いに得心した。彼の主張する自立支援や人権の思想的根拠がそこに示されていると思ったからである。

さて、2005年の介護保険の見直し作業が大詰めを迎えていた。私は、介護保険に対して、住民側・利用者の側からの点検と議論が十分組織できてこなかったように感じていた。その結果、厚生労働省主導の見直し作業は、当然にもというか、結局、破綻しかけた介護保険の財源・制度をどう守るのか、という問題意識（省益）が優先されたところに議論が行き着いていくように見えたのである。本当に人々の「尊厳ある生活」を限られた社会資源のなかでどう構想していくのか、将来の日本社会の像をどう画くのか、という点の議論は、日に日に陰が薄くなっていくようであった。

１　「二つの潮流」と「闘う社会福祉」の旗印の不在

多くの論者が指摘しているように、介護保険制度の施行によって起こった何よりも大きな変化は、各家庭・地域の生活の内側に隠され閉ざされていた老後の生活、とりわけ介護のテーマが、巷の開かれた話題になったことである。一部の社会福祉の専門家や行政の議論ではなく、広く人々の社会的な論議の対象になってきたことである。

しかし、この可能性は、２００５年の介護保険見直し論議を押し上げるまでには、十分発展させられてはこなかったように思われる。そのことに関して、私は、社会福祉の研究者や専門家といわれる人々の責任が大であると感じていた。

例えば、ある社会福祉の研究者は、新たな社会福祉サービス供給システムのキーワードは、「医療モデル」から脱却した、「個人の尊厳に基づく自立支援」と「地域福祉」であり、その実践を支える概念として「エンパワメント」「アドボガシー」「コミュニティ」として設定することができるとする。ここでは、「社会福祉基礎構造改革」による社会福祉パラダイムの転換を「社会福祉法」の「ノーマライゼーション」の視点から強調されるが、新古典派の「規制改革論」の側面は、無視して何も語っていないのである。

他方、経営サイドの議論の場では、経済学・経営学者、評論家、コンサルタント等によって、「従来の福祉は悪平等」とばかりに、競争に勝ち抜くマネジメント技術や経営戦略が大いに語られてきた。ここでは、例えば

「個人の尊厳に基づく自立支援」は、「顧客満足」の言葉に置き換えられ、「地域福祉」は、市場占有（率）・市場確保の視点から語られる、といった具合である。

このように、「社会福祉基礎構造改革」の「改革論」には、「福祉の理念」と「市場の原理」を代表する、相反する二つの潮流の考えが混在していて、現場では矛盾と混乱が整理されないまま並存して来たのである。

言うまでもなく、その一つ「福祉の理念」は、ノーマライゼーション、インクルージョンの思想であり、それは本来、世界的には社会民主主義の潮流に属する考え方である。もう一つの「市場の原理」は、新古典派経済学・新保守主義の潮流である。「社会福祉基礎構造改革」の議論のなかでは、この二つの潮流の共通項は、ソ連型の社会主義への批判と同時に、戦後福祉国家の限界についての批判的認識である。

つまり、日本国憲法の第25条の社会権・生存権を金科玉条のように唱えているだけでは、求められている今日の福祉ニーズに答えられない、ということが一つ。もう一つは、国家の役割を小さく押さえて、「市場」の役割と「地方自治」の役割を重視する（重視の仕方と程度は違うのだが）ということ。そして、憲法の第13条（個人の尊重・幸福追求権）を軸に人間の社会関係を見ようという観点である。

つまり、「社会福祉基礎構造改革」は、自己決定＝自由・自己責任、選択の自由・契約＝市場といういくつかのキーワード上での共通性であって、統合的な理念・政策体系にまでは至っておらず、現実には対立するイデオロギーの混合物にすぎなかったのである。

このような介護保険制度や障害者への支援費制度を準備した「社会福祉基礎構造改革」議論が孕むイデオロギー的・政治思想的対立の存在を社会福祉の専門家の多くは、正直に提起してこなかった、あるいは、提起できてこなかった。その結果、介護保険制度の意義を啓蒙し、宣伝は大いに行ったが、制度それ自体が孕んでいる矛盾について住民・市民の理解を促し、制度を批判的に検討する問題提起を十分行ってこなかった。すなわち「闘う旗印」を社会福祉の側が打ち立てることが十分できてこなかったと考えるのである。

ノーマライゼーション・インクルージョン等の思想・理念は、福祉現場の改革の理念としては役割を果たすことができるが、それだけでは、日本の現実政治へ切り込む力を持ちえなかった。小泉「構造改革」に示されるように、新保守主義の考えによって事態は進んでおり、財政事情によって、福祉・公的セクターを切り詰めて、小さな政府を目指し、「市場」と「地方」へと矛盾の転化が進められている。グローバリゼーションの時代にあって、日本は、中国・東南アジアへの資本と生産拠点の移転によって、デフレーションが昂進し、その結果、一段と公的セクター・福祉のコストダウンが求められているのが現実である。

こうしたもとで、自立支援・自己決定等の理念は、現実の「福祉改革」が「市場での自由」へと切り縮められ、弱肉強食へと進む事態を偽る「無花果の葉」としての役割を果たしかねないことに対する自覚と警戒心が、社会福祉の研究者・専門家に欠けていたのではないかと感じているのである。

2　可視的になる老後生活・介護の階層化

ところで、老後の生活、とりわけ介護のテーマが、巷のオープンな話題になるということは、別の視点から見れば、介護サービスを含めた老後生活のニーズを市場化するビジネスチャンスが急速に増大したことでもある。そして、それは、老後生活・介護サービスの〈階層化〉が、市場原理を通じて組織され、可視化されていくことにもなる。その意味で、介護保険は、この老後生活・介護サービスの〈階層化〉促進の梃子となっているともいえよう。

ここで、介護保険の見直しの大きな論点の一つであった、在宅サービスと特別養護老人ホーム等の施設サービスとの間の「不公平給付」という問題を少し振り返ってみる。

「在宅サービスは、住宅費用は、自前・自弁なのに、施設サービスは、住宅・光熱水費までセットで介護給付として提供されており、不公平だ」という立論である。

私は、この立論には、階層間の利害の対立が隠されているとは考えるが、「介護サービス費」と「住宅費＝ホテルコスト」を分離して整理することの方が、将来の政策展開を展望する上で意義あると考えている。施設の利用者も介護サービス費とは別に「個室」か「二人部屋」か等の相違に従って相当分の「家賃」を支払うことで在宅と特養＝施設での不公平感を払拭することもできるだけでなく、介護サービスの問題と住宅の問題を分離して、人々の地域での生活（支援）を考えると、そこには、在宅か施設かという二者択一の選択ではなく、どこに住み、どこでサービスをどのように受けるのかという選択の幅が大きくなる。また、それは「地域包括ケアシステム」といったサービスのあり方を構築し、ノーマライゼーションの方向に地域社会を再編していく回路を用意することができると考えている。

だがしかし、その際、「ホテルコスト＝家賃等」（一人部屋で4～5万円と試算されている）を払えない人はどうするのか。家賃を払える人は、「個室タイプの施設」（新型特養等）を利用し、払えない人は4人部屋の「旧型特養」を選択利用すればよい、ということになるのか。こうした貧富の差を社会的なサービスで拡大する方向についてどう考えるかは、重要な論点である。現状では、こうした貧富の差を社会的なサービスにおいて拡大する方向に歯止めをかけようとする力は弱い。従って、施設系サービスは、次のような形が顕在化・可視化してくるであろう[(1)]。

●高齢者向け高級住宅に在宅医療・介護サービスをリンクさせた住宅開発事業
サービス提供の実施主体は、民間資本であり、その多くは開発業者。その利用対象者は、中産階層以上の高額所得者層。

●ユニットケア、グループホーム等の個室型施設のサービス
サービス提供の実施主体は、民間資本／NPO／福祉法人等。その利用対象者は、中間層（大企業・公務

員のリタイア組等）。

●従来型特養ホーム（四人部屋中心）

サービス提供の実施主体は、社会福祉法人。その利用対象者は、低所得者層。

「はじめに」で紹介した「結局、人は、生きてきたようにしか死ねない」という話は、このような格差化・階層化は、自己決定＝自己責任の論理からして認めざるを得ないではないか、ということなのである。一人一人の経済力に応じた老後のあり方を選択する（はからずも選択が強制される）のは、新古典派経済学・新保守主義の立場からすれば当然なのである。

3　隠される階層化と不平等の拡大

介護保険によって老後生活と介護の階層化が、可視化される面とともに、サービス受給における階層的な不平等の拡大が、隠されていく面も見ておくことにしたい。

２００５年の見直し議論の中で、「介護予防の重視」という名目で、要支援や要介護１の者には、介護サービス提供の規制を行い、別のリハビリテーションを目的とした「介護予防」メニューで対応する案が持ち上がっている。

「要介護状態の出現率は、所得階層ごとの差異はない」という調査統計がある。その調査自体の科学性はここでは問わないことにする。そのことが事実であるとしても、そのことは、所得が下位にある階層は、とりわけ都市部では、実際にサービスを受けるか否かは別に、必要な社会的な支援・介護は、所得階層の上位にある者より多くなる傾向にあるということを否定する根拠にはならない。事柄は、別次元のことである。

都市の所得下位の階層は、所得階層の上位にある者より住宅事情や生き甲斐や自己実現の機会も含めて動員できる世帯の資源が小さいからである。もし、要支援や要介護1の者への介護サービスの規制を行うことになると、所得階層下位の者の生活と健康への打撃は大きいと予測される。この点は、また別の点で検討してみるが、しかし問題は、すでに進行している。

2003年4月に実施された介護報酬の改定により、老人ホームの経営を考えれば、要介護度1、2の人を入所させれば経営が困難になることは一目瞭然であった。ことに人件費の相対的に高い大都会にあっては、要介護度による報酬差額はきわめて厳しく経営を圧迫する。だから、「要介護1や2の者は入所させるな。1や2は、在宅サービスで対応するように」というのが、2003年介護報酬改定の経営者に対する厚生労働省のサインであった。

加えて、この介護報酬改定の前から、特養ホームへの入所選考が「不透明で、不公平だ」「重度で困っているのに入所申し込み順でなかなか入所できない」等と各施設の入所選考のあり方が批判されてきたことである。2002年8月7日付けで、厚生労働省より「指定介護老人福祉施設の人員、設備及び運営に関する基準」（省令第39号）の一部改正にかかわる省令第104号とともに、同日「老計発第0807004号」通知が発せられた。その結果、大阪市でも「基準・指針」を作成することになった。その際、神戸市や大阪府の「基準・指針」と比較して、在宅サービスの利用率に対する加点を低く抑えるなどの配慮がなされた。

厚生労働省の狙いの一つに、高齢者の施設入所ニーズを在宅にシフトさせる仕組みを「入所判定基準」に組み込むことがあった。つまり、在宅サービスの利用率が高い者ほど、評価点数が高くなる仕組みで、「特養入所を早くしたければ、在宅サービスをたくさん使うと有利」というインセンティヴ（誘導）を組み込むことである。この誘導要因を高くすれば、高い利用率により高い評価点を与えることになる。

ところが、大阪市の高齢者の状況を見ると、単身高齢者及び高齢者のみの世帯が多い。その上、低所得者が比較的多く、介護サービスを経済的理由で抑制しているケースも多く見られる。この現状から、在宅サービス利用度による判定基準は、低所得者にとって不利益をもたらすことになる。従って、大阪市では、在宅サービスの利用率による配点は比較的低位に抑える配慮等を行ったのである。

しかし、こうした配慮にもかかわらず、依然大阪市の「基本的評価基準」も問題を残している。なぜなら、特養ホームへの入所は、在宅生活が困難になった場合であるが、この「困難」は、介護保険制度が想定する要介護度によってのみ決まるのではない。むしろ各家庭・世帯の「介護力」の水準に規定されている。一般的・経験的に見て、低所得者層は、収入のみならず、住宅の面、家族構成の面、知識・情報・技術へのアクセスの面等、総合的に見て家庭の「介護力」は低い。その結果、介護度が低くても在宅での生活（支援）が困難となりやすく、ホームへの入所ニーズがより高くなる。我々の経験でも、要介護１や２の家庭でも、その家族に何らかの異変が起こると（例えば、配偶者の入院、介護者の転勤等）特養入所以外に生活を維持できない家庭に度々遭遇するのである。

その時、大阪市の「基本的評価基準」でも、「家族に介護者有り」の要介護５と１では、40点、要介護２とでは30点の差が生まれるので、低所得世帯で、介護に行き詰まっても、「公正な入所評価基準」によって、入所判定で巧みに排除されてしまう[(2)]。家庭介護力における経済的・社会的な格差・不平等の存在は、「公正な評価基準」という「公準」によって消し去られるのである。実際的なサービス受給面から見ると、こうして階層的な不平等の存在が、隠されているのである。

4　要介護認定システムと「市場原理」によるサービス提供のミスマッチ

厚生労働省は、要支援や要介護度の低い高齢者への介護予防の効果が上がっていないという「介護サービスの有効性評価に関する調査研究」（日医総研・川越雅弘／島根県健康福祉部高齢者福祉課、２００３年）や、「高齢者リハビリテーションのあるべき方向」（高齢者リハビリテーション研究会、２００４年）などをもとに、日本の介護保険において、自立支援の成果が十分に上がっていない原因を「リハビリテーション前置主義」の体系でないことを理由にあげていた。

介護保険利用の予想以上の伸びに対して、社会保障審議会介護保険部会（1月26日）に、「給付の重点化・効率化を図ること」を基本的な考えとして提示していたが、7月30日の「見直し意見」では、「制度の『持続可能性』を高める観点から」、「給付の効率化・重点化」を強調し、「総合的な介護予防システムの確立」「予防重視型システム」への転換方針を示した。その基本方針のもとに「統一的な介護予防マネジメントの確立」や「市町村事業の見直し」とセットで「『新・予防給付』の創設」等を提起したのである。

要支援や要介護1の者には、介護サービス提供の規制を行い、別のリハビリテーションを目的とした「介護予防」メニューで対応する方針についての問題を検討する。

厚生労働省が持ち上げた「介護サービスの有効性評価に関する調査研究」（日医総研・川越雅弘）への批判がいくつか出てきているが、ここでは、それには触れない。また、社会参加の機会が乏しく、生き甲斐を持ちにくいなどといった、日本の高齢者を取り巻く社会的環境とその生活実態が生み出す問題と介護保険の相互関係を十分検討せず、「リハビリテーション前置主義」を導入すれば、介護予防が進むとする制度設計は、問題があることへの批判はここでは割愛せざるをえない。

問題は、むしろ、現行の要介護認定は、その人が尊厳を保って自立して生きていくために必要な援助の領域・方法・質・時期・量等によって「表現・表記」されているわけではない。要介護度は、被保険者に介護保険サービスの「利用できる限度額」を明示することにある。被保険者は、その限度額を「選択的に自由にお使いください」というのが、現行の介護保険において機能している「市場原理」の枠組み（自己決定・選択—契約）である。そうである以上、介護予防や本当に必要なサービスの選択が行われないのは、十分予測できたことである。現に、民間サービス業者等によって、限度額一杯のサービスを、介護用の杖一本でも多く利用させる『商い』が行われるのである。

すなわち、介護サービスの効果が上がらないのは、現行の要介護認定システムと「市場原理」を使ったサービス提供システムのミスマッチの問題であるのに、そのことは棚上げにされているのである。

膨張するサービスに対して、厚生労働省の「予防介護給付」という新しいシステム（新たな「規制」）で解決することができるであろうか。当初は、新しいシステムは、「サービスの抑制」機構として機能するが、しばらくするとそれが、財源の追加的投入を地方政府・中央政府に求め、新たな出費拡大機構になるだけに終わりそうである。

5　市場化で落ちこぼれる「人格のトータリティ」

さて、高齢者のみならず障害者・幼児・児童等に対する公的サービス・福祉サービスに市場原理が導入される今日、市場原理を通じて提供される「サービス」そのものの性格（限界・範囲や問題点）について批判的検討が必要であろう。

市場原理によるサービス提供の弊害を取り除くために、権利擁護や情報公開制度を整備する制度的枠組みの整備などさまざまなレベルで努力がなされているが、現場の感覚と経験からは、本当に必要な場面では、設定された制度が役に立たなかったり、利用者からは遠い存在であったりする。こうした点は別に論じられる必要があるが、ここでは、本質的な点を確認しておくことにする。

市場原理によるサービス提供は、対象者の「生活の全体」にとって必要な援助・支援を機能に分析・分解して、複数の「商品」体系に分類・分化することになる。この〈商品化の過程〉では、ある特定の対象者が想定されるわけではなく、利用者の像が「モデル化」される。多様な存在の具体性は捨象され、「普遍化」されたモデルにとって必要とされる「サービス」が抽出される。つまり、必要性が「平均化」され、特殊性は、淘汰される。言葉を換えて言えば、「商品化」に適さない要素は切り捨てられる。しかも、社会的コスト削減のため、できれば供給を小さくしようという圧力が不断に働く。例えば、障害者へのサービスにおいて「全身性介護ヘルパー」の派遣時間制限が大幅に持ち込まれようとしたことは、その典型である。

個人の人権、障害者や高齢者のアドボカシーが行政的にも社会的にも低位にある日本社会で、介護機能を分化し、市場化・商品化していく時、従来の家庭機能・地域機能と言われてきた市場の外にある個人のトータルな人格権（個人として尊重されること）あるいは、アイデンティティと深く関係する社会関係の調整の問題が放置されていく危険性についての自覚が必要である。一人一人その人らしい生活を支えることに必要な介護・支援の全体と現状の介護保険等での「介護サービス」を比較した時、その部分性は明らかなはずである。また、子どもや障碍者の自立を支える活動に端的に現れるように、現状の制度化された介護や社会的支援の分業化された専門性を、従来、家庭機能や地域機能と言われてきた共同性のなかで生きる主体としての「個人」のトータルな育ちがあることと対比して捉え返していくことの重要性は、明らかであろう。

命を生み、育み、看取る保育・介護・看護などの領域の労働を商品化・市場化していくときに起こる限界を超えていくためには、住民の自治と連帯の活動、地域コミュニティの力等を構想していくことの重要性をここでは確認しておくことに留めておく。

おわりに

介護保険は、保険制度である利点とともに、これまで見てきたように多くの克服すべき問題点や課題を持っている。また、高齢者への福祉のあり方が、介護保険だけによって賄われるわけではない。従って、地方政府（中央政府）が、住民とともに誰もが尊厳をもって暮らし、生をまっとうしていける社会システムをどう構想し、つくりあげていくかということで果たす役割は日に日に大きくなっているのである。

その社会システムを構想していく時、医療機関にかかり薬を飲むのを選ぶのか食事を摂るのかという選択を日々迫られる多くのアメリカの高齢者の凄まじい実態を李啓充が『アメリカ医療の光と影』（医学書院）等で紹介している。介護保険や医療保険、年金の問題の動きを見るとき、さしあたり、アメリカのような市場原理による「自己責任社会」を日本の我々は望むのか、別の社会を望むのかという選択が、迫られ始めているのである。

人々が自立的な生活のなかで尊厳をもって生きることのできる社会、一人勝ちするような競争ではなく、公正な競争が組織できる社会の仕組みを展望した時、それは、この世に生を得て自立した自我が成長するまでの幼少期と、生をまっとうする老後の時期には、競争に翻弄される条件ができる限り排除され、階層の差異、身体的・精神的差異、社会的出自や民族・国籍などの差異を超えて伸び伸びと暮らせる社会システムや地域コミュニティを構想することになるであろう。それは、どのような家に、どのように生まれ落ちたかによって人生のほとんどが決められることがない社会であり、「生きてきたようにしか死ねない」社会ではないと言えよう。

【注】

（1）2003年に執筆した「財政事情優先で進む『市場主義』と『特養ホーム解体』への流れ」『市政研究』139号（大阪市政調査会、2003年）の段階では、十分見えていなかった、住居と介護サービスを一旦分離した上で、高齢者住宅の外から介護サービスを付けるという形の「市場」が開発された。国土交通省を事実上の後ろ盾とした一連の高齢者向け住宅――高齢者向け優良賃貸住宅（高優賃）、高齢者円滑入居賃貸住宅（高円賃）、高齢者専用賃貸住宅（高専賃）などが次々に考案・開発され、２０１１年の「高齢者の居住の安定確保に関する法律」（「高齢者住まい法」）制定以後は、サービス付き高齢者住宅（サ高住）が驚くようなスピードで広がり、２０１４年9月現在４９３２棟・15万８５７９戸となっている。特養整備の抑制と遅れによる入居施設の不足と高額な有料老人ホームの隙間を見透かした市場の開発であった。この種の住宅の利用は、中産階層の中位～下位にあるといえよう。

（２）　第３章「財政事情優先で進む制度の改変と入所判定基準」97～101頁参照

第3部　市場主義に抗するケア改革の模索

第5章

「介護の革命」第２段階を目指した模索

◆欠乏する介護労働力に悩み揺れる現場から

はじめに

この章は、２００５年の介護保険法改正の後に執筆した原稿に手を入れたものである[(1)]。

介護保険法の第１回目の見直し、改定にはいくつかのテーマが存在した[(2)]。最大のテーマは、介護保険制度の持続可能性をどう担保するか、すなわち、保険制度の導入によって当初の予測以上の速さで年々増大する介護需要の前に、その需要をまかなう財源不足をどうするのかということであった。私自身、特別養護老人ホームの経営の現場から見ても、関係者の多くの関心が保険財源と介護報酬の問題に向けられ、介護サービスの供給を現場でになう「労働力問題」が深刻な課題として存在していることに十分注意が向けられていないと感じていた。それは、ここ15年あまり介護労働力市場が「買い手市場」でありつづけたという事情があり、この労働市場が急速に逼迫し始めたことに対する関係者全体の危機意識がまだ十分形成されていなかったからでもあると思われる。

そこで、第１節では、介護労働力を巡る課題を「労働市場」の観点から検討し、その上に立って改革の試みとして、第2節で、社会福祉法人や非営利活動法人を主体にしたある種の「ワークシェアリング」的な手法による介護労働の組織化と介護のあり方（内容とその社会的な位置づけ）を関連させた一つの改革試案を提示した。

1　介護労働力の現状と破綻した「パート戦略」

1　統計数値からみた介護労働力不足

（1）急速に始まった介護労働力不足

２００５年の秋以降、大阪市内の施設長から「職員を募集するが集まらない」という声をぽつぽつ聞くようになった。【表5―1】は、大阪労働局職業安定部職業安定課からいただいたデータである。やはり、２００５年9月以降、介護労働力不足は、はっきりした数値になっていた。

大阪労働局管内の全職種の２００５年9月～２００７年4月では、概ね求人倍率は、1・01～1・33倍の範囲だが、介護関連では、1・83～2・83倍となっている。これは、パート職員とそれ以外を合計した数値で、パートの倍率を見ると、全職種は1・34～1・80倍であるのに、介護関連では、3・42～5・51倍と倍率は高い。パートも正規労働者も不足し、募集しても介護現場に人は来ないという事態が統計数値にも表われてきている。

大阪府以外の都道府県でも、この傾向は遅かれ早かれ表われてくると考えられる。

「介護雇用管理改善等計画の一部改定（案）」（２００６年3月28日、厚生労働省第38回労働政策審議会職業安定分科会）の「『介護雇用管理改善等計画』関連資料」として添付された厚生労働省老健局出所の「要介護者数の推移（全国推計）」の数値を見てみる。

２００４年の要介護者数は、４１０万人で、介護部門の労働者数は、約１６９万人であった。

表 5-1　大阪府介護関連職業有効求人倍率

【データ提供は、大阪労働局職業安定部職業安定課】

職　業	2005年9月			2005年10月			2005年11月			2005年12月		
	計	パートを除く	パート	計	パートを除く	パート	計	パートを除く	パート	計	パートを除く	パート
全職種計	1.01	0.92	1.34	1.02	0.91	1.41	1.06	0.94	1.48	1.09	0.96	1.58
介護関連	1.83	1	3.89	1.91	1.06	3.98	2.01	1.14	4.1	2.25	1.29	4.68

職　業	2006年1月			2006年2月			2006年3月			2006年4月		
	計	パートを除く	パート	計	パートを除く	パート	計	パートを除く	パート	計	パートを除く	パート
全職種計	1.15	1.01	1.68	1.19	1.04	1.73	1.19	1.03	1.77	1.09	0.97	1.52
介護関連	2.33	1.33	4.9	2.14	1.25	4.4	2.04	1.19	4.26	1.83	1.07	3.7

職　業	2006年5月			2006年6月			2006年7月			2006年8月		
	計	パートを除く	パート	計	パートを除く	パート	計	パートを除く	パート	計	パートを除く	パート
全職種	1.07	0.96	1.47	1.08	0.97	1.46	1.11	1	1.5	1.19	1.07	1.6
介護関連	1.8	1.06	3.55	1.94	1.26	3.42	2.04	1.28	3.83	2.12	1.36	3.88

職　業	2006年9月			2006年10月			2006年11月			2006年12月		
	計	パートを除く	パート	計	パートを除く	パート	計	パートを除く	パート	計	パートを除く	パート
全職種	1.25	1.12	1.68	1.25	1.13	1.66	1.28	1.15	1.7	1.31	1.18	1.77
介護関連	2.19	1.35	4.18	2.32	1.5	4.21	2.47	1.55	4.59	2.83	1.8	5.26

職　業	2007年1月			2007年2月			2007年3月			2007年4月		
	計	パートを除く	パート	計	パートを除く	パート	計	パートを除く	パート	計	パートを除く	パート
全職種	1.33	1.19	1.8	1.32	1.19	1.81	1.3	1.15	1.8	1.18	1.06	1.57
介護関連	2.78	1.72	5.51	2.66	1.64	5.37	2.6	1.6	5.27	2.39	1.47	4.66

＊上記には４カ月未満の臨時的雇用形態は除く

２０１１年の要介護者数は、予防効果を勘案したとしても５８０万人に、２０１４年の要介護者数は、同様に予防効果を勘案したとしても６４０万人となると予測されている。

２００４年の要介護者数と介護労働者数の比率をベースに、必要介護労働者数を換算すると、２０１１年は、約２４０万人、２０１４年は、約２６０万人となると予測される。

他方、少子高齢社会の進行にともなう日本の労働力人口の見通しは、労働市場への参加が進むケース（楽観的な予測）でも、厚生労働省職業安定局２００５年7月推定では、２００５年は６、６３９万人で、２００６年では６、６８1万人と最高数値となり、それ以降、２００７年は６、６６２万人、２００８年は６、６５５万人、２００９年は６、６３７万人と推移するという。

介護労働力は、年々増やし続ける必要があるのに、２００６年から労働力人口全体は緩やかに下降していく。しかも、これまで不況のなかでは、若い労働力が、福祉・介護部門の労働市場に吸い寄せられてきたが、景気の浮揚や団塊の世代の企業からの大量のリタイアという事態のなかで、介護労働力部門は、かつての吸収力を持ちえなくなっている。現に、介護専門学校では、専門学校の乱立急増傾向があったとはいえ、ここ2年程前から、福祉・介護専門学校の定員割れが拡がり始めていた。少子化の波のなかで「大学全入時代」が到来していることとも関係しているようであるが、いずれにしても、介護労働力部門は、急速にかつての吸収力を失ってきている証拠の一つでもある。(3)

これらの現実を前にしてみると、１９９0年代から２００5年度までは、私の勤めた法人でも職員を募集すると募集定員の5倍から7倍の応募があり、採用選考に大変な時間と労力が要ったことや、介護現場の職場は、４年制大学卒からは忌避されると言われていながら、福祉系の大学卒や大学院卒が応募者の3分の1程度もあったことが、今では嘘のようである。

大阪市内では、事業を拡張して職員を募集したが必要な職員が集まらず、ベッドを全部稼動できない施設が2

005年秋以降生まれており、「福祉系の学生はどこへ行ったのか」「産休代替の職員を募集しても全く集まらない」等という声が、2006年夏以降あちこちで聞かれるようになったのである。

(2) 直視すべき離職率21%の意味

さて、2006年3月28日、厚生労働省第38回労働政策審議会職業安定分科会において、諮問に答えて「介護雇用管理改善等計画の一部改定（案）」（以下『計画』と略す）の答申がなされている。介護労働者の離職率を20%未満に抑えるなどの目標を盛り込んだ『計画』となっている。この『計画』への批判はさておき、この『計画』に関連資料として提出されている㈶介護労働安定センターのデータに沿って問題点を洗い出してみることにする。

【表5―2】の離職率。介護労働者の離職率は正規・パートの合計で21%。この数値は、産業別（大分類）の離職率【表5―3】で見ると、「飲食店・宿泊業」の33・3%に次ぐ数値であり、「サービス業・他に分類できないもの」の21%と同じ数値となっている。

知的障害者のヘルパー3級・2級講習を受けて、あるデイサービスセンターで6年間働いているEさんは、今ではセンター長を除けば一番の古株で、後から入ってくる職員を指導していることを聞いて驚かされたことがある。普通、一つのデイサービスの職員は10名を超えない職場であるが、職員数の多い特養ホームでも、職員の離職・異動が結構激しい。離職率の高い職場と離職率の低い職場の相違はあるのですべての介護職場がそうであるとは言えないとしても、この21%という離職率は、5年も経てば、職場（介護の基本単位、例えば、特養ホームの1フロアー、あるいは、1デイサービスでの職員は、多くて20名程の職員で構成されている）の顔ぶれが一新されかねない数値である。

しかも【表5―4】にある通り、離職者の約80%が3年未満で離職している。これでは、介護の専門性を高め

表 5-2 介護事業所における離職率

2003 年 12 月 1 日～ 2004 年 11 月 30 日の 1 年間の離職人数

	正社員	非社員	全体
1 年間の離職人数（a）	1,186 人	1,905 人	3,175 人
2005 年 12 月 1 日現在の介護労働に従事していた就業者数（A）	7,063 人	8,288 人	15,086 人
離職率（a／A）	16.80%	23.00%	21.00%

（財）介護労働安定センターの「介護事業所における介護労働者実態調査」（2005 年 6 月）

表 5-3 産業別（大分類別）離職率（平成 16 年）

区分	調査産業計	鉱業	建設業	製造業	消費関連	素材関連	機械関連	電気・ガス・熱供給・水道	情報通信	運輸	卸売・小売業	金融・保険業	不動産	飲食店・宿泊業	医療・福祉	教育・学習支援	複合サービス業	サービス業・他に分類されないもの
離職率	16	10	13.9	11.6	14.6	11	9.9	7.8	13.6	11.7	15.5	10.5	14.1	33.3	15.8	13.5	13.5	21

離職率：平成 16 年 1 月 1 日～ 12 月 31 日までの離職数／平成 16 年 1 月 1 日現在の常用労働者数
（出典）厚生労働省「平成 16 年（2004 年）雇用動向調査」

表 5-4 介護事業所における離職者の勤続年数

2003 年 12 月 1 日～ 2004 年 11 月 30 日の 1 年間の離職した者の勤続年数
全体では、離職者のうち 80%が 3 年未満で離職

	1 年未満	1 ～ 2 年未満	2 ～ 3 年未満	3 ～ 5 年未満	5 ～ 10 年未満	10 年以上
全体	46.50%	21.70%	12.80%	7.60%	6.00%	5.40%
正社員	36.80%	21.50%	16.70%	9.40%	6.80%	8.80%
非社員	53.70%	21.80%	9.30%	6.30%	5.40%	3.00%

（財）介護労働安定センターの「介護事業所における介護労働者実態調査」（2005 年 6 月）

たり、より良い介護を進めていく職場の知識・技能、文化を蓄積したりすることなどは無理な相談である。

厚労省は、これまで介護の専門性担保のために、「介護福祉士のあり方及びその養成プロセスの見直し等に関する検討会」（検討委員会座長：京極高宣、事務局は中村秀一社会・援護局長等厚生労働省）で介護福祉士やヘルパー資格などの資格制度を見直して「高い質の介護を提供する」[4]としている。しかし、この「人材養成・育成」以前に「人材確保」ができなくなっている介護労働の現場や介護職員養成校の現場の実態を踏まえた検討なのかと首を傾げざるをえない。多くの現場では、職員定数を守り、ローテーションを維持するために毎月・毎日勤務表の数合わせに追われており、多くの介護労働者が、介護の仕事や働いている職場に誇りを持つことができず、日々失望して離職していく実態をこの離職率は反映しているといえるのではないか。

ある施設長は「夜勤者は正規職員でと定めているが、ここ数年、現実には守れない。なんとか正規職員の数が揃うかなと思っていると思わぬ退職や病気でダメになる」と話している。これは「まだ、贅沢な悩みである」という時代が来ているのである。

2 介護労働者はどう感じてきたか？

(1) 高い離職率と「介護労働のあり方」

ある部門の求人倍率は、その部門における労働力の需要・供給関係の比率を示しているのだが、供給は、この部門への新規参入者と一旦離職した者のこの部門への再流入者によって成り立っている。需要は、離職した者の補充分と事業拡大などによる新規の求人分によって構成される。冷静に見てみれば、全般的な労働力が減少する中で、介護部門は、毎年21％超もの離職者分の補充と拡大する介護サービス提供を担う新規分の労働者を確保することが求められているわけで、介護労働力が不足することは一目瞭然である。

新規参入分については、労働力市場全体の状況にも大きく左右されるが、介護部門の離職率は、労働力市場全体の状況からの影響はあるにしても、一番大きな要因は、介護労働力の「内部市場」というべき要因にあるといえよう。すなわち、雇用主と賃金労働者である介護職員との労使関係のあり方である。ここで言う「労使関係」とは、賃金や労働時間などの数値で表せる労働条件だけでない。それらを含めた上で、働く側の「仕事のやりがい」と「生活の展望」等の主観的要素を孕んだ「介護労働のあり方」という側面が大きく左右していると考えられる。

従って、介護労働部門の高い離職率の原因を探り、それを解決していく方策を見つけることができなければ、介護部門から人々は離れていき、新規参入も先細りになることは明らかである。その原因と解決すべき課題のありかを探ることが重要となる。

（２）介護労働者、施設系と訪問系の二つのグループの存在

介護労働者の離職する主要な原因が介護労働力の「内部市場」にあるとするなら、介護労働者の仕事についての満足度【表５―５】と悩み・不安・不満に関する数値【表５―６】を検討してみることによって、その解決の課題も一定明らかにできるであろう。

ところで現在、介護労働市場は、その資格制度と仕事の性格・環境との組み合わせ等の条件から、大きく二つの群に分かれている。

一つは、施設系で働く介護労働者のグループで、㈶介護労働安定センターが「施設系・入所系・通所系介護労働者」（以下、「①系」（労働者）と略す）としてまとめている労働者群である。これは、介護福祉士養成専門学校卒か、実務経験を積んで国家試験を受けて介護福祉士の資格をとったか等の相違はあるが、介護福祉士を中心に構成（構成比38・７％）され、この群の職場の年齢は若く、20代～30代前半が最も多い。

もう一つのグループは、介護労働安定センターが「訪問系介護の労働者」（以下「②系」（労働者）と略す）と表

表 5-5-①　施設系・入所系・通所系介護労働者の現在の仕事の満足度

全体での現在の仕事の満足度は、18.8%となっている。

（2003 年 12 月 1 日時点）（単位：%）

	全体	賃金・収入	労働時間	休日・休暇	身分・雇用形態	仕事の内容	同僚・上司との人間関係	お世話している人との人間関係
満足度	18.8	7.8	16.9	21.9	15.3	14.7	19.6	31.6

（出典）「介護労働者就業意識実態調査」（財）介護労働安定センター　平成 16 年 12 月

表 5-5-②　訪問介護の介護労働者の現在の仕事の満足度

全体での現在の仕事の満足度は、21.0%となっている。

（2001 年 7 月時点）（単位：%）

	全体	賃金・収入	労働時間	休日・休暇	身分・雇用形態	仕事の内容	同僚・上司との人間関係	お世話している人との人間関係
満足度	21	12.8	15.7	22.8	12.5	18.5	25.2	34.3

（出典）「介護労働者就業意識実態調査」（財）介護労働安定センター　平成 14 年 8 月

表 5-6-①　施設系・入所系・通所系介護労働者の働く上での悩み・不安・不満

働く上で何らかの悩み・不安・不満がある者は調査対象の 74.8%に上る。

（複数回答）（2003 年 12 月 1 日時点）（単位：%）

賃金が安い	健康面（感染症・腰痛）の不安がある	休暇が取りにくい	精神的にきつい	体力に不安がある	夜間や深夜の労働がある	労働時間が不規則である	労働時間が長い	雇用が不安定である	正職員になれない	その他	無回答
54.7	42.2	39	38.3	33.3	16.4	15.9	14.2	9.8	8.4	10.1	2.2

（出典）「介護労働者就業意識実態調査」（財）介護労働安定センター　平成 16 年 12 月

表 5-6-②　訪問介護の労働者の働く上での悩み・不安・不満

働く上で何らかの悩み・不安・不満がある者は、調査対象の 72.1%に上る。

（複数回答）（2001 年 7 月 1 日時点）（単位：%）

賃金が安い	健康面（感染症・腰痛）の不安がある	休暇が取りにくい	精神的にきつい	体力に不安がある	夜間や深夜の労働がある	労働時間が不規則である	労働時間が長い	雇用が不安定である	正職員になれない	その他	無回答
31.7	39.5	31.7	22.3	22.5	5.2	22	8.2	21.8	14.9	4.1	3.2

（出典）「介護労働者就業意識実態調査」（財）介護労働安定センター　平成 14 年 8 月

記している訪問介護サービスに従事する群である。資格はホームヘルパー２級が中心（ヘルパーの資格別構成比74・６％）で、40歳～49歳が33・１％、50歳～59歳が30・５％（ヘルパーの年齢構成）となっている。[5]

①系の職場は、雇用形態の相違にかかわらず、１労働日に６時間～８時間働く若い労働者を中心とする職場であり、②系の職場は、子育てが終わった主婦層がその中心的担い手であり、短時間非定型労働（いわゆる「登録ホームヘルパー」）が34・２％である。ホームヘルパー派遣は、通常、利用者一人に対して１時間から１時間30分であるが、１日当たり担当する利用者数は、２人が23・１％、３人が22・９％で、３人以下の利用者を担当している者は61％であり、短時間労働者がこのサービスの担い手の中心である。

以上の介護労働市場における二つの群が存在することを意識しながらいくつかの点について見てみることにする。

（３）利用者との関係には満足、でも安い賃金と３Ｋ職場

【表５―５】の満足度と【表５―６】の悩み・不安・不満に関する数値で特徴的なことの第一は、賃金に対する不満の高さである。賃金に対する①系の満足とする回答は８％にも達せず、不満は55％に近い。②系の満足度は、12・８％で、不満は、32％未満。介護報酬の切り下げ圧力のもとで、賃金が低く抑えられていることへの不満は、①系も②系も高いことをこの数値は示していると言えそうである。[6]

それでも、登録・パート制職員の多い②の訪問系の方が、賃金に対する不満が少ないのはなぜなのか、検討に値するテーマなので、後で検討する。

第二は、介護労働者は、何によって「働くこと」に意味を見つけ出しているのか。他の項目に対しては満足度は低いが、「お世話している人との人間関係」に対して①系は31・６％、②系が34・３％と高く、ほぼ３人に一人が、満足であるとしている。

しかし、「仕事の内容」となると満足度は①系では14・7%、②系では18・5%となっている。利用者との良好な関係が働く励みにはなっているが、具体的な日々のケア内容については満足できていないという数値である。

実は、私たちは大阪市の老人福祉施設連盟を中心にして現場から介護の改革を進めようとするエネルギーに押されながら「大阪市小規模ケア研究会」の活動を約4年間続けてきた。介護現場の職員は、例えば、Aさんの排泄の自立に取り組み、トイレで排便、排尿ができるようになりオムツが外れていくという、一つひとつの介護現場での成果に生き甲斐を感じ、日々、利用者の笑顔に励まされて働いている。介護職員の多くは「もっと良い仕事をしたい」「もっと良いケアを実践したい」と願って日々働いていることを研究発表や交流会で実感してきた。[7]こうした「もっと良いケアを実践したい」という現場職員の願いが、この数値——利用者との関係ではある程度満足だが、仕事の内容では満足度が低い——に表われていると言えるのではないか、と考えるのである。

第三に、では、「仕事の内容」への満足度が高められない要因としてどんなことがあるのか。その一つの側面は、労働環境についての感じ方である。

「健康面（感染症・腰痛）の不安」が①系：42・2%、②系：39・5%と2系とも高い。「精神的にきつい」「体力に不安」の高さも注目されてよい。

また、「休暇が取りにくい」が①系で39%、②系で31・7%と不満が高いのは、離職率の高さとも関係し、欠員や病休の職員があることにより「休めない」現実の結果と思われる。

これらの労働環境について、統計の数値が示していることは、介護現場が「3K職場」であるという実態の反映であるといえよう。

もう一つの大きな側面は、「同僚・上司との人間関係」への満足度である。

①系では19・6%、②系では25・2%である。ここでも①系の方が、②系より満足度が低いと言うことは注目に価する。いずれにしても、職場の組織・人事管理態勢が、「もっと良い仕事をしたい」「もっと良いケアを実践

したい」と感じている職員の意欲を阻んでいるのではないかと推察される数値である。

3 労務管理の課題を示唆する数値

(1) 見えない労務管理の積極的役割

2の(3)で後回しにした①系と②系の比較から課題を探ることにする。②系労働者の多くは登録・パート制で働いている人が圧倒的であるので、「雇用に不安がある」とする回答が①系と比較して多い。にもかかわらず、賃金に対する満足度は①系は、7・8%、②系は12・8%で、その差は、5ポイント。賃金に対する不満は、①系の労働者に対して②系は23ポイントも低い数値である。

仕事全体に対する満足度も①系に対して②系が、2・2ポイントと少し高く、働く上での悩み・不安・不満では、①系に対して②系の方が2・7ポイントと低くなっている。この差は、「お世話している人との人間関係」の満足度の差(2・7ポイント)に近いことがわかる。仕事への満足度の差は、利用者との関係における満足度を単純に反映しているようであり、労務管理などの経営側の積極的な因子がほとんど満足度・不満足度に影響を与えていないようでもある。

(2) 訪問系労働者の満足度の方が高いのは?

では、仕事や賃金に対して①系の労働者より②系の訪問系労働者の満足度が高く、不満足度が低いということは、何を意味しているのか。「労働者として仕事にどれだけ誇りを持てているか」という点での差が①系と②系との差であると言えるのではないか。この点について検討してみることにする。

②系の訪問系労働者の場合、同じパートと言っても、スーパーや製造業のパートよりも多少時給も高く、労働時間の自己管理もしやすいこと、あるいは扶養控除限度額を超えない程度の稼ぎ方をする者が多いことなどが予

測される。

㈶介護労働安定センターの「平成17年度介護労働者実態調査結果について――ホームヘルパーの就業実態と就業意識調査」によると、「ホームヘルパーへの就業理由」の第一は、「介護・福祉関係業務に関心がある」60・1％、第二は「これからの時代に必要」41・3％、第三は、「介護の知識・技能を身に付ける」38・0％、第四が、「利用者等の援助は大切」31・0％という数値が出ている。「就労の継続意思」では、「働き続ける」が74・7％、「続けることは難しい」9・3％、「転職を考えている」7・4％であった。

また、「登録ヘルパーとして働く理由」の第一は、「自分の都合の良い日や時間に働ける」が69・3％で、次いで、「就職しやすかった（すぐ就職できた）」が15・1％となっている。

これらの統計数値から読み取れる現状の②系労働者の平均像は、子育てが終わり、（親の介護に手が取られるのはもう少し先で）時間的余裕ができた主婦が、自分の家事・育児などの経験をベースに１３０時間（大阪府は１３２時間）の講習でヘルパー２級資格を得られ、社会的に求められている介護の仕事に比較的簡単につくことができた。収入はそこそこでよい（家計の補助的収入）ので、この仕事を自分の都合の良い日や時間をうまく使って続けていきたいと考えている、といったところであろう。

（３）若い施設系労働者は、将来の展望に不安

他方、①系の労働者は、20代～30代前半の労働者が中心で、この介護・福祉の仕事によって生活を成り立たせて、これからの人生設計を考えている群であるといえる。賃金や仕事・職場の将来性と自分の将来の人生設計をつき合わせながら働いている。だから、②系の労働者より賃金や仕事の内容、職場の人間関係に敏感に反応せざるをえない。

しかし、②系の訪問系労働者の働く条件・位置や指向性を勘案したとしても、問題は大きい。この差異は、①

系の労働者が、生き生きと働き、やる気や誇りを持て、将来展望を持てる人事・労務管理が職場でうまく機能していない結果であると言えそうである。つまり、チームで組織的な仕事の仕方が求められ、しかも将来の人生設計を介護の仕事の未来に託そうとする若い世代が働く①系の職場において、必要な物心両面の「人事・労務管理」のレベルが、労働者の働く意欲を生み出し得る水準に到達していないことの反映であるといえる。

（４）求められる正当な介護労働に対する評価と処遇

先の厚労省の介護労働者雇用安定『計画』では、介護労働者の離職率を下げるためにパートにも研修の機会を与えて自覚を育てる等研修を重視するとしているが、このレベルの問題ではないのではないか。さらにまた、介護職員の資格制度が見直されているが、その土台が揺らいでいるのではないか、と疑問・批判を持たざるをえないのである。

私立の短期大学で介護福祉士の養成に携わる杉本章が「介護労働者はその仕事のきつさに対して、正当な評価や処遇を得ているとはとても言えず、そのことが離職率や欠員補充のための求人倍率の高さにつながり、一方では養成学校への入学志望率の低さ（養成学校の６割以上が定員割れ）、入学生の学力・質の低下となって現れているると言えるだろう。かつては福祉労働に対する幻想や就職率のよさを理由に、親や進路指導の教師たちに勧められて介護職を目指した学生が少なくなかったが、こうした現実が次第に知られるようになったことが上のような悪循環を招いていることは確かである[8]」と述べている。私も全く同感である。

４　介護労働者の雇用形態別割合の意味／「パート戦略」の行き詰まり

（１）介護事業のコストダウンの中心は「パート戦略」

【表５―７】の雇用形態別割合を見よう。①系も②系も含めた介護関連労働者全体では正社員は51・３％、非

表 5-7　介護労働者の雇用形態別割合

（2004 年 12 月 1 日時点）

雇用形態別 職種別 従業者数	総数（人・%）	介護職員			看護職員	リハビリテーション従事者	生活相談員	その他
		ケアマネージャ	サービス提供責任者	直接介護に当たる介護職員				
総数	27,729	1,200	1,318	16,778	3,077	438	764	4,154
うち正社員	14,220	1,022	1,094	6,554	2,166	281	676	2,428
（%）	51.3	85.2	83	39.1	70.4	64	88.5	58.4
うち非正社員	13,509	178	224	10,224	911	158	88	1,726
（%）	48.7	14.8	17	60.9	29.6	36	11.5	41.6

（出典）［介護労働者就業意識実態調査］（財）介護労働安定センター　平成 17 年６月

正社員48・7%となっている。

ケアマネージャ、サービス提供責任者、生活相談員等いわば基幹職員の正規職員比率は85%前後に張り付いているが、直接介護に携わる職員の正社員は、40%以下である。

２０００年の介護保険制度導入と前後して、介護サービス事業所は、人件費比率を引き下げ、効率的経営を目指してきた。直接介護を担う労働者の非正規職員比率を増やし、より安い労働力を組織してきた。また、厨房や清掃業務などのアウト・ソーシングもコストダウンの手法の一つであったが、外注した業務を担う事業体も「パート戦略」を取っていた。だから、介護関連事業のコストダウンの中心は「パート戦略」であったと言っても間違いはないであろう。

これらのことは、次の章でも触れるが介護保険制度の導入を皮切りに介護サービスに市場原理が導入されるとともに、規制緩和の一つの焦点として日本の労働市場全般に柔軟性（フレキシビリティ）が求められる圧力のもとで、専門的知識・技術・経験と資格要件が問われる基幹的労働者と「３K」労働を担う低賃金労働者の二極化が福祉・介護の労働場面でも進んできたと見ることができる。

(2)「パート戦略」の破綻を増進させる資格制度の見直し

大阪労働局管内の求人倍率を示す【表5—1】をもう一度見よう。介護関連のパート労働者の求人倍率は、4倍から5倍の間を行き来し始めている。各事業主が求めてやまないパート労働者を確保することは至難の技となってきた。言葉を換えて言えば、介護報酬の抑制・切下げに対応した人件費コストダウンの「パート戦略」は行き詰まり、破綻したことを統計数値は示している。

このパート労働の担い手は、ヘルパー2級資格を取得した主婦層と、①系の施設に無資格で就労しつつ実務経験を積んで介護福祉士等の資格を取得しようとしてきた比較的若い層、そして介護福祉士等の有資格者であるが、何らかの事情で正規職員に採用されてこなかった若年層の3層であった。この3層の内、訪問介護を含めて見れば、最大のパート労働者の供給源は、ヘルパー資格を取得した主婦層であった。介護福祉士の養成校に人材が集まらなくなった点についてはすでに触れたが、ヘルパー2級資格を取得する者がここ数年急速に少なくなっている。「受講生を募集しても応募がないので講習事業は中止した」という事業所が多い。

その理由として二つのことが重なっているように思われる。一つは、多くの主婦層が、雨後の筍のように開設された各地域のヘルパー2級養成講習を受講し、ヘルパーになってきたが、ここ数年で、この講習事業は、あたかも地下に眠っていた地下水を汲み尽くし、水脈が枯れてしまった状態になったという側面である。

もう一つは、資格制度の変化である。ヘルパー2級資格取得は、約130時間の講習で、受講料は高くても10万円以内であった。しかし、厚生労働省が2005年9月に「介護サービス従事者の研修体系のあり方に関する研究会(第二次中間まとめ)報告書」(座長:堀田力さわやか福祉財団理事長)で、介護職員の標準任用資格を介護福祉士に一本化することを目指し、現行の訪問介護員養成研修と介護福祉士の中間にあたる「介護職員基礎研修」を2006年度後半からスタートさせる、とした。介護職員基礎研修は、500時間(講義・演習360時間、実習140時間)必要で、その上、介護福祉士になるためには、さらに実務経験と国家試験が求められることになる。これでは、比較的安価で短時間にヘルパー2級資格が得られ、介護の仕事に簡単につくことができるメリットが消され、ヘルパー講習を受けて介護の仕事へという水路の水門を事実上閉ざすことになったのである。

こうして介護労働力が不足する要因がいくつも重なり、安価な介護労働力を調達してきた「パート戦略」は破綻をきたした。しかも、国・地方公共団体の財政破綻のなかで社会福祉財源の削減圧力が続くという今日の情勢のなかで、経営をどうするのか、職場の労働条件をどう確保するか、どのような介護のあり方を創造するのか。これが私たちサービス提供者（経営側も労働者も）に突きつけられている共通の課題となってきたのである。

2　労働力不足を「介護の革命」第2段階へつなぐ試み

介護報酬の切下げがもたらしている介護現場の現実を社会的に訴えて、介護現場の労働条件を改善する取り組みが経営側も労働者・労組側も必要であることは言をまたない。この社会的アピールをどうするかは大問題である。各方面で検討されるべきテーマであるが、その検討は別の機会に譲るとして、ここでは今日、社会福祉法人や特定非営利活動法人等が置かれている状況の中で、実現可能な自主的改革の手立てを検討することにする。

介護保険料及び介護サービス利用料金が年々値上がりするとともに、住民・利用者の権利意識の向上や介護の質的ニーズが高まっている。サービス提供者（経営側も労働者も）として「介護報酬が適正な水準に改善されるまでは良いサービスはできません」とは言い難い状況でもある。また、低所得者層と高額所得者層に2極分化する高齢者の経済状態を前提に「質の高いサービスをお望みでしたら保険外の民間サービスをご利用ください」と社会福祉法人やＮＰＯ等の非営利法人が自ら主張するとすれば、それは、現状では福祉サービスを一層、市場原理に委ねることになり、日本の社会保障制度を空洞化させることになりかねない。

しかも、すでに見てきたように介護労働力不足という事態、とりわけ介護費用全体のコストダウンの最も大きな部分を担ってきた「パート戦略」の破綻という事態の中で、社会福祉法人や非営利法人はどのような解決策を模索していくべきか。以下は、その改革に向けた一つの試案の提起である。

1　非営利法人、問われる「三つのキーワード」

（1）どう発揮できるか、非営利法人の存在価値

上記のことから、現状では社会福祉法人や非営利法人は、(イ)「より良いサービス」、(ロ)「コストダウン」、(ハ)「社会福祉法人（非営利法人）らしさ」という三つのキーワード（課題）を同時に実現する方法を探ることが求められている。そこで、この三つの課題の関係について整理してみる。

社会福祉法人・非営利法人は、そもそも、その事業の収益を社会的活動に還元し、社会貢献を進めることを使命とする組織であり、社会福祉・介護に関わる事業体は地域社会・地域福祉への貢献ができているか否かが評価の基準ともなる。また、そのサービス提供の具体的展開においては、不平等や差別拡大の防止、さらには、人権の尊重や住民・利用者の権利擁護の視点が重要視される。

もちろん、これらのことは、一般の営利企業においても、近年、企業の社会的責任・役割として重視されるようになってきているが、社会福祉法人・非営利法人の活動において、その社会的役割と貢献は、法人の存立理由からして、民間営利企業の補足的な社会貢献の意義とは、質・量においても決定的に相違するはずである。

この点を確認した上で以下検討する。

①　(イ)と(ロ)は、営利法人であろうと非営利法人であろうと一般的に言って対立・矛盾する関係（ジレンマ）であると言える。(イ)の「よいサービス」のためには、介護労働者の質・量両面の確保のために研修・教育費を含めた人件費がかかり、また、一定の水準の介護環境＝設備整備の費用が必要となる。これらは、(ロ)の「コストダウン」の要求とは逆方向のベクトルが働くことになる。

② (イ)と(ハ)、(ロ)と(ハ)は、それぞれ、それ自体が対立・矛盾する関係にはない。一般的に言えば、むしろ親和性がある場合が多い。より良いサービスをより安価な費用で、すなわち、収益を押さえ、コストを抑制して提供するといった非営利法人らしい手法が成立しやすい（現在、社会福祉法人の多くは、低所得者への利用料の減免措置をとっているが、これはより良いサービスを安価に提供する手法の一つとも言える）。

しかし、介護報酬が極めて低い水準に押し留められた場合、抑制すべき収益が極めて薄くなるか、あるいはマイナスとなる傾向が生まれる。現状の介護報酬では、大都会の介護事業所はこのような状況に追い込まれつつある。より良いサービスをより安価な費用で、すなわち、収益を押さえ、コストを抑制して提供するということ自体が困難になってきている。

③ 従って、①に述べた(イ)と(ロ)の対立・矛盾（ジレンマ）の解決の回路・方法において、営利法人的手法と非営利法人的手法との差異があるのかどうか。また、あるとして、その差異の意味はなんであろうか。この点について考察してみることが、三つの関係の意味内容を示すことになるであろう。

社会貢献・地域福祉への役割を果たすためには、介護保険などの制度の枠を超え、地域のニーズを掘り起こし、それに対応した具体的な事業展開が求められ、そのための人材と資金の確保が必要となる。この人材と資金の確保は、端的に言えば資金力・事業展開力の問題であり、その点に関しては、今日、大都会の社会福祉法人・非営利法人は多くの困難を抱えている。介護報酬の低い水準によって事業収益からその資金の多くを確保することが困難になっていること、日本の税制度と相まって寄附金収入に多くを期待できないこと、また、制度上、社会福祉法人は金融市場から資金の調達ができず、非営利活動法人も、一部の例外を除いて一般的に資金調達力は低い。

他方、民間営利企業は、株式・金融市場からの資金調達ができ、資本のネットワークによる人材の確保・発掘の力も持ち、また、宣伝力も、現状の日本では個々の社会福祉法人・非営利法人に比して大きい。つまり、資金力も事業展開力も「市場経済」の内側では、社会福祉法人・非営利法人は、民間営利企業との競争では勝ち目がないように思われる。それは、一見、生活協同組合の共同購入運動が、スーパーの資本力による便利で安価な商品供給（豊富な品揃えと薄利多売）に敗退した事態に似たことが起こり始めているようにも見える[9]。

しかし、いずれにしても、社会貢献・地域福祉への役割を果たす資金や人材を確保するために、社会福祉法人・非営利法人は資金調達力が弱いという条件の下では、実際の介護サービス事業の収益からその原資と人材の多くを確保する以外になく、そのため仕事の仕組みの改革とコストダウンをどう実現するかが課題となる。

（２）「市場主義・営利主義」とどこで一線を引けるか

１９９２年の「バブル崩壊」以降、日本の民間企業で取られたコストダウンの一般的方法は、労働の対価を差別化し、労働者相互の競争と流動を組織することによって人件費の節約を図ることであった。極端な成果主義の賃金体系や労働の価値付けによる大きな格差化（少数の知的・管理的労働に高い価値を、多数の肉体的・作業的労働には低い価値付けを、あるいは、正規雇用と非正規雇用の間の格差化等である）による人件費の抑制と事業体（個別資本）への忠誠心・労働強化・管理強化の組織化であった[10]。この傾向は、介護労働現場にも波及してきている。

また、「より良いサービス」についても、コストとリンクさせたサービス提供が考えられ、サービス内容の階層化が促進される方向での「より良いサービス」の展開である[11]。

今日、一般的に(イ)と(ロ)のジレンマを解決する方法として考えられているのは、上記の「市場原理主義」に基づく営利法人的手法である。しかし、社会福祉法人・非営利法人が社会的に求められる立場から言えば、(イ)と(ロ)のジレンマの解決において、利用者相互やサービス提供者である労働者内部に不必要な競争を煽ったり、差別や不平等を拡大したりすることは社会福祉法人・非営利法人らしさに反するものと言える。この手法に深く染まれば社会福祉法人・非営利法人による「営利主義」の進展となり、羊頭狗肉の事態を社会的に出現させることになろう。

以上のことから、社会福祉法人・非営利法人らしさを維持することは今日極めて困難な事態になっており、その意味で、(イ)、(ロ)、(ハ)はトリレンマの関係であると言える。

(3) 働く誇りを生む職場とワークシェアリング

さて、このトリレンマを解く上でも、さらには、適正な介護報酬水準への改善に対する社会的合意獲得のためにも、私は、何よりも、介護労働者が誇りを持って生き生きと働くことができる環境を自らの努力でつくる取り組みが鍵を握ると考える。そして、働く誇りを持てるためには、より良いケア、より良いサービスを実現していく努力が必要で、「社会的価値の高い仕事をしていこう」という機運のない職場からは、職員は離脱していくであろう。職員不足でベッドを稼動させられないという事態……最悪の場合は、職員が集まらなくて廃業ということも起こりえる時代が来ていることは、すでに見てきた通りである。

では(ロ)の「コストダウン」はどうするのか？　この問いを解くためには、さまざまなアプローチ・回答があると思われるが、私の試案は、(ハ)の「非営利法人らしさ」とセットで介護労働力不足の時代に対応した、ある種の「ワークシェアリングの手法」を開発することである。

これまで就労の機会に恵まれなかった障碍者や中高年、所謂「ニート」といわれる若者、単親者、あるいは子育て中の女性等に就労の機会を用意し、彼らを受け入れて仕事をしながら養成訓練・研修を行い、独り立ちした介護労働者に育てていくシステムを各職場と地域（さしあたり地方自治体の範囲ぐらいを基礎単位にして）で協働・共同で構築することを考えてみたい。それは同時に従来の「介護の専門性」を問い直すこととなり、地域に開かれた介護・生活支援とはどういうことか、「より良い介護サービス」とは何かについての再検討を迫ることにもなる。

（４）都市公共の生み直しにつながる多面的課題の解決

この仕事の仕組みを創るためには、正規職員の人件費水準をある程度切下げ、非正規職員の処遇改善費用に回すという労働報酬のシェアが必要かも知れない。また、結婚・妊娠・出産・育児の時期に、職場から離脱させられてきた介護職員が働き続けることのできる条件を整備（１９６０年代後半から70年代初頭の看護師・保母不足時代の経験に学んだ夜間保育所、学童保育等の整備）したり、行政施策として自立的生活を促進するために適切な住宅を保障したりすることも必要である。

さらには、正規職員と非正規職員の単純な2分法ではなく、長期の休暇・休職を認めたり、管理労働でも短時間労働が可能になる契約制度を考案したりして、「多様な働き方」を可能にする職場をつくりあげるための職員・労組と経営側（施設協議会等の経営団体を含めた）、社会福祉協議会、さらには地方自治体やハローワークなどの参加・協力による調査・研究と政策的努力が必要となろう[12]。

なぜなら、かつての看護師や保育労働者不足時代と比較してみたとき、介護労働力不足の問題は、大阪は大変深刻である。かつては九州、中四国地方の農村地域から、大阪の不足する労働力を移動・補塡させる手立てによって解決することができた。しかし、現在、地方に過剰な労働力が滞留しているわけではないし、農村から都市への人口移動の圧力は小さくなっている。おまけに、他の大都市圏と比較してみても、大阪（府・市）は労働力供給の「後背地」を失っている。従って、大阪の地で、介護資格取得のための奨学金制度の整備など有効な施策によって若い新規の介護労働力を掘り起こすことに努めるとともに、労働力市場から排除されたり、あるいは、何らかの理由で雇用の機会を奪われたりしている人々を労働力市場へ迎え入れていくことが重要となっているのである。

こうした多くの未経験な課題が広がっているもとで、社会福祉法人や非営利活動法人が率先して相互に協力しながら、自前で介護労働者の養成及び就労支援の活動・事業をおこし、この共同の事業に行政が保有する社会資源を結びつけ、組み替えていく政策的展開が必要となるということである。例えば、地方行政組織や労働行政（その外郭団体の社会福祉協議会や介護労働安定センターなどを含め）が保有する施設や研修・養成の機能、広報機能、調査・研究機能に着目し、障碍者や単親家族への支援施策などと積極的に結びつけて就労支援事業を具体化し、空き家が目立つ公営住宅への優先入居や保育所への入所斡旋などの条件整備、さらには、「介護労働者バンク」の設置など制度創設を進めることである。すなわち、行政により縦割りに管理されている社会資源を「介護労働者の養成・育成」というテーマに沿って横につなぎながら、社会福祉法人や非営利活動法人の能動的活動によって都市の「公共」を生み直していくことである。言うまでもなく、こうした努力の先に適正な条件を整備しつつ、外国人労働者を公正な賃金・労働条件で受け入れていくことも可能となるであろう。[13]

2 介護労働における「中核」と「周辺」

(1) グローバリゼーションがもたらした労働の二極化

第1節の4で、介護保険制度導入後、日本の福祉・介護の労働現場で、専門的知識・技術・経験と資格要件が問われる基幹的労働者と「3K」労働を担う低賃金労働者の二極化が進んできたことを明らかにし、また、第2節の1で、この間のコストダウンの手法についてみてきた。ここでは、これらの点について別の視点——介護労働の内部編成の問題として——から検討を深めることとする。

グローバリゼーションの進展により、労働のあり方が世界的規模においても国内的にも「幸運な人々と不運な人々」へと二極分化させ、先進資本主義国では、とりわけ若年層の経済的・文化的格差が広がっていることを1990年代後半より、多くの論者が明らかにしている。[14] ロナルド・ドーアによれば、この労働の二極化は、80年代にイギリスなどで「資源の効率性と生産過程の効率性の追求という二つの柔軟性を組み合わせようとする人事政策から生まれた[15]」という。具体的には「中核」と「周辺」——前者は常用雇い、後者は臨時雇い——を意識的に使い分ける戦略で、前者の中核的労働者の頭脳・技術養成と職場への定着政策、他方で、後者のやめてもすぐ後任が見つけることのできる広範な種類の仕事、あるいはフルタイムの勤務を必要としないプロフェッショナルな仕事についてはコストの最小化を図るため、賃労働の形態を契約・派遣・パート化、あるいは外注化するという処方箋であった、という。

（２）介護労働の内部編成を組み替えた介護保険制度

日本の介護サービス提供の仕組みは、法律と政省令などによって規定され、それに対応した労働力の組織構成とその構成に沿った各部署の働き方を要求する。①の施設系の労働現場は、介護保険制度が導入された２０００年４月以前の長い措置制度のもとで、その労働のあり方と文化を蓄積してきた。そこでは、少数の職員で多数の高齢者を効率的に介護することが求められ、また、利用者へのサービスは平等に提供すること等が求められた。すなわち（労働）資源の「効率性」とサービス提供（生産過程）の「平等性」の組み合わせが求められたのであり、ある種のテーラーシステム的な「流れ作業」による介護の効率化の形態としての「集団一括処遇」を生みだしてきた。そこでは、施設長—主任寮母—寮母という職制機構はあったものの、労働構成とその内容においては、「中核」と「周辺」の区別・分離は意識されておらず、賃金も年功賃金を基本に組み立てられ職員の処遇は、理念としては平等・公正を旨としていたのである。

介護保険制度は、従来の措置制度の介護観を自立支援・ケアの個別化・自己決定など集団主義から個人主義（個人の自立・自己責任）へ転換するように設計され、市場原理も導入された。ケアの個別化と利用者の選択権という理念を介護現場に貫徹させるケアプランに基づいたサービス提供の体系となり、この体系を支えるケアマネージャ・サービス計画責任者・サービス提供責任者・相談員という基幹職員と、その計画（指揮・命令）に従って直接処遇する介護職員という形で「中核」と「周辺」という労働構成における分岐が準備されたと言えよう。

こうした分岐が制度導入期にどれほど自覚されていたかどうかは別にして、「福祉業界」では、介護保険制度によって「勝ち組」と「負け組」の競争が始まった。負け組になりたくなければ、効率的経営をと喧伝され、人件費の圧縮の戦略として「パート戦略」へと「業界」全体が引き込まれていったのである。

（３）矛盾する労働の二極化と「尊厳を支える介護」の実践

効率化とともに介護サービスの質を担保しようとした時、物の生産現場のように労働構成を「中核」と「周辺」に二極化することが合目的的であろうか。座長・堀田力と当時厚生労働省老健局長であった中村秀一（社会援護局長）のコンビで立ち上げられた「高齢者介護研究会」が『２０１５年の高齢者介護』で「尊厳を支える介護」の確立を唱えた二人のコンビで仕掛けられた「介護サービス従事者の研修体系のあり方に関する研究会」等で、介護サービスの質と専門性の向上を打ち出している。そのどちらも介護の質を向上させるのに必要な予算・財源問題は、検討の対象から外された形の提言であった[16]。だから、現実の介護の現場が抱える矛盾や課題を十分汲み取った提言とはいえない理想論にも見えるのである。

しかし、彼らが提言している「尊厳を支える介護」とそれを担保する介護労働は、例えば、措置時代から持ち越されている①系の「集団一括処遇」の改革であり、「脱施設化」と地域に密着した介護への変革であり、介護労働者全体のレベルアップである。それは、介護の労働構成を「中核」と「周辺」に二極化して効率化する方向とは相違するはずである。

医療は、医師を頂点とした医師―看護師―准看護師―看護補助員のヒエラルキーを骨格にサービスの仕組みができており、そこでの対象分析的な認識や活動の様式・方法について「医療モデル」と言われてきた。これに対して介護や社会的支援活動の認識や活動様式・方法を「生活モデル」と称して対比する考え方が存在する。

図5-1 在宅ケアの非階層的で開かれた構造＝エコマップ

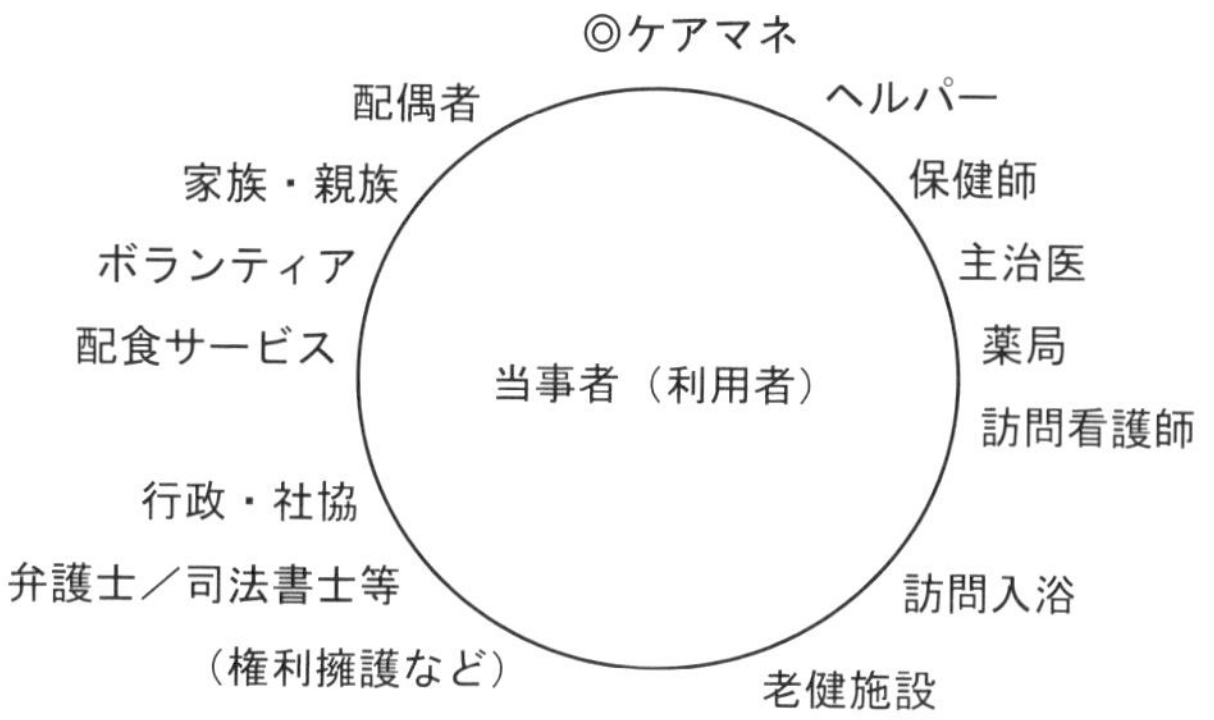

「生活モデル」の端的な例として、援助関係を図示する「エコマップ」がある。【図５―１】で見るとよくわかる。当事者を円の中心に置き、その当事者に関わる援助者、関係者を円周上に記述する。そこでは、家族も地域の関係住民も医師・看護師、保健師をはじめヘルパー等の各職種の専門職も、それぞれ独立しつつ対等な関係で当事者の援助に関わるものとして理解されている。「脱施設化」と地域に密着した介護への変革、あるいは、「尊厳を支える介護」を想定した時、「中核」と「周辺」という格差化が、（社会）資源の効率性とサービス提供過程（生産過程）の効率性の追求に意味を持つとは考え難い。「エコマップ」のように当事者を囲む人々の関係が対等であることが、当事者の可能性を引き出し、エンパワメントに寄与すると考えられるのである。

3 介護単位の小規模化とセットの「ワークシェアリング」

(1) ユニットケアの次に歩み出すべき「介護の革命」の第２段階

さて私が提案する「より良いサービスの実現」と、「ワークシェアリング」の手法を結びつけるためには、ケアの基礎（基本）単位を小さくすることがぜひ必要である。なぜなら、20人……50人と多くの利用者を一括して介護するような介護の基礎単位が大きければ、テーラーシステムの「流れ作業」による介護の効率化が必然化し、ここでは利用者は生活の主体であり得ず、効率化のために介護の「標準化」が求められ、「個性化」や「異質性」が忌避されやすく、障碍を持つ者等が排除されやすくなるからでもある。

中村秀一や堀田力が「尊厳を支える介護」を提言する前から、ケアの単位を小規模にしてケアを改革する「ユニットケア[17]」といわれる実践があった。それは、「入口はその人らしさで、出口は地域」と言われ「寄り添う介護」とも言われている。施設が設定した日課に利用者の生活が縛られ、その結果として介護労働者もその日課に縛られる「集団一括処遇」ではなく、利用者を生活の主体とする介護の実現を目指すことから「介護の革命」と言われたのである。生活の主体を施設・職員から、利用者へ奪還するユニットケアを「介護の革命」の第1段階とするなら、私は、「介護の革命」の第2段階へと歩を進めることが必要であると考える。

確かにユニットケアは、小規模によるグループでのケアという形態を問題にしたのではない。それは、施設における介護のあり方を変え、生活の主体者はあくまで利用者であるということを現実に実践することであった。だから、生活の主体者となった利用者の生活圏は、施設内にとどまることはなく、その「出口は地域」なのであった。しかし、ここでは、〈介護される者〉と〈介護する者〉との関係は、まだ自覚的には双方向には開かれてはいない。関係は閉じられがちとなり、小規模でのケアであることによって、〈介護される者〉と〈介護する者〉との関係が濃縮され、相互に自立した関係が保ち難くなる場合も多く、依存関係が強まってしまったり、対立感や忌避感情が生まれてしまったりすることも起こりうる。

私が言う「介護の革命」の第2段階とは、援助され・介護される側が実は援助する・介護する側にもいるという「双方向に開かれたエンパワメントの関係」としてのケア、「互酬的関係」としてのケアを自覚的に生み出し再生していくことであると考える。私の勤務する施設の経験では、アルコール依存症の作業所と7年間の交流・連携があり、介護の場面に、ボランティアであったり、事業委託であったり、雇用という形であったりとさまざまな形態と内容で、作業所メンバーが介護の現場に参画している。就労の機会や社会活動から排除されてきた彼ら、彼女らが、高齢者介護に関わることによって、「人の役に立つことができた」「自分に自信を持てた」と語り、自分たちが「お世話する」高齢者に逆に支えられて社会復帰への努力や仕事のスキルアップに積極的に取り組んでいる。高齢者の介護に関わることによってエンパワメントでき、そのエネルギーが介護される高齢者の元気を増進し、また、介護職員の価値観を変えてきた。この経験をもとに、知的障碍者の就労支援の活動や雇用へと事業は展開し始めている。

一連の取り組みは、まだ、ささやかなものであるが、こうした介護のあり方や労働の価値観を変えていく取り組みは、介護の基本単位を小規模にして個性や異質性が排除されない条件を整備しながら取り組むことが、ぜひ必要であるが、それは、必ずしもユニット型のハードでなければできないと考える必要はない。異質性を排除しない介護の基本単位をどう準備できるかについての方法・方策はいろいろ考えられるからである[18]。

（２）ケアの本質の捉え返しと「介護革命」第２段階の意味

介護労働力の掘り起こしと確保という差し迫った課題を解決する一つの実践的方法として、私の提案するワークシェアリング的手法がどこまで有効に展開できるかは、まだ未知数であり、「介護の革命」の第２段階とどのように切り結ぶかも十分可視的ではない。ここでは、実践的取り組みを進めていくうえで、「介護の革命」の第２段階の意味を論理的に検討しておくことにする。

他者をケアするのは「その人とその人の世界を、まるで自分がその人になったように理解できなければならない。……いわば、その人の目でもって見てとることができなければならない。外から冷ややかに、あたかも相手が標本であるかのように見るのではなく、相手の世界で相手の気持ちになることができなければならない[19]」というミルトン・メイヤロフの考え方に私も同意する。このような〈私〉と〈他者〉のケアの関係性を成立させるためには「相手のために隣にいる」ことが求められるのであり、その意味で「寄り添う介護」はメイヤロフがいうようなケアを成り立たせる出発点であり、介護の基礎（基本）単位を小さくすることが、その条件となることは明らかであろう。

森村修が言うように〈人間は弱きもの・傷つきやすいもの〉(vulnerableな存在)であって「人生には意味があるという確信は、何ものか、ないしは誰かによって唯一必要とされている感情や、あるいは理解されている、もしくはケアされているという感情と対応している」のであって、「ケアしケアされる関係性が重要なのは、〈ケア〉が、『生きる意味』という私たちの生存の条件に関わっているからである」[20]と(森村)。

つまり、森村修の言説によれば、「〈ケア〉とは〈他者〉が〈私〉に対して呼びかけ、私たちは〈ケア〉によって、その呼びかけに応えるという『責任=応答可能性(responsibility)』をはらんだ行為であり、関係性である」。そして「ケアに関わる『責任と義務』は、私たちの生きている社会や共同体による要請としての外的な規範から生じてくるのではない。それは子どもたちに対してしなければならない献身のように、私たちの内部から生じてくる責任であり義務である。……翻って、〈私〉は、〈他者へのケア〉を通じて〈他者〉の成長を助けると同時に自らも成長する。その結果、〈私〉自身もまた〈自己へのケア〉を介して自己実現を果たしていく」のである。

介護に携わる若い職員が、よく、「元気をもらった」「生きる勇気を与えてもらった」と介護する人との関係を、こう表現することがある。これは、まさに森村修がメイヤロフやキャロル・ギリガンの言説によりながら指摘したケアの本質的関係性である〈互酬的関係性〉についての実感を端緒的に語ったものであるといえよう。

しかし、「双方向に開かれたエンパワメントの関係」とは、どんなことか。明示的にたとえれば、認知症の高齢者と知的障碍を抱えた介護労働者の関係、あるいは、認知症の高齢者と幼児の関係を想定してみるとよい[21]。そこでは、それぞれが相手によって必要とされ、それぞれ双方によって役割が与えられ、与える関係が生まれる。このように明示的な内容・形態をとらないにしても、先に紹介した介護現場に携わる若い職員の表現に端緒的に示されているように、本来、ケア・介護とは、介護する者とされる者の間に、〈互酬的関係〉がはらまれているのであり、このことを日々の介護実践のなかで自覚的に掘り起こし、発展させていくことが、「介護の革命」の第2段階へ至る道を開くことになるのである。

ケア・介護という労働は、最も遅く労働力市場に商品として、地域や家庭の共同的生活の営みから「離床」してきた労働の一つである。地域や家庭の日常生活の営みについて、イヴァン・イリイチが「ヴァナキュラーな領域」と「シャドウ・ワーク」[22]の二つがあると解析して見せたが、介護という労働には、地域や家庭生活の営みのなかで、一面では相互の共同・協働の関係、互酬的関係として、他面では報いられない労役として存在してきた特性が母斑のように刻み込まれている。介護される者と介護する者の関係がそれぞれ双方によって役割が与えられ、与える関係となる〈互酬的関係〉として展開される時、もっとも心地良く自然な関係として感じられるのである。広井良典が「『ケア』ということのもっとも本質的な意味は、現代の社会においてともすればバラバラになり孤立してしまいがちな個人を、よりベースにあるコミュニティ、自然、スピリチュアリティといった層へ『つないで』いくことではないかと考える[23]」と言っていることである。

つまり、「介護の革命」の第２段階とは、「より良いサービスの実現」と、これまで就労機会に恵まれなかった人々に就労の機会を開く「ワークシェアリング」の手法との結びつけ方を多面化し、自覚的に深めていくことにより、地域生活・コミュニティを効率優先の市場原理を超えていく人々の関係へと組み替えていくこと、すなわち人々の関係を共生型に変えていく力を、労働を通じて創造していく永続的な営為を築いていくことになると考えるのである[24]。

おわりに

社会福祉・介護をめぐるピンチな状況をチャンスに転換しようということの改革試案は、現在私が勤務している職場で部分的に着手したばかりである。今後、例えば、共同保育所の開設一つとっても他の職場・法人との協働や行政関係への働きかけなど多面的な努力を必要としている。こうした実践上の課題の整理と具体化が必要である。

また、「介護の革命」という以上、介護論の整理も求められることも痛感している。今回は、「介護の革命」の第2段階の意味について、介護の本質論から演繹して一気に、〈互酬的関係〉としての介護、双方向に開かれたエンパワメントの関係として論述した。実は、この論理展開だけでは不十分である。「介護の専門性」「介護の現代性」といわれる領域・課題については、全く触れていない。これらの問題を含め「介護の革命」の第2段階の全体性の検討と理論構築が必要であり、これらの作業は、他日を期したい。

しかし、介護労働力市場の急速な変化・変貌について少しでも多くの実践家、研究者に知ってもらい、共同・協働の調査・研究と取り組みができることを願って、取り急ぎ問題提起とさせていただいたことをご了解されたい。

【注】

(1) この小論の元原稿は、2006年7月の近畿老人福祉施設研究大会（奈良大会）で発表した報告をもとに『共生社会研究』用に修正したものである。

(2) 水野博達「『介護の革命』の第2段階を目指す改革試案」『共生社会研究』2号、大阪市立大学共生社会研究会、2007年

(3) 杉本章「介護福祉士養成の現場から」『福祉労働』112号、現代書館、2006年

(4) 「これからの介護を支える人材について――新しい介護福祉士の養成と生涯を通じた能力開発に向けて」介護福祉士のあり方及びその養成プロセスの見直し等に関する検討会、2006年

(5) 「平成17年度介護労働者実態調査結果について――ホームヘルパーの就業実態と就業意識調査」㈶介護労働安定センター、2006年

（6）「平成17年度介護労働者実態調査結果について――事業所における介護労働者実態調査」㈶介護労働者安定センター、2006年6月）の「4　賃金の状況」によれば（【（　）内は「事業所における介護労働者実態調査」（05年6月）の数値等】）、

①賃金支払形態では、「月給」の者が55・9％（55・1％）、「時給」の者38・9％（39・5％）、「日給」の者が4・3％（3・8％）

③月間実賃金の総平均は172・4千円（168・6千円）で、「月給」＝224・9千円（225・4千円）、「日給」＝147・6千円（140・3千円）、「時間給」＝90・6千円（92・8千円）。

職種別の実賃金では、「理学療法士」315・0千円、「作業療法士」295・9千円、「介護職員」「月給」＝209・0千円、「訪問介護員」206・8千円。

賃金形態別月間実賃金階級別の割合では、

「月給」の者で、月間15万円未満が4・1％、15万円超20万円未満が27・1％、20万円超25万円未満の者28・1。つまり、25万円未満が59・3％である。

「日給」の者で、月間10万円未満が14・8％、10万円超15万円未満が32・5％、15万円超20万円未満が31・3％で、20万円超の者は、12％（無回答9・5％）。

「時給」の者で、月間10万円未満が54・9％、10万円超15万円未満が19・4％、15万円超20万円未満が10・1％で、20万円超は3％（無回答12・6％）。

（7）水野博達「第3回大阪市小規模ケア研究大会を終えて」『市政研究』151号、大阪市政調査会、2006年

「第1回　大阪市小規模ケア研究大会報告書」大阪市老人福祉施設連盟大阪市小規模ケア研究会・事務局・大阪市社会福祉協議会福祉企画課、2004年

「第2回　大阪市小規模ケア研究大会報告書」大阪市老人福祉施設連盟大阪市小規模ケア研究会・事務局・大阪市社会福祉協議会福祉企画課、2005年

「第3回　大阪市小規模ケア研究大会報告書」大阪市老人福祉施設連盟大阪市小規模ケア研究会・事務局・大阪市社会福祉協議会福祉企画課、2006年

（8）杉本章「介護福祉士養成の現場から」『福祉労働』112号、現代書館、2006年

（9）「介護サービス」という商品は、生協やスーパーの扱う食料品、衣類・雑貨などの商品が全世界を市場として駆け巡るのに対して、極めて限定された狭い地域に張り付いていて、そこを超えて自由に展開できる性格の商品ではない。また、介護事業は、重化学工業やスーパーのような大きな資本を特段必要とはしないし、事業規模においてスケールメリットがあるとはいい得ず、小規模の方が良いサービスを提供できる可能性も大きい。つまり、介護サービスを巡る競争は、それぞれの限定された地域を獲得する競争であるとも言えるので、地域戦略をしっかりと持つことによって、生協がスーパーに敗退させられたようなことを防ぐことができると言えよう。ただし、人材確保や人材養成、サービス提供や事業展開にかかわるネットワークの仕組み、あるいは、介護に関わる制度・政策立案などについて、非営利法人相互の（競争的要素を抑制しつつ）共同の取り組みがぜひ必要である。なぜなら、民間資本は、その市場における「競争力」だけではなく、ディレギュレーションという時代の強い風をバックに政府や行政の各種審議機関や政党を通じて、自らに都合のよい「ルール」（法制度や事業環境）をつくることもできるからであり、住民・利用者の立場を組み込んだ非営利法人相互の共同の取り組みを組織することによって、非営利法人は、初めて「対等な競争条件」を確保することができるからである。

（10）松原隆一郎他「特集　日本型雇用が復活する」『中央公論』2006年8月号、中央公論新社、2006年

（11）水野博達「生きてきたようにしか死ねないのか——老後生活の階層化を促進する『介護市場』を問う」『現代の理論』第2巻、明石書店、2005年

（12）大澤真知子著『ワークライフバランス社会へ——個人が主役の働き方』岩波書店、2006年

（13）フィリピンやタイからの介護労働者の受け入れが具体化し始めているが、日本の介護労働力不足をこれらの国からの介護労働者の導入だけに頼って解決できるものではない。杉本章が指摘しているように、基本的には介護労働に対する「正当な評価や処遇」がなされることであり、これは外国人に対しても同様なことである。

（14）ロナルド・ドーア『働くということ——グローバル化と労働の新しい意味』中公新書、2005年
三浦展『下流社会——新たな階層集団の出現』光文社新書、2005年
白川一郎『日本のニート・世界のフリーター——欧米の経験に学ぶ』中公新書、2005年

熊沢誠『若者が働くとき――「使い捨てられ」も「燃えつき」もせず』ミネルヴァ書房、２００６年
三浦展・本田由紀・斎藤環他「特集　若者を蝕む格差社会」『中央公論』２００６年４月号、中央公論新社、２００６年
(15) ロナルド・ドーア『働くということ――グローバル化と労働の新しい意味』中公新書、２００５年、86～88頁
日本では、介護保険導入後５～６年で介護市場の効率化＝柔軟化の限界があらわになり始めたが、イギリスやアメリカではそれほど矛盾が現れていないのはなぜなのか。同書は「介護補助要員のような低賃金の非熟練職の雇用は増えているものの、介護技能の売り手市場を作るほどのスピードでは増えていない（そうした介護の必要を有効需要に転化するには、介護を必要としている人が貧しすぎる一方、供給は「失業した中間層」と移民によって増加しているので）」とすでに階層間格差の大きい社会であり、高齢化のスピードと労働市場全体の状況との関係から説明している（193頁）。
(16) 老人保健福祉法制研究会編『高齢者の尊厳を支える介護』法研、２００２年
「この報告書では、被保険者の範囲をどうするかといったことには一切ふれていません。むしろ制度や財源の問題は新たに設置される社会保障審議会介護保険部会での議論に譲り、……エンジンの問題は介護保険部会で検討し、車体の問題を高齢者介護研究会で検討したということになるでしょう」（412～423頁）と当時老健局長であった中村秀一は述べている。
(17) 泉田照雄他『ユニットケアマニュアル――先進施設に学ぶ環境づくり・寄り添うケア・スーパーバイズ』全国コミュニティライフサポートセンター、２００２年
(18) 水野博達「小規模ケア試行実施の中で――職員の自発性発揮と利用者のエンパワメント」『高齢者ケア実践事例集（改定版）』高齢者ケア実務研究会、第一法規出版、２００５年
(19) 森村修『ケアの倫理』大修館書店、２０００年、87頁
(20) 森村修『ケアの倫理』89～94頁
(21) 多湖光宗監修、幼老統合ケア研究会編『幼老統合ケア――〝高齢者福祉〟と〝子育て〟をつなぐケアの実践と相乗効果』黎明書房、２００６年

(22) イヴァン・イリイチ著、玉野井芳郎他訳『シャドウ・ワーク――生活のあり方を問う』岩波書店、1998年、2~4頁、73~82頁参照

(23) 広井良典「老人・子ども・コミュニティ――『人間の三世代モデル』の視点から」『幼老統合ケア――〝高齢者福祉〟と〝子育て〟をつなぐケアの実践と相乗効果』多湖光宗監修、幼老統合ケア研究会編、黎明書房、2006年、17頁

広井良典著『持続可能な福祉社会――「もうひとつの日本」の構想』ちくま新書、2006年、32~50頁、234~246頁参照

(24) 「互酬的関係」と「共生型の関係」の異同についての補注

「互酬的関係」は、資源の獲得と処分（労働・生産・消費）に関わる人と人の関係のあり方を指示したものである。カール・ポランニーの論考（『人間の経済』岩波書店）に基づいて整理すれば、近代の経済学が「市場＝交換」に労働・生産・消費のあり方を一面化しているが、人間の物的手段をつくるという社会・経済の「実体＝実在的」な側面は、「互酬、再分配、交換」という三つの類型として理解できる。「互酬」は、何らかの見返りや報酬を目的とはせず、その集団・社会の習慣・伝統に従った人間の活動（労働）のあり方で、本来的に人間の自然的、自生的関係性である。「再分配」は、なんらかの社会の中心（権力）に財が移動・集積され、それを社会の各分野・領域に分配される類型をいい、この移動・集積・配分のありようが「収奪」を生み出す。「交換」は、財の取引のパターンであり、最も特徴的な制度は、私有財産と自由契約による近代の「市場」であり、「搾取」や「疎外」が出現する。

「共生型の関係」は、資源の獲得と処分に関わる側面も含んだ人々の社会関係のあり方を指示しようとしたものであり、生命の尊厳をベースに人間存在の多様性、個別性を相互に承認して、差別や不平等を超えようとする人々の自覚的創造的関係性を表記したものである。その意味で自生的に存在できる関係性ではないので、相互承認を巡る対立や分裂を含み得る人々の関係である。

第6章

深刻な介護労働力の欠乏～行き詰まる介護保険制度

◆「尊厳を支える介護」と言うけれど……

はじめに

「家族は愛情、介護はプロに……」

2000年4月から始まる介護保険制度の説明のために制作されたビデオのキャッチコピーである。高齢者介護の問題が深刻化する中で、「介護の社会化」が叫ばれていた。新しい制度へ住民、ことに女性から支持を集めるにはうまく考えられたキャッチコピーだと感心したことを憶えている。1999年の秋、このビデオ・テープと機材を担いで、職場の所在地である大阪市東住吉区内数箇所に赴き説明に回った。この章は、それから約8年半を経た2008年の1月、つまり、介護保険が始まってから8年目を迎えようとしている時期に書いた原稿に手を加えたものである。

「疲れている。先が見えない……」

今、高齢者介護の現場を一言で表現すれば、こんな言葉になってしまう。措置から契約へ、介護の個別化と自立支援・自己決定、多様な供給主体の競争による効率化とサービスの質の向上、地方分権・住民参加……、さまざまなバラ色のキー・ワードに彩られて始まった介護保険は、10年を経ることなく制度の危機的事態を迎えていた。

1　介護の格差が拡大

『中央公論』が2007年8月号で「老後破綻社会――消えた年金、失われる介護」の特集を組んだ。久坂部羊が「介護はすでに死んでいる」というタイトルで、「介護保険を導入した時点で『理想的な介護は死んだ』」と主張した。彼の主張については、すでに他で批判を行ったので、ここでは触れない[(1)]。服部万里子も、同特集に「高齢者に差す格差の影――浮かび上がる介護制度のひずみ」という論考を寄せ、高齢者が受けられる介護の質・量に格差が広がっていることを丁寧に指摘した。

①　介護保険料を払えない層が増加し、低所得者が「介護保険からこぼれ始めている」
②　施設入所の家賃・食事代の自己負担で、「施設を利用できない高齢者が確実に増えている」
③　独居や老夫婦世帯が50％を超え、昼間独居世帯も60％。「介護の社会化」を掲げながらも、家族介護を前提に設計された介護保険制度の矛盾が出てきた。2005年の保険制度改正で、利用抑制が行われ「在宅でサービスを利用しながら暮らすことが困難になってきている」
④　「施設削減やサービス利用の抑制が要介護者やその家族を追いつめ」、自殺や心中は減少せず、「むしろ、家族による虐待が目立ってきた」
⑤　「利用抑制や施設入所のハードルが高くなったこともあり、有料老人ホームや特定施設のニーズが一気に高まり」「介護保険に介護保険外の有料サービスを複合化させる大規模複合ビジネスが介護ビジネスのモデ

ルとなった」

⑥　高額所得者向けのサービス開発の対極に劣悪な無認可施設が増加し、また、人手不足により、正規の高齢施設にもサービスの格差が広がる事態が進行している、と。

服部は、論考の結びで「制度導入から八年目に入った介護保険制度が信頼の危機に直面している」として「広く国民の間で高齢期の介護と負担を考えていこう」と制度の見直しを呼びかけた。住民の側から介護保険と高齢者介護の現状と課題を明らかにした彼女の指摘と呼びかけに、私は、大いに賛同し、賛成することをまず表明しておきたい(2)。

2　社会福祉のフィールドを「市場原理」が蚕食

ここでは、介護サービス事業を経営する立場から、介護保険がはらむ問題・課題を洗い出すことが、私の役目であろう。しかし、介護サービス事業を経営するといっても立場はさまざまである。社会福祉法人や医療法人、あるいは、ＮＰＯや生協や農協などの非営利活動法人もあれば、民間営利法人もある。また、事業の中心が、入所型施設か通所型か、訪問型サービスかなどがあり、すべてを網羅して語ることは困難である。法人の違いやサービス類型によって矛盾や課題の捉え方も一様ではない。だから、ここでは、社会福祉法人で特別養護老人ホームを経営する立場から、私が見たり、感じたり、考えたことを土台に論ずることにする。

介護保険制度が開始される前後から、私が折に触れて感じ続けてきたことは、高齢者介護の問題が、いわば「介護サービス」→「介護ビジネス」の問題へ切り替わり、「社会福祉」の立場がどこかへ押し流され、消し去られていくという危機感であった。

（１）社会福祉法人の変質と内的瓦解の危機

２０００年前後、老人福祉施設連盟の各種大会や研修会などでは、「措置から契約」による「選ばれるサービス」が強調された。利用者の選択によって選ばれること、そのためのサービス内容の「差別化」（何を大切な要素として重視するのかという各法人の価値観に基づくもの）は、まだよかった。勢い余って「措置から契約」による「勝ち組と負け組」へのサバイバル競争時代への突入が声高に煽られ、それが「改革」であるかのように語られる異常な光景も出現した。長い措置制度のなかで、事業の経営責任と能力、介護や援助の中身を自立的に改革する力を蓄えてこなかった社会福祉法人の戸惑いと焦りの表れであるともいえるが、その後、次のような傾向が強まったことが反省させられる。

措置時代における利用者との関係につきまとったパターナリズムや恩恵的姿勢の改善は当然求められるべきものであった。しかし、この改善の方法論をわれわれは、「社会福祉」の立場に立って、介護の個別化や個別支援の論理などから十分に展開することができなかった[(3)]。結果として、利用者との関係をＣＳ（顧客満足）というアメリカ生まれの経営理論で説明し、ホテルマンやスチュワーデスの接遇がお手本とされたのである。

利用者の呼称では、「○○さん」ではなく「○○様」であり、「ご利用者さま、お客様」という用語が一般化しつつある。介護の現場で使い慣れない敬語や丁寧語の使用が、どこからともなく求められるようにもなった。この呼称や言葉使いの変化の背後には、介護する者と介護される者の共同の営みとしての介護観ではなく、介護される者をサービスの「消費者」として見なす顧客観がある。すなわち、利用者にとってより良いサービスの創造をするための当事者および住民との協同した努力（ある種の競争）が、一般市場における生産者（おくり手）と消費者（受け手）との需給関係の中で展開される「ビジネスモデルの競争」へと無自覚・無批判に横滑りさせられた結果もある。

この介護観の変質は、介護の社会化や介護の専門性を考えていく上で大きな障害となることが予測されたが、こうなれば、いかに効率よくサービスを提供し、利益を上げるかという競争へと転化する。家庭に問題を抱えるなどで手間のかかるケースや経済的に問題のある顧客は避け、利益の上げやすい客層を効率よくすくい上げる経営手法が社会福祉法人にも忍び寄ることになる。この結果、非営利、営利の垣根を越えた介護事業の「サバイバル競争」として、所得の高い層を標的にしたサービス展開と開発が必然化し、その対極で、介護サービスからこぼれ落ちる層が産み落とされることになった。

いわゆる「困難ケース」には、「ベッドが空いていない」等の口実でお断りし、他の施設に上手にタライ回しにできる相談員・職員が評価される風潮も生まれる。また、管理の側にいる職員の意識には、収益第一で、直接収入にならない社会的貢献の活動を忌避したり、抑制したりする気持ちが少しずつ蓄積されていくことにもなる。手間のかかるケースや経済的に問題のある者を避けることは、実は、これまで施設を改革する手法だった「施設を地域に開く」中味が、地域の美味しいニーズだけをすくい採るマーケティングの手法へと変換されることになる。大都市圏では、地域住民のトータルな well-being を図る「地域福祉」が省みられなくなる傾向と諸条件が昂進してきていると感じたのである。

（2）「傍観役」へと位置・役割を後退させる行政

介護をめぐる民間・地域・行政の位置関係を、東京都社会福祉審議会の「利用者本位の福祉の実現に向けて―福祉人材の育成のあり方」（2007年8月）では、

・創意工夫と競い合いの「民間の力」
・共に支え合う「地域の力」
・指導監督や政策形成等を担う「行政の力」

以上三つの力の「ベストミックス」で、行政の機能は「レフリー」役だとした。行政は、民間の競争による「市場」の監視・調整と地域の相互扶助力の誘導といういわば「市場調整役」の位置に後退しているのである。これは、もちろん東京都だけの特殊な考え方ではない。介護保険制度の中で、行政の位置取りとして、ほぼ共通に理解されている考え方である。ここでは、（地方）政府が持つ重大なセーフティネット機能の「プレイヤー」としての役割が消し去られている。

具体的に、高齢者虐待のある事例で検証してみよう。

入院した高齢女性f―1を診察した医師からの通告に基づき区の地域包括支援センターで区健康福祉課職員も参加したカンファレンスが持たれ、親子の分離が必要な虐待であると判定がなされた。区の要請でK特養ホームが措置入所で受け入れることになった。息子m―1は、隣の区に在住する生保世帯。f―1はH区在住の生保の単身世帯。m―1は、普段、母親f―1の世話はせず、金に困ると母親から金銭をむしり取りに来ていたこともわかってきた。そこで、K施設から、区健康福祉課に、親子関係の調整（ことに金銭トラブルと健康管理面）を図るために生保担当ワーカーとのケース検討の開催を要請した。ところが、担当ワーカーから直接施設に電話があり、連携を拒否してきた。「f―1の措置は健康福祉課で決めたことで、生保担当のあずかり知らぬこと。また、m―1の担当は隣の区で、息子のことまで責任はもてない」というのが理由のようであった。施設として「措置決定は市長の権限でなされたもので、市として部署や区を越えて措置決定の趣旨を実現するために相互の連携と責任分担が必要ではないか」と区とやり取りを行う。すると、当該ワーカーの上司が「息子を説得した。母親の介護については施設に文句はいわないと約束させた。措置ではなく契約で入所させて欲しい」と見当違いなことを頼みにくるなど一連のやり取りの後、H区健康福祉課より「措置決定は取り消します」との連絡が入った。取り消しの理由や、f―1とm―1がどうなったか、その後何も説明は受けていない。

この状況で、もし特養に入所したとしても、f—1の生活の安寧は確保されなかったであろう。制度化され、個人別に提供される個々のサービスの寄せ集めだけでは、生き難さを抱えた人々の自立生活を支えることは難しい。人々のベーシックなセーフティネットの役割を行政が負わないとき、権限や資源を持ち合わせない社会福祉法人や介護事業所は、途方に暮れてしまうのである。

（3）社会福祉サービスの「普遍化」の落とし穴

社会福祉基礎構造改革の論議で社会福祉の普遍化が語られ、この考え方により介護保険制度は設計された。社会福祉は、限られた特別な階層・集団に対してではなく、広く一般の誰に対しても提供されることが必要だというわけである。また、施設から在宅重視への転換が図られた。そのこと自体に異をとなえるつもりはない。しかし、広く「普通の人々」を対象にするということは、結果として、上層でも下層でもなく中位の層、つまり、中産階層の生活に対応した制度となるのだということを思い知らされる。

居宅での生活を継続するために、デイサービスやホームヘルプ等のサービスを利用しながら計画的に特養ホームのショートステイを利用する場合を考えてみる。このような計画的に在宅生活を継続するには、高齢者の心身の状態もあるが、家庭環境の安定性が条件となる。各高齢者が保有する在宅での〈被介護力〉、すなわち、居宅で生活をする力は、住宅事情、家族関係、そして介護の知識やサービスへのアクセスの能力などに規定される。低所得者層は、これらの条件・力は相対的に低い。現実の社会では、計画的で安定的な在宅生活は、ケアマネージャの相談・援助があっても、誰にでも、どの階層にでも可能なことではない。

施設への入所ニーズは、在宅生活が困難になった時であり、要介護度の高さではない。ところが、要介護度が低くても在宅生活の継続が困難になる階層の利害は・事情は、各保険者が定めた入所判定基準（大阪市の基準は単身や高齢者、障害者世帯に対して比較的配慮をしているが）という「公準」によって考慮の埒外とされるのである。(4)

さらにまた、特養ホームが、在宅生活が困難になった高齢者にとってセーフティネットであるべきなのに、2005年より、食事代やホテルコスト（家賃）の自己負担によって、低所得者層の特養ホーム入所を阻む結果を生んでいる。しかも、もともと、従来の特養では病状などによる処遇上の必要を考えて設置・整備された一人部屋と多床室の相違がホテルコストの金額の相違となった。このため、多床室が空いていないと、高い個室費用の支払いが必要なので、ショートステイの利用をあきらめる利用者も現れてくる。

また、生活保護世帯は原則として一人部屋の利用は「公平性に反する」という奇妙な論理によって利用から排除されてもいる。これまでも「多床室は人権侵害」とまでいわれ、国は、個室・ユニット新型特養ホームの整備を推進してきたのに、生活保護世帯には個室の利用を禁止している。特養の多床室の多くが4人部屋であることから言えば、「生保世帯は4分の1の人権が相当」と国が認定していることを意味するのだ。

大阪市では、単身で低所得の高齢者が多い。それに、施設の立地条件等によって個室・ユニット新型特養ホームの建設・整備には難点が多い。生保世帯や多くの高齢者を施設入所から排除する結果になりかねないからである。日本国内のすべての住民に、基本的人権の一つとして、住宅権（住宅の現物、あるいは住宅手当の支給）を保障・整備することをしないで介護保険においてホテルコストを徴収したことの中に、日本の社会福祉における「普遍性」の実態を、すなわち、その差別性・階級性を私は見るのである。

3　介護報酬の削減と深刻な介護労働力の欠乏

介護労働力の欠乏の深刻さは、市場原理を取り入れた介護保険の矛盾の表出である。しかしまた、労働力は、市場では解決できない存在であることも示したのである。

（１）介護労働への誇りをかけたケアの改革の取り組み

第2節の（１）で社会福祉法人の変質について述べた。言うまでもなく、すべての法人がそうなっているわけではない。２０００年以降、介護事業にどのような重圧がかかり、その結果どのような変質が典型的に起こったかを省みるための作業であった。現に、大阪市老人介護福祉施設連盟のもとでは、ケアの改革に向けた取り組みが行われてきたのである。

２００３年5月に結成された「大阪市小規模ケア研究会」は、その端的な例である。研究会では、流れ作業のように行われる施設の「集団一括処遇」という従来のケアのあり方を改革し、ケアの単位を小規模化・グループ化して「寄り添う介護」の実現を図り、地域に施設とケアを開いていく等の実践的研究・交流を進め、高齢者の尊厳を支える介護を目指した[(5)]。こうした高齢者の尊厳を支え、自らの職業への誇りを育てて介護労働の社会的価値の認知を勝ち取っていこうとする営為は、しかし、ケアの改革に必要なわずかな人員増の予算捻出ですら経営の壁にぶつかり、２００６年以降、全般的な人手不足は、研究会・研修会へ職員を派遣する職場の余裕をも奪ってきたのである。

（２）大阪でも介護労働力の不足時代へ

２００５年春には、介護労働力不足が、まず東京都で現われ、大阪でも、２００５年9月以降、徐々に顕在化した。「大阪府下の介護関連職業求人倍率」（大阪労働局職業安定部データ）では、２００５年9月で全職種の求人倍率は1・01倍、介護関連は、１・83（非パート1、パート3・89）で、２００６年1月で全職種1・15、介護関連は2・33（非パート1・33、パート4・9）となり、以降、介護関連では、２００６年4月で1・83（非パート

1・07、パート3・7）、6月で1・94（非パート1・26、パート3・42）、9月で2・19（非パート1・35、パート4・18）、12月で2・83（非パート1・8、パート5・26）、2007年3月で全職種1・3、介護関連は2・6（非パート1・6、パート5・27）と求人倍率は高い数値を維持している。

介護労働者の求人倍率で特徴的なことは、パート労働者の求人倍率が非パートに比して3〜4倍高いことである（全職種では、2005年9月では、非パート0・92、パート1・34、2006年4月で、非パート0・97、パート1・52、2007年4月で、非パート1・06、パート1・57）。これは、2000年以降、とりわけ2003年の介護報酬削減以降、介護事業者が、コストダウンの手法として非正規職員の比率を高める「パート戦略」を採ってきた結果である。しかし、求人倍率の数値は、そのパート戦略の破綻を告げている。介護職は募集しても来なくなったのである。[(6)]

㈶介護労働安定センターの全国調査（2007年版）によれば、介護労働者の離職率は、21・7％（全産業平均17・5％）と高い。しかも、その80％が3年以内の離職である。問題は、事業所の66・1％が、職員の「定着率は低くない」と答えていることである。ちなみに2006年調査で、介護労働者の所定内賃金の平均は21・38万円で、全産業平均が33・08万円、サービス業で26・34万円である。介護労働者の業種では、2005年調査で、訪問介護が18・5万円、認知症対応型共同生活介護（グループホーム）が17・5万円、介護老人福祉施設（特養ホーム）が23・4万円、介護老人保健施設が20・8万円、介護療養型医療施設が19・4万円である[(7)]（厚生労働省の「賃金構造基本統計調査」）。

こうして見ると、ことは重大である。介護事業所では、人件費を安く抑えるために非正規職員のみならず正規職員も流動化させる労務管理が意識的か無意識的かは別にとられている。これに景気の浮揚が重なれば、「労働者の使い捨て」をする介護の仕事は若者からだけでなく、どの年齢層からも忌避されるのは当然といえる。

（３）人々の尊厳を担保できない厚労省の介護人材政策

厚労省の２００５年介護保険法改正の中心的テーマは、制度の持続をどう担保するかであった。予測以上に早いテンポで伸びる介護需要を抑制して、効率的重点的な介護サービスの供給に再編すること、いわば財政問題――保険財源という「肉体」に合わせて新しく縫い上げた「衣」を着せ替えて制度の辻褄合わせをしたのである。介護労働力の課題は、そこでは自覚されていたとは考えられない。

この延長線上に、厚労省は、介護の専門性を高め、介護サービスの質の向上を図るとして、介護福祉士等の資格要件のハードルを高める改正法案を２００７年春に策定し、今国会で通過させた。また、２００７年８月に「福祉人材確保新指針」を告示した。この介護福祉士等に関わる「改正法」と「新指針」の整合性は全く不十分である[(8)]。

「介護サービス施設・事業所」（厚生労働省大臣官房統計情報部）が推計した介護職員数は、実人数ベースで、２００４年では、１００・２万人（施設：29・８万人、在宅：70・４万人）であった。これが、２００８年には１２７・１万人～１１６・４万人、２０１１年には１３２・０万人～１２９・１万人、２０１４年には１４６・６万人～１３８・１万人が必要と推計している（各年の最大値は介護予防の効果がなかった場合に必要となる職員数、最小値は75歳以上の後期高齢者の介護に必要な数）。

いずれの推計でも２０１４年には約１４０～１５０万人が必要で、２００４年から10年間で毎年平均４・０～５・５万人程度の増加が必要である。それは、少子高齢化の中で従来、全労働力の１％か１・５％を占めれば足りたが、今後、３％～３・５％ぐらいの人材を引き寄せることが必要という驚愕すべき数値となる。しかも、介護労働者の離職率は20％を毎年超えている中で、毎年必要な増加分を吸収していくことは至難の技といえる。

すでに、訪問介護サービスでは、ヘルパーの不足によって、サービスを提供できない事態も起こっている。施設では、人手不足の結果、夜勤回数の増加等介護現場の責任者・リーダー層への労働加重がのしかかっている。

「疲れて、先が見えない……」という重苦しい雰囲気が介護現場を覆いつつある。

おわりに

高齢者の介護は、人間の尊厳を支えること――どのように人生の最後を過ごし、死を迎えるか――である。高度経済成長が終焉し、少子高齢社会が訪れることによって、介護の問題は単位家族のなかでは解決不能となり、社会問題と化した。日本では公的介護保険制度によって社会的に解決する方向を取ってきた。しかし、今、介護労働力の欠乏によって社会的解決力に赤信号がともった。それは、単に、高齢者だけの問題ではなく、尊厳を支える社会的力の崩壊を意味する。

地方分権・住民自治の試金石といわれた介護保険であるが、国主導の制度運営による度々の変更により、制度は複雑さ煩雑さを増し――サービスコードの急増と複雑さ、事業の設置基準や報酬の改訂、求められる大量の記録・書類――利用者、市民はもとより、介護事業者と現場、地方自治体行政は、制度の変更に追い回されるばかりである。結果として、自治の主体である市民と介護保険に責任を持つべき地方自治のイニシアチブは全く発揮しようがない事態が続いてきた。改めて、保険者である地方公共団体は、自治の主体である市民と利害関係者である社会福祉法人や事業者と議論を闘わすことが求められている。

【注】

（1）水野博達「『介護はすでに死んでいる』のか」『現代の理論』２００７年秋号（vol.13）、明石書店、２００７年

（2）筆者は、介護サービスの市場化による格差化などの批判・検討を以下の論考で行ってきた。

「２０００年をどう迎えるか――気になる『措置➡保険制度のエア・ポケット』」『大阪市社会福祉研究』第21号、大阪市社会福祉研修センター、１９９８年
「２０００年４月が過ぎて……『介護の社会化』とは『市場』での自由のことか？」『大阪市社会福祉研究』第23号、大阪市社会福祉研修センター、２００５年
「生きてきたようにしか死ねないのか？――老後生活の階層化を促進する『介護市場』を問う」『現代の理論』２００５新春号（vol.2）、明石書店、２００５年
（3）時岡誠吾、澤田照葉、中山泰志「個別援助の視点から『言葉かけを見直す』」『大阪市社会福祉研究』第29号、大阪市社会福祉研修・情報センター、２００６年
（4）水野博達「財政事情優先で進む『市場主義』と『特養ホーム解体』の流れ」『市政研究』03春季号（第139号）、大阪市政調査会、２００３年、117〜119頁参照。
（5）水野博達「第３回大阪市小規模ケア研究大会を終えて」『市政研究』06春季号（第151号）、大阪市政調査会、２００６年
（6）水野博達「介護の革命の第２段階を目指す改革試案――欠乏する介護労働力に悩み揺れる現場から」『共生社会研究』№２、大阪市立大学共生社会研究会、２００７年で介護労働市場を詳しく論じた。
（7）現在の介護報酬積算の根拠は合理的でない。必要な費用、とりわけ人件費などから積み上げた積算方式ではなく、各サービス類型の利益率を重要な指標として利用している。これでは、人件費を圧縮して収益が出ると、介護報酬の削減の根拠となってしまう。積算の根拠を明確にすることとともに、労働分配率をガイドラインとして示すことが必要である。
（8）水野博達「重大な問題はらむ介護労働者の資格と人材確保指針の変更――労働力人口の３〜３・５％が必要な介護労働力の現実の中で」『共生社会研究』№３、大阪市立大学共生社会研究会、２００８年

第4部　欠乏する介護の担い手を巡って

第7章

重大な問題をはらむ介護の資格と人材確保指針の変更

◆労働力人口の3〜3・5％が必要な介護労働力の現実の中で

はじめに

第3部第5章で「介護の革命第二段階」の試みについて提起した。介護労働力不足時代の到来という事態をもテコに、〈介護する者〉と〈介護される者〉の閉じた二者関係を開いていく介護のあり方を創造・発展させ、地域生活・コミュニティを効率優先の市場原理を超えていく人々の関係へと組み替えていくこと。すなわち、労働を通じて人々の関係を共生型に変えていく力を創造していく永続的な営為を築いていくことを提起した。[(1)] この問題意識からすると、この間の国といくつかの地方政府によって検討され実施されようとしている福祉・介護の人材養成、育成及び確保にかかわる政策や方針については、多くの問題をはらんでいると考える。

また、前述の論考では、介護労働力不足に対する福祉関係者の関心の薄さについても述べたが、その後の1年で、事態は大きく変化した。福祉・介護サービスの人材をどう確保するかが、さまざまなレベルで議論されるようになった。この章は、こうした状況の変化を踏まえ、先の問題意識から、改めて介護労働問題について検討した。

２００５年以降、国や地方において検討されてきたテーマは、①福祉・介護の専門性をどう高めるかという〈人材の養成〉と、②〈人材の確保〉をどう進めるかに分けることができる。

①の〈人材の養成〉のテーマに対する国の動きは、１９８７年5月に成立・公布された「社会福祉士及び介護福祉士法」等を改正するため、２００７年春の通常国会に提出された「社会福祉士及び介護福祉士法等の一部を改正する法律案」（以下「法案」と略す）の策定である。②の〈人材の確保〉は、２００７年7月26日に社会保障審議会福祉部会（岩田正美会長）で了承され、２００７年8月28日に告示された「社会福祉事業に従事する者の確保を図るための措置に関する基本的な指針」（以下「国・新指針」と略す）の策定である。また、東京都社会福祉審議会（三浦文夫委員長）が２００７年8月に「利用者本位の福祉の実現に向けて――福祉人材の育成のあり方」（以下「都・意見具申」と略す）を意見具申した。これは、国の二つの動きをみながら、東京都の立場で対応しようとしたものである。

この章では、上記三つの「法案」、「国・新指針」及び「都・意見具申」を中心に介護労働問題を検討した[(2)]。なお、ここでは、社会福祉士の問題については触れていない。

1　介護業務の国家資格を介護福祉士一元化へ

本「法案」は、２００７年春の通常国会に上程されたが国会の会期切れにより、秋の国会で継続となったものである。

「法案」策定の源流は、団塊の世代が介護保険のサービス受給対象となる２０１５年までに利用者のニーズに応えるサービス態勢の整備が必要であるとした「２０１５年の高齢者介護―高齢者の尊厳を支えるケアの確立に向けて」(高齢者介護研究会・堀田力座長、2003年6月)の報告にある。そして、2005年の介護保険法改正案の国会審議において行われた付帯決議「介護に携わる人材の専門性の確立を重視する視点から、研修体系や資格のあり方の見直しを図ること」(衆議院付帯決議)、「介護労働の魅力を高め、優秀な人材を介護の職場に確保していくため、介護労働者の雇用管理や労働条件の改善、研修体系や資格のあり方の見直しに取組むこと」(参議院付帯決議)などからも検討が求められていたもので、介護福祉士には、専門性と資質の向上を、社会福祉士には、実践力の向上を求めたものであった。

介護福祉士養成の見直しでは、現行1650時間の履修課程の内容を抜本的に見直し1800時間に拡大して「人間と社会」「こころとからだのしくみ」「介護技術・実習」を履修し「高い倫理性の涵養」と「エビデンスに基づくケア」による「尊厳を支えるケア」を実現できる「基礎的な能力」をつけさせるとしている。

「法案」策定において最も重要な点は、「国家資格である介護福祉士を標準任用資格とする」としていることである。現在の介護福祉士という国家資格は、「名称独占」であって、介護サービスにおける介護福祉士の占める割合は、施設では約40％、在宅では約20％である。医療分野では、ケアの業務を国家資格の看護師が排他的に独占しているが、介護福祉士の専門性を高めて福祉・介護サービス分野におけるケア業務において、将来、介護福祉士に「業務独占」させる方向が構想されているとも言える。ただ、今回の「法案」策定が、ドイツの「老人介護士」から「高齢者看護師」への移行により高齢者介護サービスの質の向上と介護職不足及び処遇の改善を狙った「高齢者看護の職業に関する法律」制定の経験を下敷きにしたものであるとするなら、この「法案」の最終ゴールは、介護福祉士と看護師との合流、あるいは准看護師との合流であり、75歳以上の後期高齢者に対する医療保険と介護保険の統合に向けた狙いが込められているとも言える。[(3)]

第5章において検討してきたが、現在、介護サービスを担う資格としてホームヘルパー2級、1級と介護福祉士という二つの資格の系があり、介護労働市場も、ホームヘルパー有資格者中心(その多くは40歳〜59歳の女性の短時間労働者）の「訪問介護」と、介護福祉士の有資格者、あるいは実務経験３年を経て国家試験により資格取得を目指している20代〜30代の女性を中心とする「施設」の二つの市場が形成されている。[4] したがって、ホームヘルパー２級、１級資格を介護福祉士へ一元化することは、この二つの群によって構成されている介護労働市場を一つに再編することになる。すると、養成学校を通らず実務経験３年を経て介護福祉士の国家試験を受験してきた多様な経歴を持つ層（ホームヘルパー有資格者を含め）の資格取得は、新たに５００時間の養成課程が課せられることになる。今以上に資格取得に費用と時間がかかり、ハードルが高くなれば介護の仕事への吸引力は落ちることが必至である。介護人材の資質の向上に向けた「法案」の〈人材の養成〉施策は、現状では〈人材の確保〉と対立・矛盾することになる。

ところで、この「法案」の国会提出段階で、フィリピンとの経済連携協定との関係などを理由に「准介護福祉士」資格が急遽盛り込まれた。国会内外で、「資格ルートの一本化によって介護福祉士のレベルアップを図っていく法改正の趣旨に反する」などと各方面から准介護福祉士に反対する意見が噴出した。[5] しかし、将来にわたっていかなる福祉・介護の人材が求められているか、その人材の確保との関係はどうかといった肝心な点は国会でも論議はされ尽くしたとは言いがたいのである。

2　〈人材の確保〉の検討

一方の〈人材の確保〉である。「国・新指針」の概要は【表７―１】の「介護人材確保指針の改定ポイント」のとおりである。

介護職員の離職率は20％を超え、その離職者の80％が就労３年以内の離職である。大阪府下の介護関連職業求人倍率（大阪労働局職業安定部データ）では、２００６年４月で１・83（非パート１・07、パート３・７）、６月で

表7-1　介護人材確保指針の改定ポイント

労働環境の整備	【給与】 ・キャリアと能力に見合う給与体系の構築を図るとともに、適切な給与水準を確保すること（経営者・関係団体） ・従事者に対する事業収入の適切な配分に努めること（経営者、関係団体） ・その分配の状況を把握し、福祉・介護サービス分野における経営者の全般的な状況や個別の優良事例などを公表すること（国、地方公共団体） 【介護報酬などの設定】 ・国民の負担している保険料などの水準にも留意しながら、適切な水準の介護報酬などを設定すること（国、地方公共団体） ・介護福祉士、社会福祉士などの専門性の高い人材を配置した場合の介護報酬などによる評価のあり方について検討すること（国、地方公共団体） 【職員配置】 ・従事者の労働の負担を考慮し、また、一定の質のサービスを確保する観点から、職員配置のあり方にかかる基準などについて検討を行うこと（国） 【新たな経営モデルの構築】 ・小規模かつ脆弱な経営基盤からの脱却を図るため、複数の福祉・介護サービスの実施または従事者の共同採用や人事交流、資材の共同購入、施設の共同使用など経営者間のネットワークの構築を進めること　（経営者、地方公共団体）
キャリアアップの仕組み	・有資格者のキャリアを考慮した施設長や生活相談員などの資格要件の見直しや、社会福祉主事から社会福祉士へのキャリアアップの仕組みなどのキャリアパスを構築すること（経営者、関係団体、国、地方公共団体）
福祉・介護サービスの周知・理解	・教育機関が生徒に対してボランティア体験の機会を提供するなど。福祉・介護サービスの意義や重要性の理解と体験ができるように働きかけること（経営者、関係団体、国、地方公共団体） ・福祉・介護サービス分野への就業を目指す実習生を積極的に受入れ、実習の受け入れ体制を確保すること（経営者、関係団体、国、地方公共団体）
潜在的有資格者の参入促進	・就業の現状や離職の理由などの実態を把握すること（関係団体など） ・就職説明会、無料職業紹介、再教育などに取り組むこと（福祉人材センター、福祉人材バンク、その他の関係団体、国）
多様な人材の参入参加の促進	・高齢者に対する研修、障害者に対する就労支援を通して福祉・介護サービス分野への参入・参画を促すこと（経営者、関係団体、国、地方公共団体）

出典：「福祉新聞」第2354号（2007年9月3日号）
注：（　　）内は実施すべき主体

１・94（非パート１・26、パート３・42）、９月で２・19（非パート１・35、パート４・18）、12月で２・83（非パート１・８、パート５・26）、２００７年３月で２・６（非パート１・６、パート５・27）と求人倍率は都市部では高い数値を維持してきた。こうしたもとで検討された「国・新指針」は、㈶介護労働安定センターや大阪府福祉人材センターの調査結果や２００７年５月に東京都が、「介護報酬における地域差の調整方法の見直し」を厚労省に求めた動きなど、そして、審議会での厳しい論議と寄せられたパブリックコメントを一定に反映したものである[(6)]。しかし、就職期の若年層からは忌避され、生涯働き続けるには値しない分野と見なされ始めた状況を変えるに十分な内容を持った指針であるか、策定課程の論議を含めて問題点を探ってみる。

第一は、この「国・新指針」が、社会福祉法第89条に基づいている点である。法第89条は「厚生労働大臣は、社会福祉事業が適正におこなわれることを確保するため、社会福祉事業に従事する者の確保及び国民の社会福祉に関する活動への参加の促進を図るための措置に関する基本的な指針を定めなければならない」とし、国、地方公共団体、社会福祉事業者、同関係団体などへの施策・指導がなされることになっている。今回の「国・新指針」では、「介護保険制度においては、社会福祉事業には該当しない居宅介護支援や訪問リハビリテーション、特定施設入居者生活介護等が位置づけられるなど、社会福祉事業と密接に関連する領域が拡大しており、これらの事業は社会福祉事業と不可分に運営されていることから、社会福祉事業とこれらの事業を合わせて『福祉・介護サービス』と総称し、一体的な人材の確保に努めることが重要である」とした。

これに対して、鶴直明委員（日本経済団体連合会）は、２００７年７月４日の審議会で「法律に基づかずに新たな事業者を本指針の対象とすることは、本来控えるべきではないでしょうか……民間の事業者であれば、経営形態の選択、人材の確保、定着、育成、管理等、経営の根幹に関わる部分については、自己責任で判断し選択するものであります」と、民間事業者には、この指針は「自主的判断の参考とするにとどまることを明記すべき」と主張した。

高齢者介護事業所の数では、「民間企業（個人経営・会社等）」が44・7％、社協以外の「社会福祉法人」が19％、「医療法人」が13・1％という現実がある（㈶介護労働安定センターの「2006年度介護労働実態調査」）。

この現実のなかで鶴委員が言うように、民間企業は、この「国・新指針」に縛られず自己責任で事業展開をするということは、何を意味するか。

【表7—2】の「法人別・サービス別入職率、離職率」の数値では、民間企業は、毎年多数の職員を採用し、その半分以上の数の職員を離職させていることがわかる。また、サービスの種類別で見ても、民間企業の多くが参入したサービス種類の「認知症対応型共同生活介護＝グループホーム」や「特定施設入所者生活介護＝有料老人ホーム」の離職率が高い。

さらに、2005年の厚生労働省の「賃金構造基本統計調査」では、介護職員の平均給与額は、20・8万円で、訪問介護が18・5万円、認知症対応型共同生活介護（グループホーム）が17・5万円、介護老人福祉施設（特

表7-2　法人別・サービス別入職率、離職率

（法人格別）	入職率	離職率
社会福祉協議会	24.7%	14.0%
上記以外の社会福祉法人	31.2%	21.9%
医療法人	33.4%	22.2%
社団・財団	15.3%	11.1%
協同組合（農協・生協）	26.7%	25.0%
民間企業（営利法人）	52.5%	33.3%
NPO（非営利法人）	40.3%	25.5%
その他	21.4%	13.0%
（主なサービスの種類）	入職率	離職率
訪問介護	27.4%	20.5%
訪問入浴	15.5%	6.9%
訪問看護	34.9%	16.6%
通所介護	43.3%	26.1%
通所リハビリテーション	47.3%	27.0%
短期入所生活介護	60.0%	10.0%
認知症対応型共同生活介護	42.7%	32.1%
特定施設入所者生活介護	48.1%	38.4%
福祉用具の貸与・販売	28.2%	15.8%
介護老人福祉施設	32.4%	22.8%
介護老人保健施設	32.9%	22.7%
介護療養型医療施設	27.0%	21.0%

【入職・離職率】2004年10月31日の従業員数に対するその後1年間の入職者（＝採用者）数、同離職者の比率。
（正社員、非正社員の合計統計）
（出典）介護労働安定センター（2006年6月）

養ホーム）が23・４万円、介護老人保健施設が20・８万円、介護療養型医療施設が19・４万円である。グループホームの介護職員の年齢構成が比較的若いということもあるが、一番安い賃金で働いているのである。

こうした、いわば「介護労働者の使い捨て状態」の防止を「各企業の自己責任に任せる」という鶴委員の主張は、介護労働が社会的に価値ある仕事として認知されていくための共同の連帯責任を民間企業は負う義務はないと言っていることになる。コムスンの事業指定取り消しに見るように、各企業のコンプライアンス（法令順守）自体が、揺らいでいるもとでは、「各企業の自己責任で」の主張は通用しない言論と言えよう。(7)

いずれにしても、公的介護保険制度に市場原理を導入したことと関わって、「国・新指針」の運用過程で、〈社会福祉事業〉と〈福祉・介護サービス事業〉、あるいは〈社会福祉法人・非営利法人〉と〈営利法人〉という事業と法人の相違による対立・矛盾がさまざまな場面で頭をもたげるであろう。

第二は、第一のことと関連して「介護サービス市場」の性格と介護労働力の現状及び未来についてどう考えるかの議論である。

駒村康平委員（慶応義塾大経済学部教授）は、２００７年5月30日につづいて7月4日の審議会でも、この問題について発言している。要約すると、少子高齢社会にあって介護労働力は、従来の全労働力の１％か１・５％を占めれば足りたが、今後、３％～３・５％ぐらい引き寄せる必要があり、これは景気動向を含めた労働市場に任せていては実現できない。介護サービスの市場は「擬似的市場」で、マーケットメカニズムが働かないので「国・新指針」は、公費が入る分野全部にかかわることが必要。「やはり労働状況に対する一定の指針」が必要ということで、鶴委員の意見と正反対の主張である。

堀田力委員（さわやか福祉財団）も「これだけ急激に増える分野というのは、よほど特別な対策を取らないととても対応できない。言ってみれば非常事態」「良好な労働環境の整備」の絶対的な要件は給与。「労働法規の遵守の中では労働時間が一番」と主張した。審議会では、国家公務員の賃金をモデルにした福祉・介護職員のモデル賃金体系をガイドラインとして示すべきだという議論もなされた。それは、介護保険制度の導入以降、社会福祉法人は「民間給与改善費」の支給等による賃金・労働条件の規制がなくなり、パート・非正規労働者の導入など、民間企業にならった経営の合理化・効率化を進めた結果、介護労働分野全体の賃金・労働条件の低下が進んだからである[(8)]。

ところで、日本の医療分野も公的な医療保険制度のもとで、診療報酬などが国によって決定される「擬似的市場」である。１９７４年に、劣悪な看護師の賃金・労働条件を改善するために診療報酬が上乗せされたことがあった。公立病院は、看護師の給与改善原資に回したが、多くの民間医療法人では処遇の改善に回さず「上乗せ分は、院長や理事長の乗るベンツに化けた」と揶揄されるようなことも起こった。こうした事態を防ぐために、国は、介護報酬の積算根拠とともに、各介護サービスの類型と地域事情を勘案した標準的な労働分配率をガイドラインとして示すべきであろう[(9)]。また、各法人も、職員の賃金・労働条件、労働分配率（あるいは、人件比率）等を情報公開し、福祉・介護サービスの提供者にふさわしい経営努力と職員の処遇改善を行い、社会的な信頼を醸成する「仕組み」を創り上げることが必要である。

第三に、「国・新指針」で「新しい福祉・介護サービスの経営モデルの構築」の必要性を述べている点を検討する。

介護職員の離職防止と定着促進のためには「労働環境の整備」が必要であるが、経営規模が小さいと研修や教育の機会が十分保障できず、人事の停滞も起こりやすい。新しいケアやサービスの開発の条件も整いにくい。そこで、「多数を占める小規模かつ脆弱な経営基盤からの脱却を図るため、複数の福祉・介護サービスの実施又は従事者の共同採用や人事交流、資材の共同購入、設備の共同利用など、法人間ネットワークの構築を進めること等により、経営基盤を強化すること」等と法人間やサービス事業所間の共同した「新しい福祉・介護サービスの経営モデルの構築」の必要性を述べている。

介護労働安定センターの２００６年度の「介護労働実態調査」によれば、「早期退職の防止・定着促進のための方策（複数回答）」について、「職場内の交流を深めコミュニケーションの円滑化をはかる」が58・１％と第一であり、順次、「労働時間の希望を聞く」43・４％、「職場環境を整える」42・１％、「仕事内容の希望を聞く」31・２％、「賃金・労働時間等の労働条件を改善する」26・３％で、「能力開発の充実を図る」は23・５％で、「能力開発の充実」は、やっと6位に登場するのである。また「人材確保のための取組み状況」では、「就職希望者の情報がより早く得られるように職員や知人に声がけをする」の50・３％がトップで、次いで「採用時に労働日数・時間の希望をできるだけ聞き入れている」42・０％、「福祉専門学校等教育機関との連携を強めている」22・５％で、その他に「資格取得への援助」などが上げられている。

この二つのデータから、福祉・介護の人材確保と育成は、今日、各法人の努力を超えた課題ともなっており、個別法人の利害を超えた共同の取り組みが必要であるという認識が十分育っていないことなど憂慮すべき現状が透けて見える。

社会福祉法人や福祉・介護サービス事業者による協同の取り組みがなされなければ、「競争の論理」のみが全面展開する。結果として、「小規模経営＝非効率」というアプリオリな論理によって、あたかも合併が、効率化やサービス向上などの課題解決に最も有効な方策だとして、国や民間大資本のイニシアチブのもとで社会福祉法人をはじめ民間の事業所の吸収・合併の動きが正当化され、促進されることになるであろう。コミュニティビジネスとして奮闘している特定非営利活動法人等の小規模経営体の活動を圧迫していく事態も予測される。[(10)] しかし、いずれにしてもコミュニティとの結びつきや他の事業体との共同の取り組みによる新しいサービスモデルと経営モデルの構築が求められていることは事実であり、「競争の論理」を超える共同・協働の関係への自覚的努力が必要である。

第四に、「離職者等の再就労の促進」についてである。

介護福祉士資格取得者は２００４年９月現在で、約41万人である。介護保険事業に従事する介護職員は約１００万人で、その内、介護福祉士は約22万人、介護保険事業外の事業に従事している介護福祉士は約９０００人、「潜在的介護福祉士」（資格を持ちながら働いていない介護福祉士）は約18万人という。介護福祉士会の調査では、「潜在的介護福祉士」の約半数が介護の業務に従事したい意向を示し、１年以内に就労したいと考えている者は10・６％、将来的には就労したいと考えている者38・８％であるという。しかし、このデータは介護福祉士会の調査に応じることのできる限定された対象についての調査である。堀田力委員は「介護福祉士の資格を持っているけれども、これでは食べていけない、あるいは先の見通しが立たないというので、ほかの違う分野の職業を選択してしまっているという実情」があり、「対策をやったって帰ってこないという面もかなりある」と意見を述べている。堀田意見が真実に近いと見るべきであろう。

第五に、「多様な人材の参入の促進」についてである。「国・新指針」は、「多様な人材の参入の促進」のためには「多様な働き方」実現に向けたさまざまな条件整備と施策が必須であるという認識が不十分で、具体的施策も乏しい。この課題については、後で検討する。

3　いかなる人材の確保・養成か

「都・意見具申」は、国の「法案」策定と「国・新指針」の検討を横目に見ながら、検討されたものである。「はじめに」で、基本的テーマの第一として、多様な機能を担う福祉の人材の育成を。第二として、国の「法案」による新しい養成課程等を経て福祉現場に輩出されるまでに４～５年、福祉現場の中心的な役割を担うまでにはさらに５～10年の期間を要する。（だから）福祉人材の資質の向上に向けて、早急な対応が必要。第三として、一般に人材の確保・定着は給与等の待遇面によるところが大きいが、誇りをもって働くことのできる、こうした雇用条件等の確保は、議論の前提。その上で、「福祉の仕事が持つ魅力と働きがいとはいったい何なのか」について改めて真剣に考え、そうした職場の実現に向けて取り組むこと、と述べている。

「都・意見具申」の考える「多様な機能を担う福祉の人材」の構成は、創意工夫と競い合いの「民間の力」、共に支え合う「地域の力」、指導監督や政策形成等を担う「行政の力」という三つの力の「ベストミックス」であるという。ここでの行政の位置は、「レフリー」だとする。民間の競争による「市場」の監視・調整と地域の相互扶助力の誘導といういわば「市場調整役」の位置に安住しており、（地方）政府が持つ重大なセーフティーネット機能の「プレイヤー」としての役割が位置づいていない点に大きな欠陥がある。

しかし、「都・意見具申」の評価できる点は、将来の構想ではなく、今日、現に求められている人材の育成という切迫した課題にどう答えるかを問題にしていることである。各事業体において経営の責任で現任介護職員を育成する重要性を強調し、どの事業体でも取り組める人材育成・養成の方法として、ＯＪＴの役割やその仕組みを提言している。また、複数の事業体で人材育成の共同化とそれを援助する行政の関わり方を提起している。こうした各事業体の取り組みと専門集団（介護福祉士会などの職能団体）等の取り組みを結びつける方策も提起している。要するに介護現場の職員の力を土台に人材の育成を考えているのである。それは生活を支える介護労働にふさわしく、介護の現場における利用者との関係に常にフィードバックさせながら、現場の「暗黙知」の掘り起こしを含めた知識、技能、態度・価値観の向上を図っていく方法論であり、地方政府は、それらの努力を側面から援助することを役割として引き受ける構図が描かれている。

この「都・意見具申」と「法案」や「国・新指針」とを比較しつつ検討をする。

第一に、国の〈人材の養成〉の問題の立て方である。その出発点に「無資格、資格取得が容易なヘルパー２級で就労可能となっていることが、介護職員の能力格差を生み、専門的な職業としての確立を困難にしている」（「介護サービス事業者の研修体系のあり方に関する研究」（委員長・堀田力）の「第２次中間まとめ」）という認識があ

が生まれる。

従って、国家の指導・統制のもと、養成課程・資格取得課程を再編・強化する必要がある、という「法案」る。

２００６年6月12日の第7回「介護福祉士のあり方及びその養成プロセスの見直し等に関する検討会」で樋口恵子委員（高齢社会をよくする女性の会）は、望ましい介護職員の養成課程について、在宅のお年寄りと家族の意見では「一番希望の多かったのは、実務経験のある中高年の有資格者」「二番目が、人柄がよく経験があれば、資格は問いません」「三番目が、現行の中心である専門学校、短大の専門コース」であり、介護職員に必要な専門技術は、「状態の変化に応じた介護」というのがダントツに一位であったと「高齢社会をよくする女性の会」の調査を報告している。堀田聰子委員（東京大学社会科学研究所助手・当時）も「介護福祉士そのものも教育時間の延長など取るのが大変になる方向です。そうすると、果たして新たなり手がいるか」「各事業者あるいは職能団体が、それぞれの立場でキャリアアップさせたいと思うような、キャリアアップを誘導するような、報酬を含めた制度の考え方」が必要と主張している。また、阿部正浩委員（獨協大経済学部教授）は「今後20年後、30年後、あるいは50年後を見通したときに、多分介護技術も変っていくでしょうし、要求される専門知識も相当変ってくるだろう」「１８００時間に延ばしたから、それで済むのか……多分制度疲労を起こすのではないか」と専門性の内容を問いかけている。

国の「法案」は、１８００時間の標準履修課程を修了した上で、国家試験という関門を用意し、就労後は、さらに各専門分野の高い技能と知識を持った「専門介護福祉士」というキャリアアップのコースを構想している。高い専門性を持った介護福祉士の配置数に応じた介護報酬の加算を行うことによって、各事業者と介護職員に対して、資格・専門能力の獲得への動機づけ・誘導を行うことなどが想定されているのである。

介護労働の社会的地位は医療・看護の、あるいは保育の下に位置づけられてきた。その結果、介護保険導入後しばらくの時期は例外として、２００３年の介護報酬の切り下げ以降、介護労働者の処遇は低下させられてきた。

その上、2000年以降、法制度・サービス体系とその仕組みが毎年というよりも半年単位のスピードで次々に変更され、介護の現場では、この「ルール変更」に追いつくことに汲々となってきた。さらに、2005年9月以降、大阪でも正規介護職員の求人倍率も1を超え、介護労働力不足時代に突入した。介護の職場は疲弊し、「研修に人も出せない」という状況も広がっているのである。

こうした状況が、サービス改善や介護労働者の専門性を高める取り組みを押しとどめる大きな要因となっていることについての基本認識が「法案」の前提に欠けている。また、国家資格取得のハードルを高くすることによって、新たな介護福祉士の養成プロセスに、今以上に学生が集まらなくなることや、学生の低い「学力」によって、その養成課程についていけない者が多数生まれるであろうという厳しい現実から、国は目を逸らしている(11)。

「法案」は、介護サービスの低い質を生み出す原因・遠因はどこから来ているのか、将来の介護のあり方や長期的な介護労働市場の見通しはどうかといった総合的分析と評価が欠落しており、根本的に見直しされるべき欠陥「法案」であると言える。

第二は、「国・新指針」の「多様な人材の参入・参加」をどのような規模と広がりで考えられているかという問題である。

「介護サービス施設・事業所」（厚生労働省大臣官房統計情報部）で推計した介護職員数は、実人数ベースで、2004年では、100・2万人（施設が29・8万人、在宅が70・4万人）であったが、2008年には127・1万人～116・4万人、2011年には132・0万人～129・1万人、2014年には146・6万人～138・1万人と推計している。各年の最大値は介護予防効果がなかった場合に必要となる職員数、最小値は75歳以上の後期高齢者の介護に必要な数である。いずれの推計でも2014年には約140～150万人が必要で、2004年から10年間で毎年平均4・0～5・5万人程度の増加が必要である。20％以上の離職率の中で、毎年必要な増加分を吸収していくことは至難の技といえる。先に紹介した駒村康平委員の言を借りれば、少子高齢化の中で「従来、全労働力の1%か1・5%を占めれば足りたが、今後、3%~3・5%ぐらいの人を引き寄せる必要」という驚愕すべき数値となる。この増加分を「潜在的介護福祉士」の掘り起こしや、団塊の世代からの補充等を述べている「国・新指針」では到底介護労働力不足は解決しない。「多様な人材の参加・参入」の意味と範囲を「多様な人材の多様な働き方の積極的推進」という方向に思い切って組み替える必要がある。

その積極的推進の一つは、他の分野に先駆けて福祉・介護の分野からワークライフバランスをとった「多様な働き方」(例えば「オランダ・モデル」に示されるような)ができる「労働環境の整備」を大胆に進めることである。[12]

介護の職場においては、結婚、妊娠・出産・育児、家族の介護・看護の問題が、退職・離職の大きな契機・原因の一つである。これらの問題に直面しても退職せず、妊娠・出産や、育児・介護に関わる休暇・休業の取得や深夜勤務の制限、時間短縮などの措置により働き続けることができる職場の条件整備を積極的に進めることである。結婚退職、妊娠・出産退職が慣例となっている職場も多い。まず、これを改革することである。さらに、病気治療や国内外での研修・資格取得・留学等のために長期休業・休暇や短時間就労が選択的に取得できる条件を整備することである。

その二つには、これまで就労の機会に恵まれなかった障碍者や中高年、いわゆる「ニート」といわれる若者、シングルマザー等の単親者、子育て中の女性、刑務所出所者、さらには(在日・滞日を含めた)外国人など、多様な経歴の生きにくさを抱える人材に就労の機会を用意し、彼らを受け入れて仕事をしながら養成、訓練・研修、育成をおこない、ひとり立ちできる介護労働者に育てることである。

この二つのことを推進するためには、国・地方政府の総合的な労働・社会政策の支援が必要であることは明らかであるが、これらの制度・政策形成という課題は優れて政治的課題でもある。別の検討が求められるので、ここでは「多様な人材の多様な働き方」を推進してきたいくつかの介護現場での経験から、「多様な働き方」の条件や環境整備を各職場・法人から進めていくための方法とその課題について要約列記することに留める。

①　若い元気な職員の採用・補充だけを求めていては介護の現場がもはや立ち行かない現実を理解し、さまざまな経歴のある多様な人材の多様な働き方を組み合わせて「新しい介護のあり方」を目指すことが新しい課題になっているという確信を育てること。

②　多様な経歴を持ちさまざまな生きにくさを抱えている人たちは、通常、職場からは「異質な存在」として受け止められている。このバリアを越えるためには、触れ合いと交流による相互理解の促進が一番。知的障碍者や在日フィリピン人、母子家庭・単親、あるいは高齢者のヘルパー2級講習事業等に職員を講師として派遣したり、職場実習を受け入れたりなど、行事のときだけではなく、日常的に見学やインターンシップ、ボランティア講座の開催等の形で積極的に職場に受け入れるなどして、「異質な存在」との触れ合いにより相互の距離感をなくす。トライアル雇用などを利用した就労の取り組みを行う。

③　「異質な存在」と考えられていた人々を職場の仲間として受け入れた時に職員・利用者がどう変わったかの評価・点検が重要。例えば、知的障碍のある職員の就労実態調査によると、障碍のある者にとって修得が困難であった問題を検討すると、これまで慣例となっていた職場の仕事の仕方や教育・訓練方法にも問題があることがわかり、職場環境や教育・研修のあり方の改善課題を発見することにもなる。[13] 差別や排除の構造が実は職場の側にあることも発見でき、その改革と改善は職員のモラールの向上にもつながる。

④　生きにくさを抱えさまざまな就労条件・制約を持っている人材の就労とスキルアップのためには、一人ずつの生理的・精神的・社会的な諸条件を考えた「就労プログラム」を当人と話し合いでつくり、仕事に対する自信と喜びを生み出していける取り組みが必要。当初は、短時間の就労から始め就労時間を延ばしたり、仕事の難易度を上げたりしていくなどの計画的段階的な取り組みである。これらは、妊娠・出産・育児、病気治療などの課題を抱えた者の職場復帰にも適用できる方法論となる。

⑤「多様な人材」の「多様な働き方」を進める時、交代制勤務のある部署では夜勤態勢と日勤帯の管理・指導態勢への特別な取り組みが必要。勤務上の制限や条件のある者の多くは日勤帯勤務が中心となり、対策がなければ元気なベテランの職員は夜勤を多くこなすことになる。するとベテランの日勤の勤務日が減り、日勤帯の労務管理・指導体制が弱くなり、介護のレベルが落ち、介護事故が発生しやすくなる。夜勤専門の職員の募集による対策や日勤帯の管理・指導体制の意識的組織的強化が必要となる。

⑥ 多様な人材の多様な働き方の推進は、それを支える地方政府やその他の行政機関、職能団体、あるいは地域の活動が必須で、複数の法人や関係団体との共同の活動で条件整備に取り組む必要がある。とりわけ地方政府は、保健・医療、住宅や保育所、資格修得や人権啓発・広報の機関・機能などを保有している。公的機関が保有している多くの「資源・機能」を介護労働力の掘り起こしや就労支援に動員する施策――奨学金、資格取得の助成整備など――を働きかけることが必要となる。例えば、外国人介護士の受け入れは不可避であるが、この間の外国人研修生に対する数々の差別と人権無視の実態からして、地方政府が受け入れの条件整備と援助を行わなければ、「闇の職安」である「エージェント」などの暗躍を許すことになる。地方政府の外国人就労者に対する権利擁護の要の位置を占めるのは、住宅（権）の保障で、「労働の時間」（雇用主との契約により支配された時間）から解放されて一人の市民として「自由の時間」を確保できる拠点は住居である。雇用主の用意したものではなく、地方政府が外国人介護士に市民として住宅（権）を保障することは、自由な市民であり自由な労働者としての「基本的権利」の保障へとつながる。

以上、「多様な人材」の「多様な働き方」を推進することは、介護の問題を通じて施設をひらき、地方自治を地域住民と世界の労働者に開く取り組みにもなるのである。

第三に、どのような介護の人材が求められ、その専門性とは何かという問題である。

どのような介護の専門性が求められているかということは、実は、どのような介護が大切で重要とみなすかということと結びついている。樋口恵子委員が紹介した在宅の介護サービス利用者とその家族の望む「介護の人材像」と、「法案」が求める「介護福祉士像」はかなりの距離と相違がある。国の「法案」が求める人材像は、全てのケア（医療・社会援助等のすべて介護のテーマ）に一人で対応できる専門性と資質を持った社会福祉士像である。その先には、先に述べたドイツの医療的処置もできる「高齢者看護師」に近い像が結ばれているのかもしれない。

樋口委員が紹介した介護職員の像は、利用者の「状態の変化に応じた介護」ができる「実務経験のある中高年の有資格者」や「人柄がよく経験があれば、資格は問わない」ということになる。医療・介護・権利擁護など地域生活支援のすべての領域を取り仕切ることができる「オールマイティの介護福祉士像」ではなく、利用者の生活と気持ちに寄り添うことができ、医師、看護師、保健師、セラピスト、行政関係者、あるいは弁護士など他職種の専門職や家族、ボランティア・地域住民とのチームによる生活支援の一角を担うことができる親切で気づきのできる介護職員の像である。この介護職員のサービスの展開にとっては、介護の仕事に携わる職業的使命観・倫理観と人権意識、多面的な気づき、他者と協同で仕事を進めていける社会的経験が重要となるであろう。そこでは、職員がサービスの質を高め、専門性を高めていけるケース検討会の開催や介護に必要な知識や技術などの習得とレベルアップを行うにふさわしい処遇と職場の環境が大きいのである。

それは、堀田聰子委員や阿部委員が述べているように、人材の養成が就労にあたって必要な基礎的知識・技能・価値観・態度は何かを厳選すべきであり、就労後、仕事をしながらスキルアップ、キャリアアップしていけるシステム（獲得したスキルの認証を含めた）を介護福祉士会などの職能団体の関係団体や地方政府との連携で構築していくことであると考える。すなわち、職業教育の基本は、その業種の現場と職能集団の自治的・自律的活動であるという視点が重視されるべきである。

その上で、介護の専門性と資質を引き上げていくための量は少なくても質の高い介護職のリーダー層の養成が緊要な課題である。医療の現代化や認知症ケア、権利擁護などの多様な生活支援の専門的知識・技術の急速な向上に対応できる各々の職場を越えたシステム構築と、そして、第二のところで検討した「多様な人材」の「多様な働き方」を推進できるサービス管理と労務管理の両面の能力や、介護を社会に広く開いて行くマネージメント能力を持った指導的職員の育成が急務だからである。その意味で、ヘルパーを含めた介護の人材養成と確保の現実的長期的展望に立った見直しが求められているのである。

第四に、「介護の社会化」と関わって、介護のあり方を見直すことである。[14]

介護や育児を担うのは、産業社会が発展するまでは血縁的な家族と地縁的な地域の「親密圏」の中で、主に女の役割とされてきた。高度経済成長が終焉し、少子高齢社会が訪れることによって、介護の問題は単位家族のなかでは解決不能となり、社会問題化した。日本では公的介護保険制度によって社会的に解決する方向を取ってきた。しかし、制度施行10年を経ずして深刻な「労働力」問題に逢着し、「政府の失敗」「市場の失敗」が改めて露わになり始めた。高齢者介護は、人間の尊厳を支えること——どのように人生の最後を過ごし、死を迎えるか——である。介護労働力の欠乏は、この社会的力の崩壊を意味し、「地域社会のうえにそそりたつ『産業としての介護事業』の定立をめざす」方向へ社会のベクトルを向けていく訳にもいかなくなってきた現実の別の表現でもある。[15]

かつてイヴァン・イリイチは、「この間、専門制度化された世話（ケア）への限界は、しだいに認められるようになってきた」と近代において、医療、福祉、教育などの専門化が人々の自立・自存して生きていく力を奪ってきたと警告を発した。[16] 花崎皋平は「親密性は、いうまでもなく感情を基礎にしている……親密圏の構想は身体の技法と密接に関係している。……なんらかの障害がある人との相互にゆったりした関係を維持するには、健常な者が介助の技法を身につけていて自然なかたちで動きができることが望ましく……介護の技法はすべての成人市民がコミュニティ生活において身につけるべきものであるというコモンセンスが育って、はじめて市民文化が成熟を見せる」と言っている。(17) 介護労働とその専門性も、常に、社会の中に埋め戻していく営為が求められているのである。

「法案」が目指す介護福祉士の専門性は、イリイチが批判した専門化の方向を促進するものとなろう。そこでは、専門家とクライアントの2者関係の内での専門性であり、専門家↓クライアント（当事者）と関わりの矢印は一方向に向いており、当事者は専門家の分析の対象であり、サービス提供の対象であり、当事者としての主体性（主権性）が制限され、侵害されていく。ここでの「インホームドコンセント」は、パターナリズム（家父長的関係性）の改善ではあるが、〈サービス提供者〉と〈消費者〉との契約関係を整序化するものであって、当事者が客体の位置にとどまることを本質的に変えるものではない。

二者間の関係に閉じられた介護のあり方は、障碍者や生きにくさを抱える人々の「多様な働き方」（「異質性」の包摂）を忌避する介護現場の意識を生みやすく、また、福祉・介護サービスとその専門性を地域の生活に埋め戻す方向・努力は価値の低い活動とみなすことにもなる。旅客機の客室乗務員や、マクドナルドの店員と同様に、利用者との二者間関係の中に労働が封印されてしまう。そこでは、感情の搾取・収奪の側面を強く持つ「感情労働」ともいうべき状況を生みだす。(18) 従って、公的介護サービスの内側では、上記の「近代の専門職像」を、コミュニティ生活では、花崎のいう「市民文化の担い手」として介護の技法を身につけた「市民像」（ボランティア）という2分法を超えていくように介護の仕事のあり方を地域に開き、新しい地域コミュニティの姿を探り当てていくことを目指すべきであろう。

すでに第5章で「介護の革命の第2段階」の提起をおこなった。それに関連して介護の専門性について私の考え方の核心点を素描しておく。

「介護の革命の第2段階」が想定するのは、利用者の「その人らしさ」に依拠して尊厳を支える介護を目指すこと。〈介護する者〉と〈介護される者〉の閉じた二者関係を開くこと。[19]この関係性の展開の中に、できる限り多くの『異質性』を取り込むことをも契機として、家庭や地域社会の自然な関係である三者、四者……の多様で複合的な関係を意図的に介護の目的に沿って組み上げていくこと。それは、「介護という働き」が本質的に孕んでいる互酬性を意図的に掘り起こすことである。[20]そこでの「介護の目的」とは「その人の自立した暮らしを整えること」で、問われる介護の専門性とは、「家庭や地域社会の自然な関係である……多様で複合的な関係に近い関係を意図的に介護の目的に沿って組み上げていく」という「意図的な働きかけ」の内容と方法である。

そこで求められるのは、さしあたり、一人ひとりの〈生命過程〉〈認識過程〉〈生活過程〉〈社会過程〉についての観察力・理解力と、他職種とのチームケアにおいて介護職として求められる上記の過程への「働きかけ」〈ケア〉の知識・技能であると言える。[21]その意味で「生活に寄り添い、変化を気づく」力が介護の専門性にとって決定的なのである。

「介護の革命第2段階」とは、このような介護の展開であり、〈人材の確保〉と〈人材の養成・育成〉が対立・矛盾してしまうピンチな状況を逆手にとって、その「労働問題」への対応を通じて介護〈人間の尊厳の保持〉のあり方の組み替えを社会的に迫ろうという構想でもある。そこに私は、近代を超えていく営為の可能性を期待するものである。

おわりに

2005年の介護保険法改正により、「エビデンスに基づいた介護」の考え方が、介護報酬のあり方を通じて介護の世界に刻印された。〈ケアプランにもとづく介護とその記録、アセスメント、再プラン〉のサイクルの中で神経を使うことが多くなり、労働密度も高まった。また、労働力の慢性的不足は、サービス現場のリーダー・

責任者に過重な付加がかかっている。これまで以上に仕事をこなすのに介護報酬は以前より削減され、先が見えない重圧がすべての介護現場にのしかかっている。メンタルヘルスの重視が叫ばれてもいる。こうした側面からも改めて「介護労働とは何か」が問われ、介護を「感情労働」として見直すという提起も始まっている[22]。ただ、これまで論じられてきた「感情労働」論が対象とする「労働」は、サービス提供者と利用者、専門家とクライアントなどの二者間関係を基本に評価・分析されている面が強いようである。この関係を開いていく働き方を考えた場合はどうなのか。閉じた二者関係ではなく、〈介護（援助）される側〉が〈介護（援助）する側〉にもいるという双方向・複数方向へとエンパワメントする開かれた関係性を生み出し発展させる「共生型」介護のあり方を実践する時、「感情労働」という問題の把握はどうなるのか、これらの面からの検討を今後の課題としたい。

【注】

（1）水野博達「介護の革命の第二段階を目指す改革試案」『共生社会研究』№2、大阪市立大学共生社会研究、2007年

（2）大阪市社会福祉審議会特別委員会（白澤政和委員長）が2005年9月に「大阪市における福祉人材養成のあり方について」の提言を行っているが、福祉・介護の労働力不足が顕在化していない段階での提言であるので、別個の評価作業が必要と考え、ここでは検討対象に入れなかった。

（3）高木和美「ドイツにおける高齢者看護師（Altenpflegerin）の職業領域に関する判決とその理由」（『社会医学研究』第23号、2005年）において、2002年10月にドイツ連邦憲法裁判所によって「高齢者看護の職業に関する法律」が確定した経過と判決理由が紹介されている。従来、ドイツでは日本における特別養護老人ホームやホームヘルプサービスで働く「介護職」の位置づけは各州毎に相違しており、点滴、じょくそう処置、傷の手当て、カテーテル挿入、筋肉注射の実施などの医療的処置を行ってきたが、教育訓練や賃金を含めてその社会的位置は低く、

訓練終了後5年後に就業を続けている割合は、他の疾病者看護職（治療職）の半分で離職率が高かった。介護保険の導入後、各州のサービス内容の不均衡と職員不足を解決する方策として、いわゆる「老人介護士」を「高齢者看護師」という国家資格に統一し、その養成のプロセス・教育訓練（履修時間拡大と内容の統一）と試験規則などを定め、高まる介護ニーズへの対応と職員の処遇の改善を行うために高齢者看護職を他の「疾病者看護職」と同等とする法を制定した。ドイツ連邦憲法裁判所の審問がなされたのは、バイエルン州が高齢者看護は「死に行く人々の尊厳と孤独を第一義的に対象とする業務のあり方など社会・看護が中心で医療・看護を中心の疾病者看護職とは同一ではない」と同法の施行に異議を唱え提訴したため。連邦憲法裁判所は、高齢者看護職も他の疾病者看護職も「全人的ケア」ということで共通であるとしてバイエルン州の訴えを退けた。

（4）水野博達、2007年、前掲「介護の革命の第二段階を目指す改革試案」86頁～87頁参照

（5）「福祉新聞」第2331号、2007年3月12日及び同新聞による「准介護福祉士に関するアンケート結果」（2007年4月2日）参照

（6）2007年5月末厚労省に、東京都の人材難は深刻となったと介護報酬の見直しを求めた。東京都の特別養護老人ホームの場合、介護報酬は、人件費等の地域差を調整するため1単位10・48円で他の地域よりも高い。しかし、都は、事業費に占める人件費率40％、国家公務員調整手当の支給12％を乗じて算出されている調整額0・48円を問題だと批判。都内の民間特養ホームの人件費率は約7割で賃金が全国平均に比べて2割増であり、土地の取得・備品購入費の物品費購入などの地域差が現行では考慮されていない。よって、人件費率60％、人件費地域差指数20％、物件費地域差指数10％と算定し、1単価11・6円への改善を求めた。

（7）「公共サービスにおける規制」はどうあるべきか。西村周三『医療と福祉の経済システム』ちくま新書、1977年、147～158頁の「第6章　規制と医療・福祉」を参照

（8）水野博達「介護の革命の第二段階を目指す改革試案」『共生社会研究』No.2、大阪市立大学共生社会研究、2007年、96頁～97頁参照

（9）現在の介護報酬積算の根拠は合理的でない。必要な費用、とりわけ人件費などから積み上げた積算方式ではなく、各サービス類型の利益率を重要な指標として利用している。これでは、人件費を圧縮して収益が出ると、介護報酬

の削減の根拠となってしまう。積算の根拠を明確にすることとともに、労働分配率をガイドラインとして示すことが必要である。

(10) 全国社会福祉協議会・経営協議会は、「合併・事業譲渡のルール化」や「資金調達の多様化」等についての調査・研究を進めているが、社会福祉法人及びＮＰＯ等の非営利活動法人の存在意義について適切な認識をもってこれらの課題が検討されることを望むものである。

(11) 杉本章「介護福祉士養成の現場から」『福祉労働』112号、現代書館、２００６年

(12) 大沢真知子『ワークライフバランス社会へ――個人が主役の働き方』岩波書店、２００６年

(13) 特定非営利活動法人ふんわりと編集『知的障害のある人の介護・看護現場での就労調査報告書』特定非営利活動法人ふんわりと、２００７年

(14) 水野博達「２０００年４月が過ぎて――『介護の社会化』とは市場での自由のことか」『大阪市社会福祉研究』No.23、大阪市社会福祉研修・情報センター、２０００年

(15) 水野博達「財政事情優先で進む「市場主義」と『特養ホーム解体』への流れ」『市政研究』139号、大阪市市政調査会、２００３年：水野博達「『介護はすでに死んでいる』のか」『現代の理論』07秋号、明石書店、２００７年

(16) イヴァン・イリイチ著、玉野井芳郎他訳『シャドウ・ワーク――生活のあり方を問う』岩波書店、１９９８年

(17) 花崎皋平「身体、人称世界、間身体性」『親密圏のポリティクス』斎藤純一編、ナカニシヤ出版、２００３年

(18) Ａ・Ｒ・ホックシールド著、石川准他訳『管理される心――感情が商品になるとき』世界思想社、２０００年

(19) 水野博達「介護の革命の第二段階を目指す改革試案」『共生社会研究』No.2、大阪市立大学共生社会研究、２００７年、91～99頁参照

(20) 金井淑子「親密圏とフェミニズム」『親密圏のポリティクス』斎藤純一編、ナカニシヤ出版、２００３年、27頁

(21) 金井一薫『ケアの原形論――看護と介護の接点とその本質』現代社、１９９８年の第Ⅱ部第２章「看護と介護の視点の共有とおのおのの専門性」(127～150頁) 参照

(22) 岡原正幸、安川一、山田昌弘、石川准『感情の社会学――エモーション・コンシャスな時代』世界思想社、１９９７年

バム・スミス著、武井麻子、前田泰樹監訳『感情労働としての看護』ゆるみ出版、２０００年
武井麻子『ひと相手の仕事はなぜ疲れるのか――感情労働の時代』大和書房、２００６年

補論1

「介護報酬3％アップで2万円の賃上げ」のペテン

◆2009年度の介護報酬改定への批判

介護の担い手が足りない。賃金・労働条件が、きつい介護の仕事に見合っていない。介護の仕事が社会的に認知されていない、と語ってきた。

そこに、「介護報酬3％引き上げ、2万円のアップを図る」と突然、気前のいい話が現れた。2009年、介護報酬の3回目の改定を前に、これまで、報酬単価を切り下げ続けてきた厚労省の気前のいい事前の大宣伝であった。

本当に、介護職員に2万円のアップが実現できたのか、できるのか。介護報酬を3％引き上げて、介護労働市場から離れていく働き手をつなぎ止めることができ、労働力不足を解決して明るい展望につながっていくのか。目をしっかり開けて検討してみよう。

第一に、介護職員の全国平均賃金は213,000円、全産業の平均賃金は318,000円と言われ、この約10万円の格差を考えれば、2万円アップという目標額がいかに惨めなものでしかないかを知る必要がある。この大きな格差が起こる原因を究明することは、今後も重要な課題である。この点は、きちんと確認しておく必要がある。

第二に、そもそも、介護報酬3％引き上げで「賃金2万円アップ」という話が、数字的にも確かな根拠があるのか。

ある事業所の年間の介護報酬の総計がX円で、人件費率は、通常の経営が何とか成り立つ65％とする。従業員数をZ人とし、一人当たりの賃金は全国平均とし、年間15カ月支給、法定福利（25％）などを含めた年間の人件費の概算総額をY円とすると、概ね、以下の式となる。

Y=0.65X　Y=1.25×213,000×15（カ月）×Z=3,993,750Z……①

介護報酬3％アップ分をすべて人件費に回すと増加分は0・03Xで、一人当たりの増額Rは、

0.65X：3,993,750Z=0.03X：R・Z

R・Z=3,993,750Z×0.03X÷0.65X ≒ 184,327Z

1カ月　184,327Z÷15（カ月）≒ 12,288Z……②

職員一人あたり賃金増額分は、12、288円である。2万円という数値は、どこから出てきたのであろうか？

第三に、職員の待遇改善という名目を使って、実は、厚生労働省は介護サービスの再編に向けて誘導を行ってもいるのだ。

2008年12月12日の社会保障審議会介護給付費分科会の審議会報告は、次のように述べている。

政府・与党において「介護従業者の処遇改善のための緊急特別対策」として平成21年度介護報酬改定率をプラス3・0％とすることが決定された。／当分科会は、この決定を踏まえて、平成21年度介護報酬改定については、特に介護従事者の処遇改善に資するものとなるよう、ひいては利用者が質の高いサービスを安心して安定的に利用できるようにするという観点から集中的な議論を重ねてきた。……

すなわち、介護従事者の処遇改善は、利用者への質の高いサービスの安定的提供ができるという観点と結びつけて検討したとの言明である。

すでに、単純に、処遇改善のため、３％を一律に底上げに回しても「2万円アップ」にはならないことは先に述べた。今回の改定では、上積みされた３％原資を「加算減算方式」で介護報酬予算に配分し、サービス再編の誘導に使ったのである。

例えば、特甲地・大阪市等の介護報酬1単位は、特養ホーム：10・4→10・45円。訪問介護：10・6→10・70円。居宅介護支援：10・6→10・7円。これは、ベースのアップとなる。しかし、デイサービス：10・60→10・45円と減額となり、将来、予防介護やデイサービスを介護保険から切り離す意思表示とも読めてしまう。

また、特養ホームでは、重度の要介者の多数を介護福祉士のある比率以上でケアすると「日常生活継続支援加算」＝（22単位／日）や「夜間職員配置加算」＝（13単位／日）の加算が新設されるなど、改定内容は、介護の専門性重視、医療との連携及び認知症ケアの充実に重点配分する形となっている。

その結果、加算分を確保するためには、新たな人材確保や態勢整備が必要となる結果、３％原資の内、在職中の介護職員の処遇改善に回る分は、きわめて少ない額となってしまう。

もちろん提供するサービスの内容・質を問わない介護費用の改定は、利用者の反発も生む。しかし、現在の介護保険の危機的状況をどこに見るか。この点で、労働側と審議会（国）の間には、深い溝がある。危機は、介護ニーズが拡大していくのに、介護の仕事に就こうとする者が激減し、介護現場が疲弊していることだ。大幅な一律賃金アップがまず必要である。この解決は一刻の猶予もないという危機意識が、この期に及んでも審議会（国）には、決定的に希薄であった。

第8章

日本における「福祉ミックス論」再考

◆欠乏する福祉の労働力問題から見て

はじめに

私は所属する社会福祉法人の賃金・労働条件など人事・労務管理の見直しの作業に係わってきた。また、大阪市社会事業施設協議会が2007年11月に行った「福祉人材確保についてのアンケート調査結果」の分析作業にも同協議会の調査研究委員の一人として係わる機会を得た[(1)]。

こうした実務を通じて、福祉関係者の中でも介護や保育などの福祉人材が欠乏する要因・原因について受け止め方は必ずしも一様ではなく、後に述べる概ね三つの傾向があり、論点が定まっていないと感じた。論点の定まらない背景には、社会福祉基礎構造改革議論を通じてなされた「市場原理」の導入の現状、あるいは、「福祉国家から福祉社会へ」の転換、すなわち「福祉ミックス」「福祉多元主義」に対する評価の揺らぎがあるとも感じた[(2)]。また、「福祉ミックス」「福祉多元主義」を提唱してきた社会福祉学や経済学・財政学の学者・研究者が、サービス提供システムとサービス内容や量、あるいは、財源と行財政組織の改革などには関心を払ってきたが、サービスの担い手の労働力問題には十分関心を払ってこなかったのではないかとの疑念を抱いた[(3)]。そこで、この章では、欠乏する「介護労働力」について、この間の調査分析活動を通じて学んだことを要約して紹介しながら、「介護労働力」問題から照射すると、日本における「福祉ミックス（論）」は、どう見えるのかについて論じることにする。

1　福祉の労働市場をどう分析するか

（1）福祉の人材不足の要因・原因をどう見るか

福祉人材が欠乏するその主な要因・原因に関する受け止め方は、以下のような「三つの傾向」がある。

(1)　一つ目は、景気変動の関係を主要な原因と見なす考え方である。

1990年代から2000年代前半を通じた経済成長の停滞と介護保険制度成立などとも関係する雇用情勢によって、福祉に多くの人材が集まってきた。2003年頃から、民間企業の雇用拡大によって、その状況が変化し、福祉の人材が民間企業などに流れたという受け止め方である。この考え方は、(a)だから、当面人材難は解決できないというあきらめか、(b)景気変動によって、また「買い手市場」になるという期待といった二つの受け止め方の間を揺れ動くことになる。この受け止め方は、人材難をもたらした原因について、いわば、外在的な受け止め方といえる。

(2)　二つ目は、福祉関係事業の経営陣の経営責任を第一の原因に挙げる主張である。

例えば、大阪市社会福祉協議会人材養成連絡協議会（白澤正和会長）の「福祉人材の確保と養成――現状と課題」（2008年3月）は、「制度変更（措置から契約へ）により財務体質が脆弱化し、人材養成は二の次となった。表面的な財務重視の体質が人材養成をないがしろにし、その結果『人材不足』を生み出したことは明らかである」（11頁、第3節の（2）経営）などと述べ、社会福祉法人の「財務体質の改善」の誤りが人材確保を困難にした中心と主張している。

また、経営学やコンサルティング業界の方面からは、社会福祉法人は、福祉事業の業務分析をきちんと行い、中核業務と周辺業務を効率的に再編して資源の効率的配分を適切に行いえていない結果、他産業との人材確保競争に敗北し、人材難・人材不足を招いている等という指摘もなされてきた。[4]

(3) 三つ目は、福祉関係者のほとんどが主張する意見であるが、介護報酬の低さを含めたこの間の福祉予算削減圧力が悲惨な福祉現場の状況をもたらしている、という主張である。

この三つのうち、福祉関係者のほとんどが主張する(3)の意見・受け止め方は、(1)の受け止め方とも絡み合って、この間の国の経済・財政運営の批判、とりわけ「規制改革」路線への批判へと向かいやすい。しかし、利用者・住民とともに、より良い社会のあり方に向けた社会福祉事業者（家）の役割を全うするためには、厳しい現状を招来させた外的・内的な原因をトータルに究明し、改革を進めていく自覚的な取り組みが求められる。こうした主体的努力がなければ、政権政党内外の「財政路線」を巡る路線闘争の傍観者となるか、(2)に例示したような一部の社会福祉学や経営学の学者・研究者による福祉現場の矛盾・困難からはズレた論評にひれ伏したり、不満を唱えたり、あるいは無視したりする態度を取るだけに終わることになる。それでは、主体的な立場を持たないことになる。

（2）分析のツールとしての「三つのファクター」

急速に深まり、広がる福祉の人材確保難を解決するための課題や指針を明らかにするには、その職種・職域の「労働市場」のあり方や課題を明らかにすることが必要である。【図8―1】は、福祉の労働市場を規定するファクターの概念図である。「三つのファクター」（要因・側面）に区分してみることが福祉人材の問題を考える上で有効であると考えた。

①　景気動向や労働力需給状況などとの関係で、いわば他の産業・職域・職種との外部的競争関係によって規定される要因。

②　その産業・職種・職域の形成されてきた労働力育成過程（その職種・職域に必要な資格取得のあり方やその社会的環境、また、その専門性などに関わる社会的評価の高低などを含む）及び賃金・労働条件に関わる社会的（歴史的）法的規制の要因。

③　当該職種・職域の雇用・労働慣行と各事業体の人事・労務管理などによって規定される要因。

この「三つのファクター」の整理は、職業別労働運動の強かった欧米とは異なり、企業別の枠組みの強い日本の大企業の労働市場について、「外部労働市場」よりも「内部労働市場」の規定力の強さをその特長として見る労働経済学の立場があった。これにヒントを得て「三つのファクター」（要因・側面）に区分してみた[(5)]。なお、【図8―1】の【注】に付したように、福祉の労働市場では労働組合や職能団体の規制がほとんど影響していないことも大きな特徴である。

①の要因は、「外部労働市場」と「内部労働市場」の関係という考え方の応用であり、他の産業・職域・職種との外部的競争関係によって規定される要因である。

③の要因は、「内部労働市場」という考え方の援用である。福祉の各職域（高齢施設、保育施設、児童施設、障碍者施設、生活保護施設など）では、事業規模はさして大きくなく、措置制度のもとでの「民間給与改善費」支給の制度などにより、公務員賃金に準じた資格と年齢別による「年功賃金体系」へ誘導・規制がなされてきたこともあり、従来は、大企業の鉄鋼や造船などのような「内部労働市場」というほど各事業体での多様性を持った独自の賃金・労働条件の規制力があったとはいえない。しかし、各社会福祉施設・事業に対する国の法制による規制が職域ごとに相違してきたし、また、この間の「規制緩和・市場原理の導入」によって、同一職域においても、

図8-1　福祉の労働市場を規定する「三つのファクター」

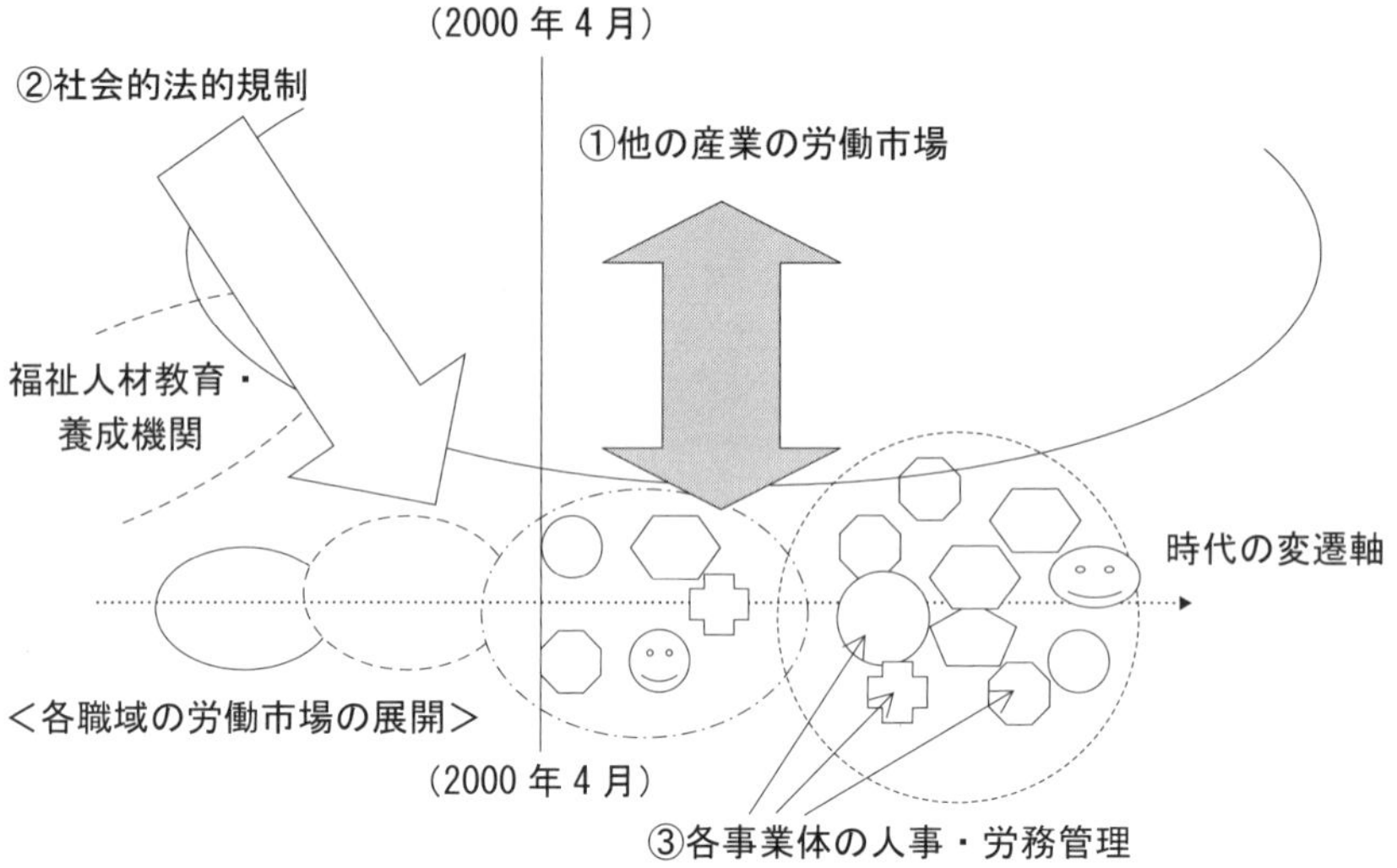

【注】
福祉の労働市場では労働組合や職能団体の規制がほとんど影響していない。さらに、各福祉施設の連盟・協議会や専門学校などの『業界団体』の機能も各種審議会を通じて国・地方自治体などの規制の内側に取り込まれているのが特徴であるので、主要なファクターは「三つ」ということができる。なお、労働市場への新規の参入や退出の影響は、ここでは省略している。

各法人において人事・労務管理の一定の相違や独自性が生まれており、それらの複合的要素の集合態として各職域の労働市場が形成されていると考え、労働市場を規定するファクターの一つとして③を位置づけた。すなわち、事業規模が小さいとしても、各職域の雇用・労働慣行や個別の法人が取っている人事・労務管理（賃金・労働条件・職場の慣行を規定する）の実態が、福祉人材の確保・育成にとっても重要な要因となっていると考えたからである。

②の「社会的（歴史的）法的規制の要因」を、①と③とは別の大きなファクターとして設定した。

福祉の職域・職種は、１９６０年代後半以降、社会福祉施策の拡張によって量的にも大きく変化し、福祉事業は、いわば新しい「産業」として成長し、介護保険制度の構築過程では、社会福祉士、介護福祉士あるいは、ヘルパーなどの養成とその資格等について法整備がなされ（その後、介護支援専門員や精神保健福祉士などが）、また２００７年には、「社会福祉士及び介護福祉士法等の一部改正する法律」の制定や新しい「社会福祉事業に従事する者の確保を図るための措置に関する基本的指針」（平成19年厚生労働省告示第２８９号）が出された。ここに象徴されるように人材の養成・形成過程が国の政策・方針によって編成・再編されてきたが、近年は、①の市場の状況とあいまって、介護福祉養成学校への学生の応募が少なく、廃校・廃部・定員縮小という末期的事態も進行し、新しい福祉人材に関わる国の法律や指針が一層、福祉・介護の人材難を招来させかねない兆候がすでに現れている。[6]こうした側面を独自に注視する必要がある。すなわち、福祉にかかわる各職域・職種の形成と人材養成過程が国の政策などと関連してきた要素及び報酬価格設定などについて批判的に着目することが福祉の人材問題を考える上で最も重要であると考え、②の社会的（歴史的）法的規制の要因を設定した。

もちろん、上記三つのファクターは、相互に関連し合う。例えば、２０００年4月に措置から介護保険制度（「市場」原理の導入）によって、高齢者福祉サービスの労働市場は、①②のファクターから大きな変更を求められ、結果として、介護関係の労働市場は③の要因を含めて大きな変化を遂げた。

今日、介護保険のもとでの高齢者サービスや自立支援法のもとでの障碍者サービスだけでなく、保育サービスを含めた福祉関係の全体の制度変更とあいまって、規制緩和・市場原理が導入された。しかし、これらの職域・職種は、他の産業の「市場」と異なる性格を持っている。報酬単価をはじめ、サービスの提供方法、内容、その担い手の資格要件なども詳細に政省令で定められ公的な各種規制が働く「擬似市場」（「準市場」とも言われる）であり、[7]市場原理は限定的にしか機能していない。とりわけ労働力に関わる市場原理は、介護報酬などの報酬とサービス提供の内容・方法・形態などが法制度によって大きく規制されており、上記の②に示した要素によって、圧倒的に法的に規制されているのである。

すなわち、「擬似市場」として市場化された福祉のその労働市場には、「三つのファクター」が作用しており、福祉の人材不足という事態の解決には、個々の法人の経営改善・変革努力（③の要素）も当然必要であるが、人材不足を生み出す大きなファクターが①②の要素、とりわけ②である以上、現場から報酬のあり方やサービス提供の内容・方法・形態などについて、改革の課題や政策提起が発信されることが決定的に重要である。その意味では、２００７年８月に告示された「新人材確保指針」（平成19年厚生労働省告示第２８９号「社会福祉事業に従事する者の確保を図るための措置に関する基本的な指針」）や「社会福祉士及び介護福祉士法等の一部改正する法律」等への福祉現場から批判的な検討も大切なことであった。

２　福祉現場における効率化＝労働力流動化施策こその行き詰まり

(1)「働きがいはあるが、給与が安い」など共通な傾向

第３部第５章で、２０００年の介護保険制度導入以降、高齢者介護の労働現場がどうなっているのかについて、主に、㈶介護労働安定センターのデータを使って分析を行った。要約すれば、⑴介護の仕事において、①利用者との関係において、ある程度職員は満足だが仕事の内容では満足度が低いこと、②賃金が安いことと３K職場であり、③仕事の内容で満足度を高められない要因は、３K職場であることなどの労働環境と労務管理・職場の人間関係で、多くの職員の「もっといい仕事をしたい」という意欲をそいでいるという結果であった。また、⑵高い離職率を含めた介護労働力不足の大きな要因として、パート職員など非正規職員の導入によってコストダウンを図ってきたが、その所謂「パート戦略」も破綻していることが明らかになった[(8)]。

大阪市社会事業施設協議会の「福祉人材確保についてのアンケート調査結果」（以下「福祉人材調査」と略す）の分析において[(9)]、【表８―１】に見られるように、どの職域も「働きがいのある仕事」であるということが「勤務先選択の理由」への回答数値に示されていた。また、「現在の仕事上の悩み」について見ると、どの職域も

表 8-1 「勤務先選択の理由」=「働きがいのある仕事」の割合（%）

	老人	保育	児童	障がい	生活保護
中堅職員	38.6	48.1	50	50.8	52.9
新任職員	27.5	41.9	45.5	41.9	47.4

表 8-2 「給与等が低い」(%)

	老人	保育	児童	障がい	生活保護
中堅職員	53.0	36.8	50.0	52.5	52.9
新任職員	37.5	29.5	18.2	35.5	36.8

「給与等が低い」というのが共通して高く、「児童」の新任職員を除いて全ての職域で悩みの第1番目が「給与等が低い」であり、その数値は【表8―2】の通りであった（「児童」新任職員の場合は「入所者・利用者との関係」で27・3％が1番の悩みで「職場の人間関係」で18・2％とともに2番目が「給与等が低い」となっている）。

㈶介護労働安定センターのデータと大阪市社会事業施設協議会の「福祉人材確保についてのアンケート」では設問が異なっていたが、高齢者介護だけでなく、ほぼすべての福祉の職域で、自らの仕事について「働きがいはあるが、給与や社会的評価が低い」という共通の意識を職員は持っていることが、アンケートの数値に表れていた。

(2) 離職理由「新しい勤務先がみつかった」の意味

「福祉人材調査」の【表8―3】が示す通り、高齢者サービスの職域だけでなく、措置制度による運営がなされている「生活保護施設」以外の福祉の職域で非正規職員が占める構成比が大きくなっている。また、施設管理者への「どんな人材が不足していますか」との問いに対して、各施設の管理者がパート・非正規、派遣についても相当数不足していると回答している。これらのことから、高齢者介護サービスだけでなく、規制緩和による市場原理が導入された福祉の職域では、経営合理化・効率化＝コストダウンのために、どこでもパートや派遣などの非正規職員の採用が一般化していることがわかった。

ところで、今回の「福祉人材調査」で、「直近の勤務先をやめた理由」を聞いたところ、「新しい勤務先がみつかった」という、馴染みのない退職理由が上位を占めた。五つの職域のトータルで、中堅職員では、「その他」（14・3％）についで「新しい勤務先がみつかった」が、10・5％と2番目に多く、新任職員では、8・7％と1番多かった。各職域で、「直近の勤務先をやめた理由」の内「その他」の理由を除く上位4位までの理由は、【表8―4】の①、②の通りであった。「新しい勤務先がみつかった」という、これまでにはなかった「離職理由」の意味・理由は何か、この点に、私は最も注目してみた。

「直近の勤務先をやめた理由」の質問の回答の選択肢が三つであったので、「新しい勤務先がみつかった」と回答した人が選んだ、その他の勤務先をやめた理由を調べてみた。中堅も新任の職員も、「給与等がひくかった」と「事業・勤務先の将来に不安を感じた」が、他の選択肢から抜きん出ていた。ただ、中堅職員30人の内17人（57％）は他の理由を上げておらず、新任職員は22人の内12人（54・5％）は他の理由を上げていなかったので、「新しい勤務先がみつかった」という離職の意味・理由をここからだけで判断することは困難であったが、「直近の勤務先をやめた理由」の自由記述をみると、中堅職員では、「アルバイトだったため」「契約職員だったので安定した収入をえたかった」「雇用期間が定められていたから」「正規職員として働く職場ができたから」、新任職員では、「派遣勤務だった」「非常勤の在宅ヘルパーだったが施設の経験がしたかった」「アルバイトだったから」と「直近の勤務先をやめた理由」の16の回答選択肢にはなかった理由が記されていた。これらの記述と、「給与等が低い」や「事業・勤務先の将来に不安を感じたから」という多数回答を重ねてみると、直近の勤務先の退職理由は、アルバイトや、パート・派遣などの非正規・不安定雇用などであった者が、より条件の良い安定した勤務先を見つけて移動したことを表していることが浮き上がってきた。

表 8-3　正規・非正規等の職員構成（「基本情報」より）

	老人	保育所	児童	障がい	生活保護	計
①　常勤職員	1, 684	1, 828	470	972	379	5, 333
②　派遣職員	122	71	2	29	7	231
③　非正規職員	865	668	112	436	61	2, 142
計	2, 671	2, 567	584	1, 437	447	7, 706
④　（②+③）の%	37%	28. 8%	24%	32. 4%	15. 2%	30. 8%

表 8-4-①　（中堅職員）「直近の勤務先をやめた理由」で、「その他」を除く上位 4 位まで

	老人	保育	児童	障がい	生活保護
1 位	①: 9. 6%	①: 8. 5%	①: 15%	①: 14. 8%	①②④⑧
2 位	③: 8. 4%	③: 4. 7%	②: 10%	②⑧⑨	: 5. 9%
3 位	④: 7. 2%	②: 3. 8%	④⑨⑩: 5%	: 4. 9%	
4 位	②: 6. 0%	⑦: 2. 8%	—	—	

表 8-4-②　（新任職員）「直近の勤務先をやめた理由」で、「その他」を除く上位 4 位まで

	老人	保育	児童	障がい	生活保護
1 位	⑤: 7. 5%	①5. 7%	⑦: 9. 1%	①: 11. 3%	①36. 8%
2 位	③: 6. 3%	③④⑥⑪⑬	①③④⑫	②④: 8. 1%	④10. 5%
3 位	①④⑥⑧	: 1. 9%	: 4. 5%	—	②⑤⑨5. 3%
4 位	: 5%			⑦⑧: 3. 2%	—

（「直近の勤務先をやめた理由」の各項目）
①: 新しい勤務先がみつかった　②: 給与等が低い　③: 職場の人間関係　④: 勤務先の将来に不安
⑤: 労働時間の希望があわなかった　⑥: 仕事がきつい　⑦: 自分の能力をのばす余裕がなかった
⑧: 健康上の理由　⑨: 有給休暇が取りにくい　⑩: 定年・勤務先の都合　⑪: 出産・育児・介護のため
⑫: 結婚のため　⑬: 兼任業務の負担や責任が重すぎた

（3）労働力流動化＝『パート戦略』の破綻

福祉のどの職域でも経営側は、非正規職員の比率を高めて、コストダウンに努めてきた状況について先に述べたが、「新しい勤務先がみつかった」と非正規・不安定雇用であった者、あるいは、給与等が低かった者が退職し、より条件の良い安定した勤務先を見つけて新たな勤務先へ移動していることの意味は何か。

そもそもコストダウンのための非正規職員の比率を高めるいわゆる『パート戦略』は、個別事業体に固定化されてきた労働力を、家庭の主婦の戦力化や若年労働力をパートや派遣などの形で流動化させ、安価な労働力を生み出そうとするグローバリゼーションの時代の労務政策であった。この安価な労働力の存在という圧力によって、正規雇用労働者の賃金・労働条件も引き下げることであった。「福祉人材調査」で、ある管理者が自由記述で「現在の介護職の給与では家族は養えない。いくら志があっても生活できなければ長続きしない」と述べている。「介護職では男性の結婚退職が日常茶飯事だ」（『「愛」なき国――介護の人材が逃げていく[10]』）と紹介している事態である。ありていにいえば、そのような不安定雇用の労働者を大量に生み出すことであったのだ。

しかし、この流動化政策は、少なくとも福祉関連の各職域では行き詰まりを来たしている。「買い手市場」から「売り手市場」となった福祉の各職域では、不安定で低い雇用条件から、より安定した高い条件の勤務先を見つけて人材は流動する。安価な労働力を生み出そうとした労働力流動化政策の意図をはるかに超えて、一面では、条件の低い所から、高い福祉職場へ労働力が流動・移動し、他面では、福祉の領域から、他の産業に人材は流出していく。その結果が、介護職員の離職率が20％超となり、新規の労働力は、福祉関連の各職域には、わずかしか吸引されない状況が生まれてきた。介護・福祉の仕事にパートや派遣労働の形で採用したいと考える求人側と、福祉職場で働こうとする求職側との需要・供給の関係である求人倍率は、大阪でも正規職員で2～3倍、パート職員で5倍超となり、正規もパートも応募しても集まらなくなった。この「新しい勤務先がみつかった」という従来にない離職理由の登場は、福祉の労働市場において、安価な労働力を生み出そうとした労働力流動化政策が行き詰まり、破綻したことの現れであったのである。

「福祉人材調査」の自由記述欄で、各管理者は、「補充するのに手間がかかりすぎる。管理者の業務の大半が欠員確保となっている」「お先真っ暗です」（「老人」）、「常勤職員はまだ見つけやすいのですが、非常勤職員となると一段と見つけにくいです。常勤雇用ばかりはできませんので、それが悩みです」（「保育所」）、「今以上の正職員採用が報酬単価では不可能である。1年契約（更新有り）で募集するが、手取り12万台では応募者がいない。報酬単価の引き上げ、人員配置基準の緩和が必要」（「障碍」）などと、人材確保の努力が八方塞がりとなっている現実に、悲鳴を上げていた。

3　福祉ミックス論と擬似市場論で見落とされてきた労働力

（1）福祉ミックス、福祉多元主義と擬似市場

大沢真理は、「政府による社会政策が、家族や企業、非営利協同などの制度・慣行と好適にからみあってこそ、個人の生活が持続的に保障され、社会参加の機会も保障される。そこで私は、その全体を『生活保障システム（livelihood security system）』と呼んでいる。（中略）つまり、『福祉の最適混合』を目指すとは、生活保障システムのサブシステムや諸要素が、より一貫して機能し、より好適な成果をあげるようにすることをいう」として、彼女のいう「福祉の最適混合」とは、好適な「生活保障システム（livelihood security system）」のことで、通常いわれる「福祉ミックス（welfare mix or mixed economy of welfare）」や「福祉多元主義（welfare pluralism）」との相違があると述べている[(11)]。

通常、「福祉ミックス」ないし「福祉多元主義」とは、大沢が言うように、ノーマン・ジョンソンが、国家部門、商業部門、ボランタリー（非営利ないし「第３」）部門、そして非公式部門（家族、友人、隣人）の４部門の

ミックスがいつの時代も存在したと指摘したのであるが、それは「国家の役割一般を再検討しようという世界的規模の動きの一部だった。すなわち、１９８０年代イギリスのサッチャー政権、アメリカのレーガン政権といったニューライト的な政府は、福祉における国家の役割を縮小し、市場を拡張するとともに、家族の責任を強調しようとするなかで、その路線を正当化するための福祉ミックス」論であった。

「福祉ミックス」や「福祉多元主義」とは、その定義や理解にはさまざまなバリエーションがあるが、戦後福祉国家の行き詰まりの中で、公共サービス・社会福祉の分野で、政府が自らサービスの生産を行うのではなく、市場メカニズムの要素を導入して、多様なサービス供給主体によるサービスの生産・供給を行うことによって、はじめて成立する〈ミックス〉であり〈多元化〉の社会福祉のあり方である。市場メカニズムの導入によって、多様な供給事業体間の競争が生まれ、他方、サービスの消費者たる利用者は、サービスの選択が可能になり、また、ボランタリー・セクターの活用による住民参加の福祉制度の創造・設計と監視を可能とすることなどによって、公共サービスに付きまとうパターナリズムを押さえ、効率化を図り、財源の節約を図ることが意図されたのである。

もちろん、「市場メカニズムの導入」といっても、全面的な市場原理によって福祉サービスが展開されるわけではない。一般的な市場とは異なる「擬似市場」の形成による公共サービス・福祉サービスへの市場メカニズムの導入である。駒村康平が述べるように、「擬似市場」論とは、「どのような公的部門に競争メカニズムを導入すれば、市場のメリットである効率性と公平性を達成できるか、また、従来の市場の失敗にみられていた領域にどのように規制すれば、公平性を達成できるのか」というマーケット・タイプ・メカニズム（ＭＴＭ）論や、「行政サービスへの経営管理システムの導入」というニュー・パブリック・マネージメント（ＮＰＭ）論の一種である。(12)

いずれにしても、「福祉ミックス」や「福祉多元主義」は、一般的な市場とは異なる「擬似市場」を各サービ

図 8-2　介護保険における供給と財源のバランスのシフト
高橋万由美制作（出典「多元的福祉と当事者選択の拡大」2003 年）

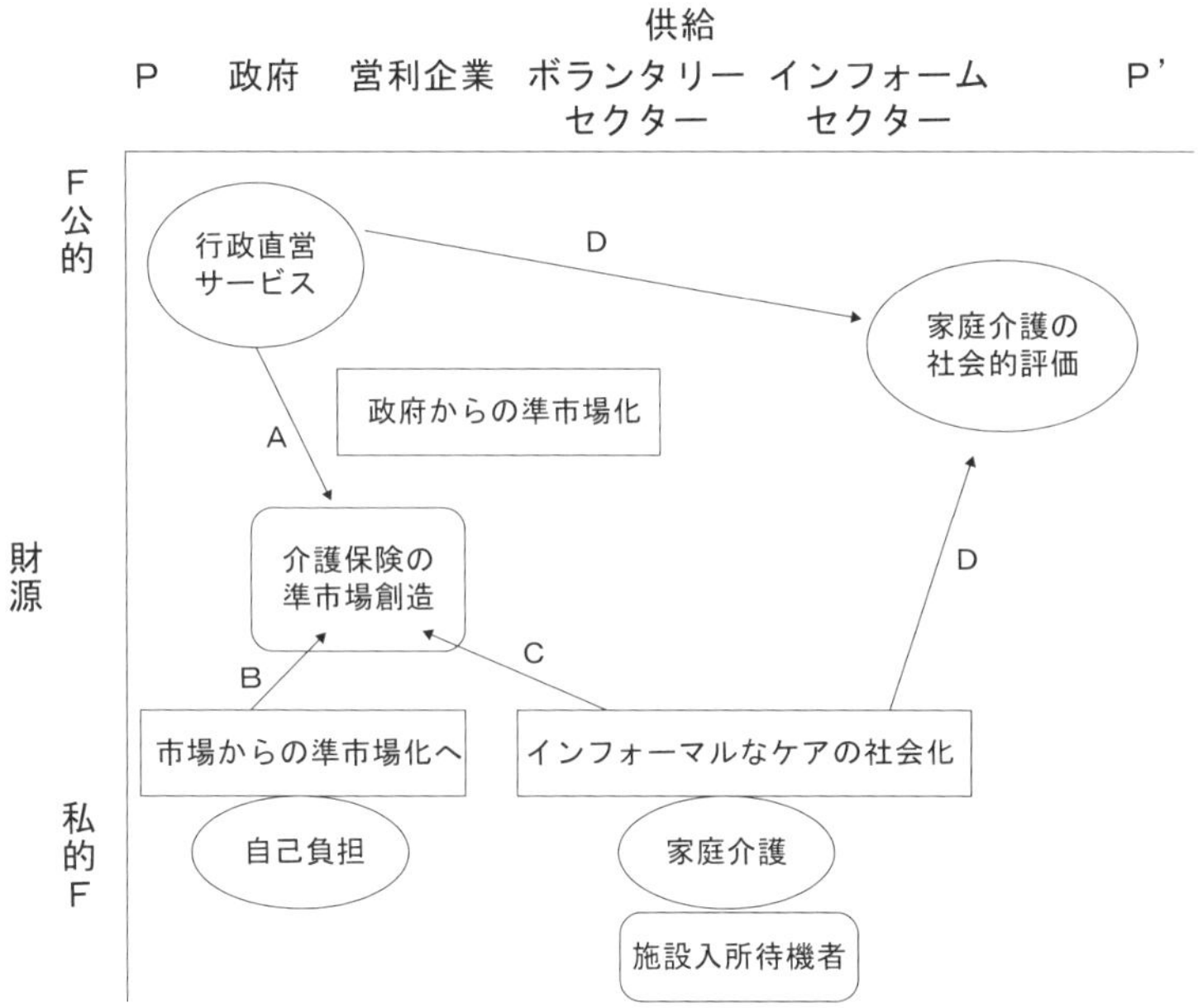

スに対応してどのように形成できるのか、ということがまず問われることになる。そこでは、社会福祉サービス財の性格や情報の非対称性と利用者の権利擁護、利用者ごとに個別化されオプショナルに変化するサービスへの対応、あるいは、市場原理にまつわるクリームスキミング（「うまい汁だけを吸う」こと）の規制など、この「擬似市場」が「供給者優位の社会福祉から利用者優位の社会システムになる」工夫が求められることは、駒村康平の指摘する通りであろう。

(2)「擬似市場」論と労働力問題

「福祉ミックス」や「福祉多元主義」の要の「擬似市場」あるいは「準市場」についての議論・検討で、見落とされてきたのは介護・福祉の労働力の問題である。

平岡公一は、【図8―2】のような高橋万由美作成の「介護保険における供給と財源のバランスのシフト[13]」という図を紹介しつつ、イギリスの「準市場」との比較において詳しく論評している。[14] これらの議論のなかで、税・保険料・利用料や地方分権、あるいは利用者の権利の問題などについては関心をもって検討されているが、「準市場化」した介護を支える労働力の問題は、いわばノーマークである。これだけ大きな問題になった介護労働力問題が、重要な課題として予測されていないのである。

「擬似市場」あるいは「準市場」についての議論・検討のなかで、なぜ労働問題が見落とされたのか。その時代的条件として、介護保険が導入された２０００年前後の日本の介護や福祉の労働力は「買い手市場」であったことが大きく左右していたことは間違いないであろう。しかし、それだけであろうか。

第一には、ロナルド・ドーアが『働くということ』（中公新書）で「介護補助要員のような低賃金の非熟練職の雇用は増えているものの、介護技術の売り手市場を作るほどのスピードで増えていない。（そうした介護の必要を有効需要に転化するには、介護を必要としている人が貧しすぎる一方、供給は『失業した中間層』と移民によって増加している）」と述べていることを私は５章で紹介しておいた。[15] このことに関連したことである。

イギリスやヨーロッパ、あるいはＯＥＣＤにおいて福祉サービスへの市場メカニズムの導入が検討されていた時、イギリス、アメリカ、ヨーロッパでは、介護労働者の供給源を移民と失業者・弱年層などに依存していた。[16] また、高齢化のテンポが日本ほど激しくないことなども手伝って、介護労働力問題は、福祉サービスの「擬似市場」あるいは「準市場」形成の中で大きな課題としては自覚されていなかったという事情があったのであろう。だから、介護労働者の供給源を移民と失業者などに依存しているイギリスやアメリカでのＭＴＭ論やＮＰＭ論そのものの社会的土台を批判的に見たうえで、「福祉ミックス」や「福祉多元主義」、あるいは、「擬似市場」の論理が日本へ紹介・導入されなかったという問題である。これらは、日本の社会福祉の研究者や政策立案に携わる行政関係者が、諸外国、とりわけ欧米の社会福祉・社会政策や、社会福祉の援助技術論・マネージメント論などを日本へ紹介・導入する際に、その社会の土台や成り立ちを十分考慮しないで、都合の良い点だけをつまみ食い的に紹介したりする傾向と同じことではないだろうか。日本の学者・研究者、政策立案者が、移民の受け入れによって多民族・多元社会と化している欧米の民族的差異や労働力構成を見ないで、「擬似市場」あるいは「準市場」をつまみ食い的に紹介した結果、陥った「落とし穴」が労働力問題の欠落であったのではないかと考えるのである。

第二は、労働運動の衰退ともあいまって、社会政策を検討する領域で、財政学や経営学の膨張と対比してみると、労働経済学の位置の後退・縮小が著しい。第一の問題とも関係して、社会福祉学、あるいは社会政策学が、労働経済学から学んだり、連携したりすることを怠ってきた面が大きいのではないかと感じる点である。

実は、私自身が、介護労働力問題を検討しようとしたとき、労働経済学の現状や動向について、この間ほとんど関心を持ってこなかったこと、労働経済学の新しい論点などに対する「無知」をいやというほど思い知らされたことを告白しておきたい。

（３）日本型福祉と有償ボランティアによる主婦の戦力化

労働力問題が見落とされてきた第三の理由は、日本型福祉論の延長上に、ないしは、日本型福祉論の総括のないままに「社会福祉基礎構造改革」議論がなされたことにある。

第３部第５章で、日本の介護労働市場は、〈施設系労働市場〉とホームヘルパーの〈訪問系労働市場〉の二つによって成り立っていることを見てきたが、その点をさらに歴史的に振り返ってみることにする。

Ａ：ホームヘルパーは、戦後の寡婦対策としての「家庭奉仕員」制度から出発し、１９７０年代後半以降、人口の高齢化の中で需要が増大すると、一部の地方自治体で、直接雇用のヘルパーの外側に、主婦層を中心にした有償ボランティア的な安価なヘルパーを組織して対応した。家族介護を前提にした「日本型福祉」の担い手として有償ボランティア的ヘルパーの組織化が行われたのである。例えば、大阪ホームヘルプ協会の下で働くヘルパーは、「登録制の有償ボランティア」という位置づけであった。大阪ホームヘルプ協会は、ヘルパー養成講習を実施して人材を確保しながら、同協会に登録した「有償ボランティア」に対して、大阪市の福祉事務所がホームヘルプ・サービスの提供を措置決定した家庭へ、ヘルパーの派遣を調整する役割を担ったのであって、各ヘルパーは大阪ホームヘルプ協会とも大阪市とも直接雇用関係ではない「有償ボランティア」制であった。その「有償ボランティア」としてのヘルパーは、子育てが終わった主婦を行政の誘導によって戦力化する手法であった。その介護保険のもとでは、この有償ボランティア的な安価なヘルパーを「パート労働力」として吸収・再編した。その結果、今日でも、自宅から要介護者の家庭へ直接訪問し、サービスの提供が終わればそのまま自宅へ帰る「直行直帰型（非定型短時間就労）ホームヘルパー」が「登録ヘルパー」という呼称で呼ばれ、そこでの労働慣行は、かつての「登録制の有償ボランティア」の名残を色濃く留めている。

Ｂ：福祉施設による高齢者介護の出発点は、養護老人ホームなどであり、ここでもサービスの担い手は「寮母」と言われ、寡婦や主婦層の職員が中心であった。福祉施設は、自治体直営か社会福祉法人の経営であったため、公務員か公務員に準じた処遇のもとに置かれていった。その後、施設福祉の需要増大の中で、社会福祉法人経営の介護・看護などの職員に対して、民間給与改善費が組まれ、１９８０年代後半には、介護福祉士の制度整備などによって介護の専門職として位置づけられるようになった。

こうして、Ｂの施設系介護職員は「正規職員」、Ａの訪問系介護職員は、有償ボランティア、ないしは、非常勤・パート職員の待遇という労働市場の枠組みが２０００年の介護保険制度以前に形成されていたのである。介護保険は、すでに形成された二つの労働市場のあり方を踏襲して出発し、ヘルパー事業の介護報酬の単価は、有償ボランティアよりはましではあるが、非常勤・パート職員的な働き方と処遇を前提とした低い単価設定となった。一時、「介護保険バブル」などと言われたが、主婦のワーク・コレクティブ的な無償・有償のボランティア活動に対して、介護保険から報酬が生まれたのであって、製造業のラインやスーパーのレジ打ちより時給単価が少し高く設定されたが、施設系介護職員の相対的高い単価には及ばない設定であったのである。

さて、介護保険開始後９年が経過しようとした時点でも、Ａ、Ｂ二つの労働市場の分割が、続いている。Ｂの施設系介護職員は、介護福祉士有資格者の若い職員が中心で、将来の人生設計を睨みながら介護の仕事を行っている。Ａの訪問系は、子育てを終わった主婦層が多数。扶養控除内の年収で自分の好きな曜日・時間に働ける独立性が強い仕事（常時の管理から自由）で、生きがいと社会的貢献という意識が訪問系介護職員の特徴である。

問題は、介護保険制度の導入以降、介護事業全体へのコストダウンの圧力によって、正規職員群で成り立っていたＢの施設系介護労働者の市場に、Ａの非正規雇用労働者（パート・派遣等）が大量に組み込まれたことである。極端な例が、民間営利法人のグループホームなどで起こっている。正規職員は一人か二人で後は非正規職員という例が圧倒的で、その正規職員の処遇も「パート労働市場」によって低く引き下げられている。Ａの訪問系介護労働者の労働市場が、正規雇用が多数であったＢの施設系介護労働市場を下方修正してきたことを意味する。

その上に、この間の介護労働者総数の不足という事態が重なり、Ａ、Ｂ二つの労働市場の揺らぎは激しいものとなった。Ａは、２００５年の法改定により、予防介護の導入などによって従来以上の仕事をするのに介護報酬は減り、収入は減る。また、介護労働の基本資格を介護福祉士とするという「社会福祉士及び介護福祉士法等の一部改正する法律」によって、ヘルパー講習を受講する希望者が激減し、新規のヘルパー補充が困難となっている。

人口統計からみても、少子高齢社会の進展によって、高齢者の介護ニーズの増大と介護労働力需要の増大は明らかであった。しかるに、国や政策立案に関係する研究者の側において、財政上の不足は自覚されていたが、介護労働力問題が等閑視されてきたのは、介護労働に対する社会的評価の低さと関連するものであるとしかいいようがないのである。

4　福祉ミックス論とボランティア・セクターの可能性

「福祉ミックス」や「福祉多元主義」の論議のなかで、社会福祉の未来について、市民の能動的参加の問題が語られ、その主体としてボランタリー・セクターの可能性が位置づけられて論じられることが多い[17]。

上野千鶴子は、協セクターに分類される介護事業体に注目して、事例研究をしてきたのは、「介護サービスの市場化、いいかえれば民間営利企業によるサービスの提供にはさまざまな点で疑問を感じてきた（中略）私の問題関心は、協セクターの介護事業体が、介護サービスの品質のうえでも、経営管理のうえでも、他のセクターの事業にくらべて相対的に優位であることを証明することであった」と述べ[18]、日本において「福祉ミックス」ないし「福祉多元主義」が展開されてきた経過をふりかえりながら、4部門をPublic Sectorとして「官」（Public〔state/government〕）と「協」（Common〔civil society〕）の2部門、Private Sectorとして「民」（Market）と「私」（Private〔family〕）と整理している。「協」を〈Common（civil society）〉と位置づけ、Public Sectorの側に整理して、規制改革・市場化を唱える新自由主義者らの〈「官」と「民」の2項対置論〉を超えていく可能性を追求しようとしている。

こうした可能性追求の論議は論議として、現実には、期待されるボランタリー・セクターの担い手の状況はどうであろうか。

介護保険が始まるはるか以前に、加納恵子は、「福祉におけるケアとフェミニズム[19]」で、1970年代中葉からのボランティア政策の台頭の中で、ボランティア活動のフェミナイゼーション（女性化）が進行していること、しかも、50代以上の主婦が中心を占めている現実を見つめながらも、「近代社会において、たとえ、『ケア（愛の世話行為――家庭での子育て、老親介護、病人看護）』が『公表されない経済』とか『含み資産』とか『シャドウ・

ワーク』といった価値（カネ）を産まないもの＝ただ働きという負のレッテルをはられたものであっても、『ケア』を曾祖母、祖母、母……からの唯一の『女性性（たかが記号といっても、人類は記号なしに生きるすべをまだ見つけていない）の遺産』として引き受けることからしか、サイレント・マスの女たちが生きる道はない。また、出番の制限はあるものの晴れてフォーマルな舞台でボーカルを担当できる出世した『新国内行動計画』を推進する労働運動フェミニストたちには、たとえ『ケア・ワーク（保育職、介護職そして看護職）』が『低賃金労働』か、『ピンク・レイバー』とか『パラ・プロフェション』といった価値（カネ）の低いものという負のレッテルをはられたものであっても、さしあたってはそれを唯一の財産とするところで、同化策（たとえば、課題山積の機会均等法や、昇進に差し障るから結局男性はとらない育児休業法）に抵抗して『ケア・イズ・ビューティフル』と高らかに謳ってもらいたい。そして、専業主婦もパート主婦もフルタイム主婦もまたはシングル主婦も分断されることなく、高齢化社会の主役として『ケアのイニシアチブ』の旗のもとに、ウイメンズ・コレクティブの威力を発揮したい」と述べ、「願わくば、ボランティアのマジョリティとしての女性たちが、他者の抑圧に付き合うなかで、自らの抑圧と内なる同情＝差別の正体を見極めつつ、『近代』からの離陸を試みていけたらばと思う」と記した。その願い・希望の結果について、今、彼女は、どう評価するのであろうか、興味のあるところである。

今日、このボランティアの担い手たちは高齢化しており、継続して新規の担い手が生まれている地域は例外的である。加納が期待した希望は、「働きがいはあるが、給与や社会的評価が低い」という共通の誇りと悩みを抱えて働くヘルパーをはじめ介護労働者の中に形を変えて、なお息づいていると、㈶介護労働安定センターの調査結果や大阪市社会事業施設協議会の「福祉人材調査」のデータ分析から、私は感じることができる。

しかし、日本における福祉ミックス論や福祉多元主義論は、現状では、幻の議論とすら言えるほど、介護労働者やボランティア・セクターの担い手の「やりがい」「使命感」を限りなく収奪しながらでしか、それは成り立たないものである。とりわけ障碍者の作業所などでの低い賃金・労働条件、税制上の優遇策もないなかで不断に資金問題を抱えながら活動するＮＰＯ・非営利活動団体の状態などが放置され、「ディセント・ワーク」とは程遠い不安定な条件やアンペイド・ワークによって日本の介護は支えられている。この現状を直視すれば、「収奪」という言葉が決して大げさな表現であるとはいい得ないであろう。

先に引用した論文で上野千鶴子は、「『先進的ケア』は、以下の三つの要因、(1)高い理念をもった指導力のある経営者が、(2)高いモラルと能力をもったワーカーを、(3)低い労働条件で使う、という条件がみたされたときに、はじめて成立する」と、ミもフタもない結論を述べている。もはや、介護労働力の問題は、改めて言う必要はないであろう。

今日、福祉ミックスについて、国や地方政府・公共機関は、社会の下支えの役割の多くを切り捨て、社会福祉のサービス提供責任からも外れ、あたかも、市場の調整役・監査役の位置にいて、市場の競争やコミュニティの自発性に委ねることが福祉サービスの「ベストミックス」であるかのような言説を押しつけている。[20]

かつて、１９６０年〜70年代の看護師不足に際して、国は、看護職員用の宿舎の建設や看護師養成に対して手厚い助成を行い、賃金・労働条件改善のための医療報酬のカサ上げなどを行ってきた。保育士の不足に対しては、各地方自治体は、独身寮の建設や奨学金制度などをテコに保育士の育成・獲得に努めてきた。労働力一般についてもいえるが、ことに介護、保育、看護、医療などに関わる労働力の形成を市場の自由にだけ任せれば、過不足が大きくなることは既知の歴史的事実のはずである。

大沢真理がいうように、「『福祉の最適混合』を目指すとは、生活保障システムのサブシステムや諸要素が、より一貫して機能し、より好適な成果をあげるようにすることをいう」のであって、現実に横行している日本の福祉ミックス論の実態は、福祉人材の欠乏という事態を招き寄せた中に端的に現れている、国・行政責任の放棄を覆い隠す役割を果たしていると評価せざるを得ないのである。

【注】

（1）この二つの経験は、水野博達「現場から見た〈介護〉のいくつかの特性と介護労働の現状」『日本労働社会学会年報』第21号、日本労働社会学会、２０１０年、23〜42頁に詳しく報告した。

（2）近年、社会福祉基礎構造改革議論を通じてなされた「市場原理」の導入の現状や原理について、新自由主義への批判的視点からの論評が活発になされているが、以下に見るように「政府の失敗」と「市場の失敗」を超えていく「福祉と社会」の向かうべき方向を探る議論は、未だ混沌としていて、共通の方法論やスキームには辿りつけていない。

①　佐橋克彦『福祉サービスの準市場化――保育・介護・支援費制度の比較から』（ミネルヴァ書房、２００６年）において、「国家型福祉から市場型福祉」へと変遷してきた日本の福祉の展開を歴史的に振り返り、「福祉サービスの市場化を、いわゆる『準市場』の枠組みから考察し、その限界を指摘する」とともに、「その限界を福祉サービスの『脱市場化』作業を通じて『社会福祉サービス』への再構築を」試みる論考。

②　武川正吾『連帯と承認――グローバル化と個人化のなかの福祉国家』（東京大学出版会、２００７年）において（35頁〜）、従来の混合福祉論や福祉多元主義は「社会サービスの提供に焦点をあてており、福祉国家の給付国家としての側面に注目」し、「福祉国家には規制国家の側面がある」ことを軽視する傾向があったとして、「福祉国家から福祉社会へ」ではなく、「福祉国家と福祉社会の協働」という表現で、国民国家の揺らぎのもとで、国家と市民社会の新しい関係の構築を提言している。「際限のない商品化と市場の失敗」が市民の連帯と承認を妨げていることを超えていく協働の関係構築の主張である。

③　宮本太郎「新しい福祉ガバナンスへ」『福祉ガバナンス宣言――市場と国家を超えて』（連合総合生活開発研究所編、日本経済評論社、２００７年）において（13頁〜）、受動的福祉受益者から脱却した「参加のための福祉ミックス」「福祉国家から福祉ガバナンスへ――参加保障の重層化と多元化」を呼びかけている。

④　神野直彦「ケアを支えるしくみ――ビジョンと設計」『ケア　その思想と実践5』（岩波書店、２００８年）において（14頁〜）、「市場という『悪魔の碾き臼』が導入されれば、ケアを支えるお互いに気遣う連帯が崩れてし

まう。介護保険は、ケアを支える連帯という人間関係を崩しながら、貧者をケアから排除していくことになる」と擬似市場原理に基づく介護保険を批判している。

⑤　平岡公一「ケア市場化の可能性と限界」『ケア　その思想と実践5』（岩波書店、2008年）において（138頁～）、「新自由主義のイデオロギーの影響が強い政治状況のもとでは、（中略）改革の問題点の原因を説明するにあたって、……市場化という単一の要因を強調した方が、専門家以外の人々に対しては、わかりやすい説明になる。しかし、（中略）ケア・サービスの市場は現実に存在しており、それが人々のケア・ニーズを充足する上で一定の役割を果たしており、他方で、さまざまな問題を引き起こしている事実から眼を背けることはできない」と、ケア市場の現実を「分析することが議論の出発点にならなければならない」と主張している。

⑥　大沢真理「福祉の最適混合を目指して」『ケア　その思想と実践5』（岩波書店、2008年）において（1頁～）、アマルティア・センの「潜在能力アプローチ」や「フェミニズム経済学」の立場から、従来の福祉ミックス、福祉多元主義ではなく、「生活保障システムとしての福祉混合」の最適化を提案。「日本の生活保障システム＝福祉混合」の特徴は、企業中心社会、雇用処遇が「男性稼ぎ主」中心で、政府も諸外国にくらべて小さい。非営利協同組合の規模も小さく、家事・育児・介護・ボランティア等無償労働は、規模は小さいが極端に女性に偏っていて「男性稼ぎ主」型システムである。これを、「生活の協同」に根ざした「福祉政府」（神野直彦・金子勝が1999年に提案）などによる組み換えで最適化を目指すべきだと主張（なお、彼女は通常、「福祉ミックス」というと政府部門、市場部門、ボランタリー部門、家族・インフォーマル部門の四つをあげるが、ボランタリー部門はその労働力の構成が混合的であるので一つの独立した生産部門とは見なさない）。

（3）　介護労働の問題が、まったく無視されてきたわけではもちろんない。ジェンダー視点や介護の社会化の視点を重視する学者・研究者が、介護労働問題に関心を持ってきたと私は感じている。以下は、最近の論考では注目したい文献。

①　服部万里子「高齢者に差す格差の影」『中央公論』2007年8月号、中央公論新社、2007年
②　水野博達「『介護の革命』第二段階を目指す改革試案――欠乏する介護労働力に悩み揺れる現場から」『共生社会研究』№2、大阪市立大学共生社会研究会、2007年

水野博達「重大な問題はらむ介護労働者の資格と人材確保指針の変更」『共生社会研究』№３、大阪市立大学共生社会研究会、２００８年
水野博達「介護はすでに死んでいるのか」『現代の理論』２００７年秋号（vol.13）、明石書店、２００７年
水野博達「深刻な介護労働力の欠乏――行き詰まる介護保険制度」『市政研究』08冬・158号、大阪市政調査会、２００８年
③　高橋爾「介護労働と福祉ＮＰＯの運営における葛藤」『共生社会研究』№３、大阪市立大学共生社会研究会、２００８年
④　上野千鶴子「先進ケアを支える福祉経営」『ケア　その思想と実践６』岩波書店、２００８年
「先進ケア」成立の三つの要因を喝破し、「先進的ケア」が、地方都市では可能であるが、地方大都市では成立しがたいことを示し、「ケアはその相互行為自体のなかから、相手の成長や感謝という見えない報酬を得ている、という言説の罠が待ち受けている。…ケア労働の（貨幣タームでの）報酬の低さを正当化するために動員されるが、だからといってケア労働の価値が低く見積もられてよいことにはならない」と述べている。
⑤　堀田聰子「介護労働市場と介護保険事業に従事する介護職の実態」『ケア　その思想と実践２』岩波書店、２００８年
⑥　ＮＨＫ取材班、佐々木とく子『「愛」なき国――介護の人材が逃げていく』阪急コミュニケーションズ、２００８年
(4)　大阪市社会福祉協議会人材養成連絡協議会（白澤正和会長）の「福祉人材の確保と養成――現状と課題」（２００８年３月）の調査報告書の第1章、第2章で、社会福祉法人の「財務体質の改善」の誤りが人材確保の困難をまねいた原因と主張。この主張は、２００７年11月のアンケート調査の結果からもズレており、「研修時間も取れない」などの悩みを抱えて日々苦闘している福祉現場の実感からもかけ離れた見解である。
(5)　氏原正治郎、高梨昌『日本労働市場分析』（上・下）東京大学出版会、１９６６年。小池和男『職場の労働組合と参加――労資関係の日米比較』東洋経済新報社、１９７７年。ただし、ここでいう「内部労働市場」は、社会的慣習的要因を排除した新古典派経済学による「人的資本論」のみに依拠したものではない。なお、「内部労働市場」

論については、以下の文献を参考にした。小野旭「熟練仮説か生活費保障仮説か――年功賃金の決定をめぐって」『一橋大学研究年報・経済学研究』28：3―48、１９８７年。野村正實「知的熟練論の実証的根拠――小池和男における理論と実証」『大原社会問題研究所雑誌』No.503、２０００年。遠藤公嗣「賃金形態論の途絶――小池和男『賃金の上がり方』論」『大原社会問題研究所雑誌』No.553、２００４年。西部忠「労働力の外部商品化・内部商品化・一般商品化――『市場の内部化』による資本主義の進化」『経済理論学会年報』第34集、青木書店、１９９７年。有泉哲「アメリカにおける雇用関係の変容と労働市場――進化ゲーム・モデルによる検討」『茨城大学人文学部研究紀要・社会科学論集』36・37―55、２００２年。ロナルド・ドーア（石塚雅彦訳）『働くということ――グローバル化と労働の新しい意味』中公新書、２００５年。上田眞士『現代イギリス労使関係の変容と展開――個別管理の発展と労働組合』ミネルヴァ書房、２００７年。

(6) 杉本章「介護福祉士養成の現場から」『福祉労働』112号、２００６年。水野博達「『介護の革命』第二段階を目指す改革試案」『共生社会研究』No.2。水野博達「重大な問題はらむ介護労働者の資格と人材確保指針の変更」『共生社会研究』No.3

(7) 「擬似市場」（quasi-market。「準市場」と訳される場合もある）とは、さしあたり以下のこと。「①供給サイドが、営利企業と非営利組織など組織特性や行動原理の異なる多様な組織で構成されている。②需要サイドに対しては、（介護財源を含む）公的資金が相当程度投入される。③消費者に代わる第3者が、サービス購入の決定で重要な役割を果たすという三点において純粋な市場と異なる性格をもつものと概念化されている」（平岡公一「ケア市場化の可能性と限界」『ケア　その思想と実践５』岩波書店、２００８年）

(8) 水野博達「『介護の革命』第二段階を目指す改革試案」『共生社会研究』No.2、、２００７年、82～91頁及び95～96頁

(9) 大阪市社会事業施設協議会「福祉人材確保についてのアンケート調査」：大阪市社会事業施設協議会の５つの施設連盟・協議会（老人福祉施設、保育所、児童施設、障害児・者施設、生活保護施設）と大阪市地域福祉施設協議会が２００７年11月に実施した中堅職員と新任職員及び管理者のアンケート調査の分析。

(10) ＮＨＫ取材班、佐々木とく子『「愛」なき国――介護の人材が逃げていく』阪急コミュニケーションズ、２００８

年、23頁

(11) 大沢真理「福祉の最適混合を目指して」『ケア　その思想と実践６』岩波書店、２００８年

(12) 駒村康平「擬似市場論――社会福祉基礎構造改革と介護保険に与えた影響」『講座・福祉社会11　福祉の市場化をみる眼――資本主義メカニズムとの整合性』渋谷博史・平岡公一編著、ミネルヴァ書房、２００４年

(13) 高橋万由美「多元的福祉と当事者選択の拡大――介護保険・保育にみる多元的福祉へ向けた条件整備の状況」『講座・福祉国家のゆくえ３　福祉国家のガヴァナンス』武智秀之編著、ミネルヴァ書房、２００３年、213頁

(14) 平岡公一「社会サービスの市場化をめぐる若干の論点――まとめに代えて」『講座・福祉社会11　福祉の市場化をみる眼――資本主義メカニズムとの整合性』渋谷博史・平岡公一編著、ミネルヴァ書房、２００４年

(15) 『働くということ――グローバル化と労働の新しい意味』中公新書、２００５年

(16) Ｊ・フィッツジェラルド著、筒井美紀・阿部真大・居郷至伸訳『キャリアラダーとは何か』勁草書房、２００８年、34〜121頁において、アメリカでは、対人ケアを提供する労働者は、移民などの貧困層、あるいは外国からのリクルートに頼っていたが、１９９５年以降労働力の不足が深刻になった状況が紹介されている。

(17) 武川正吾『連帯と承認――グローバル化と個人化のなかでの福祉国家』東京大学出版会、２００７年
宮本太郎「新しい福祉ガバナンスへ」『福祉ガバナンス宣言――市場と国家を超えて』連合総合生活開発研究所編、日本経済評論社、２００７年
平岡公一「社会サービスの市場化をめぐる若干の論点――まとめに代えて」『講座・福祉社会11　福祉の市場化をみる眼――資本主義メカニズムとの整合性』渋谷博史・平岡公一編著、ミネルヴァ書房、２００４年　など

(18) 上野千鶴子「先進ケアを支える福祉経営」『ケア　その思想と実践６』岩波書店、２００８年

(19) 加納恵子「福祉におけるケアとフェミニズム」『自治型地域福祉の展開』右田紀久恵編著、法律文化社、１９９３年

(20) 水野博達「深刻な介護労働力の欠乏――行き詰まる介護保険制度」『市政研究』08冬・158号、２００８年、40〜41頁

補論2

外国人介護・家事労働者の導入と地域の高齢者サービス

◆地域の「市場占有戦略」と高齢者向け住宅業者などの動き

序章の「おわりに」でも少しふれた２０１４年6月24日、新たな成長戦略「日本再興戦略」（改定２０１４）の閣議決定である。その中で、①外国人の介護労働者を「技能実習制度」の追加対象職種とすることの検討（２０１４年内に結論）、②国家戦略特区において家事支援人材の受け入れを可能にする（早ければ、２０１４年秋から大阪府・市の特区で実施）の2点について注目してみる。

これまで行ってきた二国間の協定による人数や資格要件などを厳しく限定した（事実上、例外的にしか受け入れない形）フィリピンやインドネシアからの介護労働者の受け入れとは違って、いよいよ本格的に外国（アジア）から介護労働者の導入を開始しようという動きである。２０１５年2月末現在でも、①についても②についても、中央政府や地方政府で外国人の権利保障や労働条件等の肝心な点についてどのように検討されているのかは、不明のままである。しかし、いずれにしても、日本の労働環境に大きな変化をもたらし、また、危機に瀕する日本の介護保険制度や家族・地域の在り方などに大きな影響をもたらすことが予測される。

政府は、今回、①の技能実習制度の枠拡大についても、外国人の受け入れ拡大が「移民政策と誤解されないように配慮」を強調している。少子化で日本人が嫌がる仕事への「労働力」は欲しい。しかし、「移民」は認めない。つまり、外国人が日本に永住し、労働者として家族（を呼び寄せたりして）と日本で普通に暮らせる多民族・共生社会に日本がなることは忌避し、「労働力」だけは外国から確保しようという姿勢を堅持するというのだ。

「家事支援人材」は、18歳以上、単身で入国。家事支援サービス提供企業が雇用し、地方自治体が管理、という枠組みで、在留資格は「特定活動」となる模様。今のところ香港や台湾、シンガポールで行われている住み込みで家事・育児・高齢者介護などすべてをこなす人材とは異なり、家事派遣業者に雇用された外国人が、家庭に派遣される形が想定されている。しかし、雇用契約と労働基準の順守、住宅や就労年限はどうか、国と自治体の管理・監督などの責任分担は不明である。

さて、第3章で居住機能と介護機能を一旦分離して、介護サービスを外付けにした高齢者住宅の提供事業について触れたが、この外国人の家事支援人材（あるいは介護労働者）の組み合わせについてどうなのか。

高齢者介護にかかわる事業は、厚労省の所管であったが、ケアと居住機能が一体となった特養の整備は、特に都会では、保険財源の制約と用地難もあって整備が進まなかった。また、多くの有料老人ホームは、平均的な所得の階層には、手が届きにくい。こうした間隙をついて、国土交通省のバックアップによる高齢者向け優良賃貸住宅（高優賃）、高齢者円滑入居賃貸住宅（高円賃）、高齢者専用賃貸住宅（高専賃）などの形で高齢者向けに住宅開発が行われてきた。この動きをまとめる形で、2011年4月に「高齢者の居住の安定確保に関する法律」（高齢者住まい法）が改正され、これによって、サービス付き高齢者向け住宅（サ高住）が大量に建設された。2011年11月の30棟から2014年9月時点では、4，932棟15万8，579戸が登録されている。

賃貸住宅だから有料老人ホームのように高額な「入居の権利金」を払う必要はなく、また、住居であるから入居施設と違って生活の規制は緩く、自由に住宅を出入りでき、比較的賃貸料も安いということもあって、急速に需要が伸びた。しかし、サ高住は、医師や訪問介護・訪問看護事業者などと提携して介護・ケアにかかるサービスを外付けするので、外付けのサービスの質や量が適正であるかどうかが問われた。介護保険限度額一杯の過剰サービスや虚偽の診療報酬請求などの問題も多い。しかも、サ高住を利用するのは、限られた階層（中産階層の中～下と考えられる）であり、サ高住の市場は、ほぼ飽和状態であるとも言われる。つまり、サ高住を開発してきた関連業者の利益拡大は、ほぼ天を突いたのである。

今後3年後には、介護保険法の改定により要介護度の低い高齢者へのサービスは、介護保険のサービスから自治体の「新しい総合事業」へ移管される。この事業の詳細は、各地方・地域によってさまざまな落差・相違が生まれるであろう。また、それにともない介護保険制度内のデイサービスや訪問事業などを行ってきた各事業体も、生き残りをどうするかが問われるようになる。地域に密着してきた事業の再編がさまざまな形で進むであろうことも予測される。

序章で検討したように、現状では、自主的な住民の相互の助け合いや有償ボランティア活動を展開できる地域は限られている。こうした条件をビジネスチャンスと捉えて動き出す主体が現れることになる。全国でチェーン展開をしてきた民間のグループホームや訪問サービス事業者、さらには、サ高住などの高齢者向け住宅を提供してきた業者などである。彼らは、医師や訪問サービス事業者やお弁当の宅配業者等との連携・提携関係のノウハウとそれを組織できる資金力を持っている。こうした資本が、外国人の家事支援人材（あるいは介護労働者）を安い賃金で使う事業に乗り出すことも容易に想像できる。

地域では、これまでデイサービスの車とホームヘルパーさんの自転車が活発に動いていた。やがて、外国人の家事支援の労働者が、各家庭と高齢者向け住宅へ頻繁に通う姿が見られるようになるかも知れない。ゴミ出し、お風呂の掃除、犬の散歩、買い物や病院などへの付き添い。お墓参り、墓掃除から旅行の付き添いなどなど、あらゆる生活の細々した作業やイベントの手助けを含め、家庭と地域の生活一切を「サービス商品」に組み替える激烈な市場占有競争が、地域で展開される時代が来るかも知れない。介護保険サービスが、地域の相互扶助的なつながりと活動を潰していったことに代わって、家事支援人材（あるいは介護労働者）を活用する事業とサービスによって、地域の自主的活動と地方自治体と連携した「新しい総合事業」をも押しつぶしていくことになるかも知れない。

この事態をどう防ぎ、地域社会の再生を勝ち取っていくか。道は険しい。

第5部　超高齢社会を考える

第9章　超高齢社会、必然化する「持続的社会」の構想

◆少子高齢社会は福祉施策では超えられない近代の行き詰まり

日本だけではなく、東アジア諸国が超少子高齢社会に向かっている。各国では、今、少子高齢社会の先を走る日本の経験から学ぼうとしている。少子高齢社会の問題を東アジアの視野から検討してみると、高度経済成長の行き詰まりを超えて、近代の批判的検討が求められていることが見えてくる。

1　「奇跡の島」祝島を訪ねて

2012年の2月下旬、山口県上関町の祝島にフィールドワークで訪問した。周囲12キロメートル、面積7・67平方キロメートルの周防灘と伊予灘の境界に位置する島。対岸の上関町四代田ノ浦は、中国電力の原発建設予定地。それは祝島島民の居住区の真正面に位置していた。島の人口は、戦後最盛期で5、000人であったが、現在約500人。65歳以上の高齢者が、人口の約70%を占めている。

島は、ヒジキの収穫期。いくつかのグループでヒジキの採取・加工・出荷作業に精を出していた。干潮時に

「若い人」、といっても、10歳代から50歳代の男女が、海岸に出てヒジキを採取する。釜で一晩炊く。それを朝から、グループ総出で天日乾燥にする作業を行う。午後には、乾燥し終わったヒジキの袋詰め作業。この天日干しと袋詰めの作業は、高齢の女達が中心だ。「平均年齢は80歳だ」と彼女たちは笑っていた。男は漁に出ているのであろう。

島の産業は、鯛の一本釣りを中心とする漁業（遊魚も盛ん）と農業（ビワと各種の自給的な野菜の栽培）で、自然の恵みと環境を大切に暮らしていて、近年、島にUターンした人や島の魅力に魅せられて移住する若い世代もボツボツ現れている。２００５年３月に中学校は休校になり、同年４月に小学校が2年ぶりに復活した。校長１名、教員１名、生徒１名の再出発であった。２０１２年現在、生徒数は３名という。

島民は、１９８０年代初頭から原発建設に反対してきた。中電の横暴に反発し、豊かな漁場・自然を守る闘いを持続的に、非暴力主義を貫いて続けてきた。毎週、月曜日の朝、定例の原発反対の集会とデモが行われる。それは、今や、祝島の「生活世界」における自然な活動のひとつとなっている。

島を歩くと、人々の明るくのびやかな表情に、どこでも出会った。

「地域社会でその成員が自発的に協力し合うかどうかは（中略）、その地域社会に社会（関係）資本が豊かに存在するか否かにかかっている。一般化された互酬性の規範と市民的積極参加のネットワークは、裏切りへの誘引を減らし、不確実性を低減させ、将来の協力にモデルを提供することで社会的信頼と協力を促進する」[(1)]（ロバート・D・パットナム）

「お金の魅力より、島の生活と人々の繋がりを大切にしたい」という文字通り、自然との共生。資本主義的な巨大開発を望まない「持続的な社会」を実践している「奇跡の島」。そこには、人々のまばゆい姿があった。

２　東アジアに超高齢社会がやってきた

２０１２年１月30日に国立社会保障・人口問題研究所が、２０６０年までの将来人口推計を発表した。それによれば、合計特殊出生率を１・35に上方修正しても48年には、総人口が１億人を割り、60年には、８、６７４万人まで減少すると報告。人口の縮小だけでなく、問題は少子高齢社会が深化することである。

１９７０年に65歳以上の高齢者は人口全体の７％で「高齢化社会」に突入し、２０１０年には、23％となり、超高齢社会となった。さらに２０２４年には、30％を超え、60年には39・９％に達する見込みという。60年には、10人の内、４人が65歳以上の高齢者、５人が16歳～64歳の学生や大人、１人が14歳以下の子どもという数値である。現在、１人の高齢者を現役世代（16歳～64歳）２・８人で支える形だが、60年には１・３人で支えなければならない計算である。高齢者の支え方は「騎馬戦型」から「肩車型」へと転換することになるという。

出生率を１・35に上方修正しているが、この間の格差拡大と貧困化、とりわけ若年層の不安定雇用の増大を考えると、この上方修正は、かなり希望的な観測に思えてならない。その感想は横に置くとして、現在でも中山間部では、高齢者人口は１００％近い地域があり、すべての地域で、高齢者のみの世帯、さらには、一人世帯が都市でも広がっている。東京都でも、一世帯の家族構成員の平均は１・99人と二人以下で、もはや「家庭」「家族」という言葉が、意味を成さなくなり始めている。現在から２０６０年にタイムスリップしてみると、今、高校２、３年生の若者は65歳、大学を卒業した者は70歳になっており、14歳以下の子供は近くにおらず「お一人様仕様」の恐るべき社会に放り込まれることになる。

言うまでもなく、この超少子高齢社会の到来は、自然現象ではない。日本社会の構造的矛盾から生まれる現象である。少し視野を広げて見ると、日本とは時期がずれるし、それぞれの国の独自な条件・特徴はあるが、急激な高度経済成長の道を驀進してきた東アジア諸国にも超少子高齢社会が共通の現象として起こっている。
例えば、「未富先老」（豊かになる前に老いてしまう）と言われる中国社会を概観してみる。特異な「一人っ子政策」をやめれば少子化は止まり、将来にわたって人口問題は心配がないという見解もあるが、これは、皮相な見方である。(2)

「改革開放」以来、外国資本を導入したりして「世界の工場」として急成長した中国社会は次のような問題が存在する。(3)

大都市近郊の豊かな農村は別として、多くの農村の過疎化と貧困化は進んでおり、戸籍制度による「二元社会」となっている。部分的な緩和・改善がなされ始めているが、基本的には農村戸籍の者は教育・社会保障等の面でも都市と比較して低位で、外国への渡航は許されないなど市民的権利の面でも落差があり、都市で働いても都市戸籍は与えられないという構造もあって、農村と都市の格差は拡大している。この格差によって、農村は、大量の安価な労働力の供給基地となっており、若年から中高年層まで労働力を都市に排出し続けてきた。経済成長の続く中国では、鉱・工業で働く労働力の不足状態が続いてきた。しかし一方、４年生大学の卒業者などは、望む就職先がなく、「蟻族」と言われる半失業状態の若者が都市とその近郊に滞留する事態も広がっている。組立加工などを中心にした産業構造によって、現状の産業構造が求める労働力と高学歴を目指す人材育成とのミスマッチが解決されていない。その結果が、蟻族の登場であり、農村は実質的な過疎化が進み、「空巣家族」（高齢者と児童のみの家庭で扶養者は留守）状況を生んでいる。

こうした中国の産業構造・社会構造を冷徹にみれば、都市でも農村でも子どもを産み育てる条件が奪われつつある。今や「一人っ子政策」の結果進んだ少子化とともに、日本と同様、貧困化と格差化によって、子どもを産み育てる条件を持っている若者が少なくなっている。(4) また、改革開放がもたらした社会的な価値観の変動のなかで、結婚観や家族観の変化も起こっているからである。

3　日本型高齢者福祉対策の方法・方向

東アジア各国では、こうした少子高齢社会に対応する努力が進められている。中国では、これまでは高齢者や障碍者問題に対して香港を経由してイギリスの制度から学ぶことが多かったように思われるが、北欧やドイツの経験・制度と同時に、多くの面で、日本の経験を参考にし、吸収する努力が近年目立ってきている。

ところで、日本における高齢者介護・福祉への対応は、以下のように政府主導の三つを柱とする対応と一つの労働者・市民サイドの努力であると概括することができる。

●第一に、高度経済成長の終焉にともなう税収減を施設収容中心の福祉から在宅中心の福祉へ転換して、介護サービスの財源を公的保険制度によってカバーする対応。

●第二は、政府の福祉を含めた公共予算を抑制するために、ＮＰＭ（ニュー・パブリック・マネジメント）・市場原理の導入である。

●第三は、安価でかつ良質な介護労働力の創出によって量・質両面で拡大するニーズに対応する。

●第四は、地域密着の新しい介護方法・内容の開発について介護現場や市民による努力に依存することである。

第一は、経済成長による税収の増大を支えに実現してきた福祉国家のあり方は、80年代から行き詰まっていた。消費税などの間接税の増税も政治的な条件から望み薄で、在宅中心の福祉への転換と新たに「介護保険」という公的保険制度によって拡大する介護ニーズに応えるという方策が選択された。

２０００年から始まった介護保険制度。その保険者は基礎自治体の市町村で、介護保険の財源は、税が50％（国が25％、都道府県12・５％、基礎自治体12・５％）、被保険者の保険料が50％（65歳以上が21％、現役世代の40歳から54歳が29％を負担）で、各介護保険圏内で提供する介護サービスの量と被保険者の保険料は、各基礎自治体が

５年毎の介護保険計画を策定しながら決定するという、地方自治・分権の試金石として制度設計がなされた。「小さな（中央）政府」への歩みであった。

第二は、高齢者福祉サービス提供主体の多様化である。地方政府直営か社会福祉法人に限られていたサービス事業者を非営利のＮＰＯ、医療法人、生協、農協、そして、株式会社等の営利法人に広げたことである。公共性のある介護サービスの市場化・多様化であり、中央政府、地方政府はサービス提供者の位置から退場し、介護市場の管理・監督・統制の側に回ったのである。

市場化の結果として福祉サービスにおける〈政府セクター〉、〈市場セクター〉、地域のコミュニティやボランタリーの〈協働セクター〉、そして家庭などの〈私的セクター〉という異質なセクター間の関係調整をベストミックスさせる「新たな公共性」の樹立が、ここで課題となった。

第三は、介護福祉士・社会福祉士の養成制度を整備し、ホームヘルパーや介護支援専門員の養成制度も整備し、施設設置基準等でそれぞれ一定の有資格者の介護現場への配置を義務づけるとともに、介護報酬を中央政府が定めることによって、介護市場を政府・地方政府のもとの「準市場」（擬似市場）として構築した。福祉職員の養成制度、施設設置基準・運営基準、および介護報酬の三つは、これまで安価でかつ良質な介護労働力を量・質の両面で確保するための枠組みとして機能してきたのである。

では、これらの政府による方策は、２０１２年現在、介護保険12年の実践からどう評価できるであろうか。

介護保険は、介護の社会化を求めた市民団体、女性団体や、「オムツはずし学会」に代表される当事者の権利や個別性を重視した介護の方法・内容へと変革することに取り組んだ介護現場職員の期待を集めて出発した。いざ制度が始まると複雑な制度の運用と財源問題が付きまとい、中央政府（厚生労働省・財務省など）が現場を重視しない審議委員を多く起用して次々と制度・手続きを修正し、その変化に地方政府や介護業界、住民は追いつくのが精一杯であった。市民・住民の自主的活動をベースにした地方自治を介護の領域でも発展させることは、ほとんどできなかった。

労働基準法や安全基準を無視した民間の営利法人による経営が重大な介護事故を起こしたり、保険料の不正請求という不祥事も発覚したりして、介護事業への不信を生み出した。また、介護保険や生活保護制度を悪用した「貧困ビジネス」も登場した。さらには、予測を超えた利用率の増加が介護保険財源を圧迫し、介護報酬は２００３年から年々切り下げられ、介護事業の経営ではコストダウンのために人件費を切り下げる対策として、正規職員の賃金を低く抑え、正規職員から安価で不安定な非正規職員に切り替える労務管理が流行した。

日本の製造業が衰退する中で失業者が増えているにもかかわらず、また、国の介護職員の処遇改善交付金の実施にもかかわらず、介護の仕事に就こうとする者はわずかだ。給料が安い（月当たりで、介護労働者の全国平均の賃金２１３、０００円　全産業労働者の全国平均３１８、０００円）上に、責任が大きく、夜勤があるなどで仕事がきつい、感染症や腰痛などの健康の危険もあり、将来性に不安があるといったことがその理由である。介護保険が生まれる２０００年前後には、優秀で熱意ある職員が集まったが、現在では、若者は採用しても短期間で辞めてしまう傾向がある。

しかし、第四の市民サイドや介護現場の努力は続けられている。

在宅福祉・地域福祉を重視する基本的な流れの中で、特養ホームなどの介護施設を地域に開く努力や巨大施設の画一的な運営からの脱却を目指して、ケアの単位を小規模にしたグループケアや新型特養ホーム（個室とケア単位の小規模化）などさまざまな努力が続けられた。また、ＮＰＯ等の協働セクターによる地域に密着した宅老所やグループハウス、サロンの活動、あるいは小規模多機能サービス等の創造的ケアが開発された。こうした地域に密着した協働セクターによる事業展開は、介護保険制度から自由なサービスと介護保険制度を組み合わせた創造的なケアであり、地域の絆の再生、地域づくりを意識した取り組みでもある。

こうした取り組みとともに、２０１５年より権利意識の強い「団塊の世代」が、介護保険サービスの受給の対象になること。また、従来、脳溢血などによる脳血管障害で寝たきりになる高齢者に対する介護が中心であったが、医療の進歩と平均余命の伸びなどもあって、認知症高齢者や癌既往症の高齢者の介護という「介護モデル」の変化が進み、２００５年の介護保険法の改正では、「尊厳ある介護」が求められるようになってきた。

4　日本型福祉施策の応用の先には

介護をめぐる日本の状況は、楽観できるものではない。介護労働力の欠乏の問題は、日本の介護保険制度危機の象徴であると考えるからである。この点は、後で述べることにするが、少子高齢社会が進む中で、介護報酬を抑制し、介護労働者の賃金を低く抑えても、なお、介護保険財源は不足がちである。現在の制度の枠組みを維持するとするならば、介護保険料の平均は、高齢者一人につき月５０００円を超え６０００円さらには８０００円に近づく。夫婦二人なら月２万円近くを介護保険料だけでも支払うことになる（他にも健康保険や税金などの公的負担もあるのに！）。

日本は、欧州と比較して少子高齢化のスピードは４倍であった。経済建設に社会の資源を集中して経済成長を進めてきたが、気がつくと少子高齢化が始まっていた。それは、程度の差はあるが、東アジアに共通する現象である。社会全体が豊かになる前に少子化と老年化が進んでしまうという共通性である。社会の資源を高齢者の介護や年金へ回すだけでなく、少子化対策、すなわち、出産に関わる援助、保育や教育、社会環境の整備などにも財源を回さなければならない。社会開発の費用も引き続き要求される（軍事費は要削減！）。そうであるなら、政府の財源と施策だけで、高齢者介護の課題を解決しようとすることには無理があった。そこで、新たな財源として公的保険制度と市場原理の導入や、市民のボランティアなどによる地域コミュニティの活性化が計画されることになるというわけだ。

市場化に頼って〈外国資本を含めた民間資本の力を導入する〉解決できるかといえば、それには問題も多い。市場化に頼りすぎれば、死の床につくのに貧富の格差が広がる。それでは、人間としての尊厳や社会への帰属感が損なわれ、民衆にとって公正な社会とはいえなくなるからである。

こうして、東アジアの諸国民も、福祉サービスにおける〈政府セクター〉、〈市場セクター〉、地域コミュニティ、協同組合・非営利・ボランティアなどの〈協働セクター〉、家庭などの〈私的セクター〉、という異質なセクター間の関係を適正に調整して、公共性に基づく「新しい公共福祉」を創造していく困難な課題に挑戦することが求められることになる。

急速度で少子高齢社会へ突入する東アジアの諸国では、日本と同じように、求められる介護を誰が担うかという課題が大きく立ちはだかることになる。約１００年かけてゆっくり高齢化社会から高齢社会に移行してきた欧州では、介護労働の担い手を旧植民地などの第三世界からの移民労働者や低所得者層に依存してきており、介護・看護労働者の国境を越えた移動が今日も続いている。こうした労働力を送り出した国々の育児・介護・医療が深刻な問題となり始めている。中国では、現在、都市の介護施設で働くのは、農村の50歳代以上の労働者が中心である。彼ら、彼女らの故郷の家庭は、「空き巣家族」となっていく。増大する都市の介護需要を、農村の〈過剰〉労働力に頼ることが、いつまで可能であろうか。都市の成長の対極に農村の過疎化、農業の衰退、農民生活の荒廃が広がっている。都市への労働力供給の能力は、減退せざるを得ない。ここ数年以内に限界に達し、介護労働力の問題は、新たな壁に突き当たるであろう。

5 「近代」の限界を明示する超高齢社会の到来

見てきたように急速な経済成長、すなわち産業化・都市化は、第三世界、農村・農業、そして自然環境を収奪の対象として実現されてきた。都市が築き上げた富をさらに拡大し、成長を遂げようとする時、いったいどのようなことが起こるのか。資源・エネルギーはどうするのか。技術の発展や労働力をどう解決するのか。どの国の産業化・都市化も、社会の貪欲な増殖欲によって、農業～軽工業～重化学工業間のバランスを取る発展ではなく、生命・自然や人間の生の自然な循環の輪を断ち切って進められた。しかも、この間のグローバル化した実態的経済と遊離した金融資本の世界支配は、各国の民主主義政治をも破壊していく。コンピューターのクリックひとつで一瞬のうちに、想像を絶する額の資金を世界のどこにでも移動させる金融資本の市場は、各国政府のコントロールの埒外にある。というより、ギリシャの経済的政治的危機が示すように、金融市場は、今や、外為・金融・財政・税制、通商・産業政策をはじめ各国の政府に大きな圧力となっており、民主主義が機能不全に陥る危機をもたらす。１％の金融資本家・富裕層へ富が集中し、99％の民衆の貧困化と社会的排除が進む[5]。こうしたもとで、子どもを産み育てる社会的条件が萎縮し、人口構成はいびつな形で少子高齢化を進めていくことになる。あらわになっていることは、驀進する資本の増殖欲の裏で、育児・介護の担い手を家庭・女性のアンペイドワークや低賃金労働者に依存してきた社会の行き詰まりである。

そこには、第一に、近代の経済開発・発展の問題がある。経済発展第一主義の社会は、自然条件や労働力との関係でも持続可能な社会ではないことを示し始めている。

第二に、近代は、自立した（賢明な）人間の平等な権利の相互尊重に基づく、自由な契約関係として構想されてきた。「平等な個人の集合として社会を構想することは、乳幼児や子ども期、高齢期や病気のとき、障碍を抱えるときなどを覆い隠してしまう。依存者である間は、社会的協働が生む財産を獲得するための平等のもとでの競争に参入することはどうしても不利な立場に置かれる。また、依存者をケアする人たちも、自分に頼りきっている人をケアするために自分の利害をひとまずわきに置かねばならず、ケア労働はこれまで平等や自由の構想から排除されてきた（エヴァ・フェダー・キテイ）[6]。

人間は、一生涯自立し、自己決定して生きているわけではない。誰もが、他者に依存的な存在である期間がある。産まれてしばらくと、死に向かう終末期があり、傷つきやすい存在である。「ケア」は、家庭内の私的な（ドメスティックな）こととして、育児や介護を視野に入れずに構想された近代社会は、超少子高齢社会の到来によって、その虚構性をさらけ出したのである。すなわち、育児や介護の労働の価値を正しく評価できず、低位に位置づけ続けてきた結果、その担い手の欠乏をきたすのである。こうして、自立した人間の契約関係としての近代社会の構想は、人間存在の実像を正しく映しておらず、人間の持続的存在条件をも掘り崩していく末路を予知しえなかったのである。

人間とは、自然と社会に依存しあった存在であった。近代は、その相互依存の輪を断ち切って、人間（男）が世界（自然と社会）から自立・自尊することを夢見た一時代であった。そして、超少子高齢社会は、近代の成長神話がもたらした結果である以上、自然との共生を含めた「持続的社会」の構想へと人々を導くことにならざるを得ないと確信するのである。冒頭に紹介した祝島は、その一つの先例となろう。

【注】

（１）ロバート・Ｄ・パットナム著、河田潤一訳『哲学する民主主義――伝統と改革の市民的構造』ＮＴＴ出版、２００１年、220頁

（２）２０１２年３月。中国の60歳以上の人口は２０１１年末で13・７％、２０１５年には16％と予想。高齢化のスピードの速さと絶対数の多さなどを指摘し、１９９６年施行の「老年人権益保障法」（親の扶養義務や政府・社会の責任を規定）の修正も必要と老齢工作委員会弁公室呉副会長が発表（中国では、定年や寿命を考え60歳以上を高齢者としている）。

（３）１９８０年代に鶴見和子や中岡哲郎等が注目し、また、提言していた「内発的発展論」ではなく、中国の改革開

放は、経済のグローバル化のなかで、外国資本を導入した大規模な大量生産型工場を牽引力に経済発展を進める方策をとった。地方の小城鎮において主に農業・農村と結びついた小規模企業（軽工業）を興し、都市の工業化と繋いで、農業～軽工業～重化学工業、あるいは、城鎮政府経営の中小企業、共同組合、都市の中小資本・大資本などの多様な企業・資本形態によるバランスの取れた経済の内発的発展の追求ではなく、短日月に、外資などを導入して大量生産・組立工業中心の経済開発を図ったことによる社会構造の歪みの拡大が中国社会の抱える矛盾と困難さの基底的要因である。

（4）「一人っ子政策」の影響で女性100に対して男性118人と「男女産み分け」が法の裏で進行。2020年には3000万人の男性が「交際や結婚相手の女性がいない状態になる」という試算もある。また、米国では人口の5％が、国の富の60％を掌握しているが、中国では、1％の家庭が41・4％を掌握しており、ジニ係数は2009年で0・47となった。ちなみに、日本や欧州は0・24～0・36に収まっている。

（5）水野博達「ピラニア効果を民主主義と自治の再生へ」（『共生社会研究』№7、大阪市立大学共生社会研究会発行、2012年

（6）エヴァ・フェダー・キテイ著、岡野八代・牟田和恵監訳『愛の労働――あるいは依存とケアの正義論』白澤社、2010年、10頁

第10章　政府の機能と市民の活力で「新しい公共福祉」へ

◆中国の若い仲間へ～日本の高齢者福祉サービスの反省と教訓から

この章は、約８年になる南京市社会福利服務協会などとの交流の中で、２０１２年２月22日に鐘山職業技術学院（３年生大学）で行った講演の原稿に手を入れたものである。

１　自己紹介と今回の講演の限定

私は、50歳を過ぎて、１９９０年代中葉から福祉の仕事に入りました。若い頃は、１９６０年代半ばから、学生運動、そして労働運動や反戦平和運動、沖縄や韓国の解放運動への連帯活動、被差別部落への差別に反対する運動、あるいは、自然や農業を破壊する巨大開発に反対する運動など多くの社会運動に関わってきました。ですから、福祉の仕事を始めてからも、国や地方政府の福祉政策や同業者である福祉関係者の考え方に対しても批判的な視座を堅持することが比較的楽にできたのではと思っています。

お配りしている「日本の高齢者介護の時代変遷表」（以下「変遷表」と略す）をもとにお話します（【図10―１】）。

今回は、介護の現場から見た日本の高齢者介護の流れをおおづかみに把握することを目的にします。①高齢者福祉に関わる国の法制度変遷の詳細については割愛します。また、②日本の家族・家庭の変化や女性の社会的位置といったジェンダーに関わることも、時間の関係でほとんど省くことになります。さらに、③介護労働者の現状と未来の予測などについては時間があれば、後の質問の時間でお話しすることにしますが、講演では省きます。

2　高齢者介護の変遷の要約

「変遷表」の一番上に「収容型施設（集団主義）→地域福祉の重視と施設の多様化（個人の尊厳）」と書きました。戦後日本の高齢者福祉・介護の大きな流れは、このように見ることができると私は考えています。

（1）　戦争によって国土がまだ荒廃していた1950年では、65歳以上の高齢者は人口の5％以下です。ほとんどのお年寄りは、家庭で生活し、介護・看取りは家族が行っていました。お嫁さん、娘さんがその役割を担いました（1965年位までは、出産も死ぬのも病院ではなく自宅の畳の上でした）。

身寄りのない低所得者の高齢者は、戦前から引き継いだ「養老院」で保護されました。

（2）　1955年前後に、日本は朝鮮戦争の兵器工場となり、その特需景気を通じて戦後経済の復興と成長を開始しました。産業発展に伴う都市化、つまり、農村から都市に労働人口の移動が進み、お年寄りの世話を家庭で看ることが困難な状況が徐々に広がりました。

1963年の老人福祉法によって、高齢者用の公的施設としては「養老院」一本の施設体系から、①身寄りのない低所得者高齢者の「養護老人ホーム」、②介護を必要とする高齢者施設として「特別養護老人ホーム」、そして、③自己負担が少しかかる「軽費老人ホーム」と、三つの公的な施設体系が整備されるように

図 10-1　日本の高齢者介護の時代変遷表

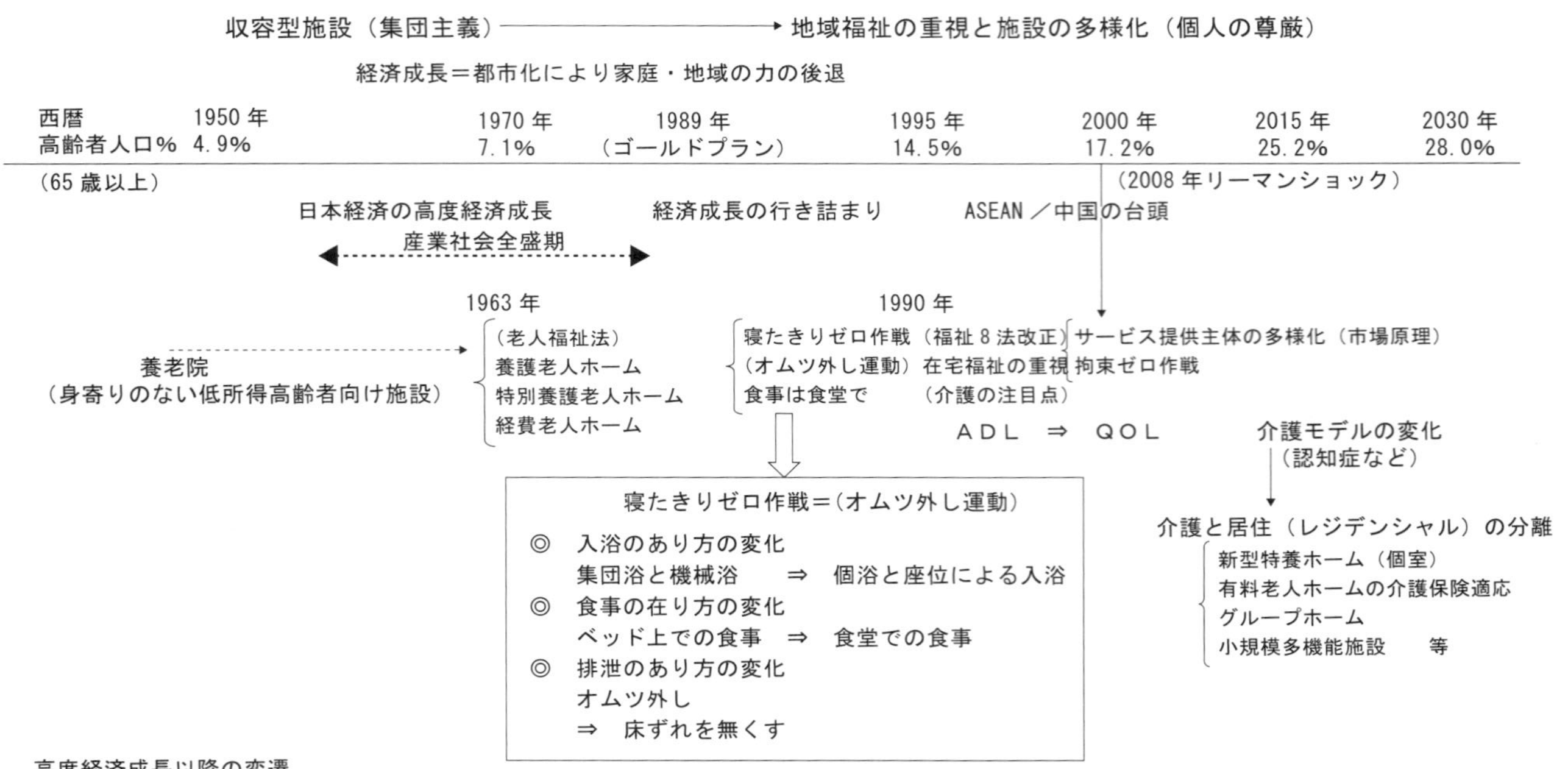

高度経済成長以降の変遷

<説明のキーワード>　◎　経済成長と家庭の変貌／隔離・収容＝施設建設／介護の質＝ＡＤＬ⇒ＱＯＬ／地域・在宅福祉重視／サービスの多様化

◆　政府による計画的な福祉計画（ゴールドプラン等）／高度成長の行詰りと政府財源の枯渇／介護保険（市場原理の導入と福祉ミックス）

福祉ミックス～政府の機能／市場の機能／コミュニティの機能／私＝家庭の役割／ボランティアの役割

なりました。

こうした施設の経営・運営は、地方政府の直営か、社会福祉法人〈非営利で行政の強い監督・指導のもとに福祉事業を行う法人〉に限定されていました。

施設の建設や運営の費用の多くは税金から支出され、また、利用者負担額は、利用者の同一世帯の所得によって定められ、その負担額を行政が徴収しました。社会福祉法人には、定められた利用者一人あたりの措置費〈生活費や職員の人件費分〉が行政から月単位で支払われました。施設への入所や家庭へのヘルパー派遣などのサービスについては、どのサービスを、どこで、どの程度提供するかは、地方行政機関が本人の状態、家族関係、収入などを調査して決定しました。〈本人の世話・介護の必要度〉と〈家族の経済力を含めた介護力〉を勘案して〈行政処分〉として決定されました。「措置決定」といわれます。

（3）　1960年～1975年は、高度経済成長の時代でした。農村から都市に若い労働人口の移動は急展開し、農村の過疎と都市の社会資本・福祉施策の遅れがあらわとなってきました。

高齢者福祉政策も遅れており、施設の数やサービスの質は低いものでした。特別養護老人ホームでも6人～8人が一つの居室で生活し、入所者の私的な生活空間は、〈ベッドとその周り〉だけという状態でした。しかも施設の数も不足していました。特別養護老人ホームなど高齢者施設へは、アルバムや持ち物等、生涯の大切な記憶すべてを蜜柑箱一つか二つにまとめて入所することが求められました。こんな条件でしたので、多くの人々にとって、特別養護老人ホームもかつての低所得者用の「養老院」と同じだと受け止められました。

その結果、高額所得者は、家政婦を雇って自宅で高齢者の世話をするか、高い保証金を払って有料老人ホームに入所しました。「養老院はいやだ」と考える中間階層は、たいした病気もないのに病院に入院しました。その結果、病院の慢性期の病床は、老人で「占拠！」され、公的健康保険財源の赤字原因の一つと批判されました。

（4）１９７０年には、高齢者人口（65歳以上）は７・１％となり日本は高齢化社会に。１９９５年には、14・５％と高齢社会に突入しました。わずか25年間で高齢化社会から高齢社会への移行です。ヨーロッパでは、約１００年かけて高齢化社会から高齢社会へ移行したのですが、日本はその４倍のスピードでした。

１９８０年代に入ると高齢化への対応が急がれました。日本は、欧米の経済成長の減速を尻目に、国内の経済成長と海外への資本進出を続けました（"Japan as no.1"の一時期です）。財政的にも余裕があったため、施設建設や高齢者施策に力を入れ始めました（ゴールドプランなど）。

しかし、都市では、経済成長のため施設建設の用地難で、市街地から離れた山間部など人里離れた場所に大きな施設をつくって対応しました。高齢者や障碍者の「隔離・収容」という結果を生むことになりました。

（5）１９８０年後半に、税制改革が叫ばれ、福祉目的税の性格を強く持つ「売上げ税」（間接税）の導入などの政策が出されましたが、国政選挙では、この政策を掲げた政党は敗北し、間接税導入は拒否されました。経済成長の行き詰まりのなかで、膨らむ福祉予算と景気対策の公共投資のため税収は不足し、国家財政は国債への依存度を高めていきました。

他方で、介護の重圧にあえぐ家族の声が大きくなり、女性の肩にのしかかる介護の重圧は社会問題として浮上しました。〈高齢者介護の責任を家庭に、女に押し付けに反対！　介護の社会化を！〉という要求運動が女性団体や市民グループによって展開されていきました。また、国は、介護・福祉ニーズの増大に対応する専門性を持った人材を養成する「社会福祉士・介護福祉士法」を１９８７年に制定しました。介護の質の向上が求められ始めたからです。

介護の現場で働く人々の中から、高齢者介護や障碍者福祉に対する内在的な批判・反省が生まれてきました。それは、１９８０年代から90年代前半に、日本にもたらされた人権思想・福祉改革の考え方に影響されたものと考えることができます。

一つは、ノーマライゼーションの考え方です。高齢者であれ、障碍者であれ、誰もが当たり前の生活ができる正常な社会を築くべきだという考え方です。隔離・収容型の福祉施設に対する批判、反省が生まれます。

二つには、リハビリテーションの考え方です。カナダモデルやイギリスの社会モデルの主張から生まれたＩＣＦ（国際生活機能分類）の考え方です。障碍を当事者の生理的・医学的な欠陥・不全から説明するのではなく、社会的な環境が障碍者を規定付けているという考え方です。医学モデルから社会モデル、福祉（生活）モデルへの転換の要求です。この考え方は、後で述べますが、ノーマライゼーションの考え方と結びついて、日本の介護や福祉のあり方を変える大きな力となりました。

三つは、自己決定の考え方です。これは主にアメリカの障碍者の自立生活運動や、ＡＤＡ法（Americans with Disabilities Act of 1990）に影響された考え方で、認知機能や知的・精神的な障碍があっても、自分のことは当事者が自己決定できるし、また、そのように支援すべきであるという考え方です。

（6）　高齢者介護に対する内在的な批判・反省は、具体的にどのような取り組みを生んだのかを話します。

先にあげた三つの考え方から見ると当時の高齢者施設の介護はとても奇妙なわけです。

「入所者の私的な生活空間は、ベッドの周りだけ」といった環境は、まるで急性期の病院です。ベッドの上で、ごろごろ一日を過ごすので、昼も夜も同じ服装で着替えをしない。食事はベッドの上。入浴は週に1回位で、芋洗いのような集団入浴か、寝たまま裸にされて機械を使って入浴させられる。ベッドの上で寝たきり、寝させきりの生活なので、体力が弱り、歩けなくなる。背筋・腹筋が弱り、トイレで排便したり排尿したりする力も落ちる。すると、職員もいちいちお年寄りをトイレに誘導するのは手間がかかるので、オムツをさせるようになる。

急性期の病棟のような高齢者施設を普通の生活感ある環境に変える取り組みが90年代後半から、介護現場に広がっていきました。保健所も在宅高齢者の「寝たきりゼロ作戦」の取り組みを始め、先進的な介護職員、ヘルパーや保健師、訪問看護師によって「オムツ外し学会」が全国各地で開催され、実践報告と交流がなされました。【図10―1】の「変遷表」の四角で囲んだところが、その取り組みです。

こうした高齢者の日常生活の機能を維持・向上させるというADL（日常生活能力）を重視する取り組みは、実は、介護の内容と質として、QOL（生活の質）を大切にすることへとつながっていきました。また、それは施設・介護のあり方として、集団主義的介護から、一人ひとりの個人の多様性に着目した介護の「個別化」という考え方への転換でもありました。

「介護への抵抗や妨害があるから」「施設の外へ逃げ出すから」「ベッドから落ちる危険性があるから」「オムツのなかの便を触るから」などの施設と施設職員の管理の都合・理由を優先した高齢者の拘束を禁止する「拘束ゼロ作戦」がそれに続いて取り組まれ、2000年の介護保険制度導入と同時に「拘束禁止」が制度として作り上げられていきました。

⑺　90年代半ばから、拡大する介護ニーズに応える国の政策が問われました。経済成長による税収の増大に支えられて実現してきた福祉国家のあり方は行き詰まっていました。消費税などの間接税の増税も政治的な条件で望み薄でした。結局、新たに「介護保険」という公的保険制度によって拡大する介護ニーズに応えるという選択がなされました。

2000年から始まった介護保険制度。その保険者は基礎自治体の市町村で、介護保険の収入は、税が50％（国が25％、都道府県12・5％、基礎自治体12・5％）、被保険者の保険料が50％（65歳以上が21％、40歳～64歳の現役世代が29％負担）で、各介護保険圏域内で提供する介護サービスの量と被保険者の保険料は、各基礎自治体が5年毎の介護保険計画を策定しながら決定するという、地方自治・分権の試金石として制度設計がなされました。

被保険者は、所得に応じて定められた保険料を支払う。介護サービスを受けるためには、各人が保険者（基礎自治体）の実施する「要介護認定」を受け、認定された介護サービスの必要度（要介護度）の範囲で指定介護サービス事業者と契約して介護サービスを受けることができる。その際、介護利用料の10％を個人負担分として利用した介護サービス事業者に支払う。指定介護サービス事業者は残りの90％分を介護保険基金に請求して支払いを受ける、というシステムです。

従来の税をベースにした「措置制度」と「介護保険制度」の大きな相違点は、以下の点です。

①　措置制度では、財源の多くは税金であり、利用に際しては、各人の世帯の所得によって利用料金の支払いを求められた（応能負担）。介護保険では、税が中心ではなく（税は50％）、被保険者の所得に応じて定められた保険料を支払い、利用の際、サービス利用料の10％が自己負担分として求められる（応益負担）。また、措置は世帯を単位とした制度ですが、介護保険は、保険制度ですから個人単位で保険料や利用料の支払いが求められ、個人個人にサービスの給付が行われます。

②　措置制度では、サービス提供について行政が措置決定した。介護保険では、要介護度の範囲で複数の指定介護サービス事業者と自由に契約してサービスを選択して受けることができる。つまり、福祉サービスが、低所得者や困っている者と行政が判断した者へ給付される選別主義から、ある基準を満たせば所得や属性に関係なく誰にでも提供される普遍主義への移行といわれる変化です。

③　措置制度では、サービス提供は、行政直営か社会福祉法人の事業所に限定されていた。介護保険では、国が定めた設置・運営基準を満たしていると認められた指定事業者がサービスを提供する。社会福祉法人、非営利のＮＰＯ、医療法人、生協、農協、そして、株式会社等の営利法人がサービス事業者となることができ、サービス提供者の多様化が促進された。

④　以上を要約すると、公共性のある介護サービスの市場化・多様化であり、中央政府、地方政府・自治

体はサービス提供者の位置から退場しました。つまり、市場化の結果として福祉サービスにおける〈政府セクター〉、〈市場セクター〉、地域のコミュニティやボランタリーの〈協働セクター〉、そして家庭などの〈私的セクター〉という異質なセクター間の関係調整をベストミックスさせる「新たな公共性」の樹立が課題となったのです。

（８）介護保険は、村山連立政権のもとで急いで法案が準備され、橋本内閣で制定されました。特殊な政治条件で、制度を走りながら立ち上げ、考えながらより良い制度に改定していくと言われていました。介護保険12年を振り返ると、（５）で述べた市民団体、女性団体や、（６）で述べた介護現場職員の取り組みの期待を集めて出発しましたが、いざ制度が始まると複雑な制度の運用と財源問題が付きまとい、いわゆる御用学者を審議委員に起用した中央政府（厚生労働省・財務省など）によって次々と修正される制度・手続きの変化に地方政府や介護業界、住民は追いつくのにきゅうきゅうとし、市民・住民の自主活動をベースにして地方自治を発展させるようにはできなかったと言えるでしょう。

とは言え、在宅福祉・地域福祉を重視する基本的な流れの中で、特養ホームなどの介護施設を地域に開く努力や巨大施設の画一的な運営から脱却を目指して、ケアの単位を小規模にしたグループケアや新型特養ホーム（個室とケア単位の小規模化）などさまざまな努力が続けられてきました。また、ＮＰＯ等の協働セクターによる地域に密着した宅老所やグループハウス、サロンの活動、あるいは小規模多機能サービス等の創造的ケアも開発されました。こうした地域に密着した協働セクターによる事業展開は、介護保険制度外の制度から自由なサービスと介護保険制度内のサービスを組み合わせた創造的なケアであり、地域の絆の再生、地域づくりを意識した取り組みが多いといえます。

こうした取り組みとともに、２０１５年より高度経済成長の中で育った権利意識の強い「団塊の世代」が、介護保険サービスの受給の対象になり、また、「介護モデル」の変化がありました。従来は、脳溢血などによる脳血管障碍で寝たきりになる高齢者に対する介護が中心でしたが、医療の進歩と平均余命の伸びなどもあって、認知症高齢者や癌既往症の高齢者の介護という「介護モデル」の変化が進み、２００５年の介護保険法の改正では、「尊厳ある介護」が求められるようになってきました。

（9）介護をめぐる日本の状況は、楽観できるものではありません。

労働基準法や安全基準を無視した民間の営利法人による経営が重大な介護事故を起こしたり、保険料の不正請求という不祥事も発覚したりで、市民に介護事業への不信感を生み出しました。また、介護保険や生活保護制度を悪用したホームレスを狙った「貧困ビジネス」も登場しました。さらには、予測を超えた利用率の増加が介護保険財源を圧迫して、介護報酬は２００３年から年々切り下げられ、介護事業所はコストダウンのために人件費を切り下げる対策をとりました。正規職員の賃金を低く抑え、正規職員から安価で不安定な非正規職員に切り替える労務管理が流行しました。また、職員の「ボランティア精神」に頼ったサービス残業や労働法を無視した労務管理も一部に見られるようになっています。

日本の製造業が衰退する中で失業者が増えているにもかかわらず、介護や看護の仕事に就こうとする者は多くはありません。給料が安い上に、責任が大きく、夜勤があるなどで仕事がきつい、感染症や腰痛などの健康の危険もあり、将来性に不安があるといったことがその理由です。介護保険が生まれる２０００年前後には、優秀で熱意ある職員が集まりました。しかし、現在は、若者は採用しても短期間で辞めてしまう傾向が広がっています。私の感覚では、一定の介護水準を維持している施設とは、数は年々少なくなっていますが、10年～15年勤続で熱意あるベテラン職員が職場に残り、崩壊寸前の介護現場をやっと支えているところだと考えます。

（注）月当たりで、介護労働者の全国平均の賃金２１３、０００円　全産業労働者の全国平均３１８、０００円。

私は、この介護労働力の問題は、日本の介護保険制度危機の象徴であると考えます。

以上、日本の経験から東アジアの諸国民も、福祉サービスにおける〈政府セクター〉、〈市場セクター〉、地域コミュニティ、協同組合・非営利・ボランティアの〈協働セクター〉、家庭などの〈私的セクター〉、という異質なセクター間の関係調整をベストミックスさせ、新たな公共性に基づく「新しい公共福祉」を創造していく困難な課題に挑戦することが求められていると考えます。

参考資料

２０１２年２月25日のシンポジウム（於・日本女子大学）「医療・介護領域における福祉・介護人材の育成」の講師へのコメントから

２０１２年２月、中国から帰国してすぐに参加した日本女子大学で開かれたシンポジウム「医療・介護領域における福祉・介護人材の育成」の二人の講師の報告に対するコメントを参考資料として付記する。

(1) 報告「中国における介護の社会化と介護人材の育成」へのコメント

講師・王振耀教授（北京師範大学公益学院・元中華人民共和国民政部社会福祉司長）

中国では、税制度も整備過程であり、老齢年金保険や健康保険も建設が始まって間がなく、制度としての効用や安定性がまだ十分ではない。都市と農村の社会保障・福祉の面での格差も大きく解消には一定の時間が必要である。こうした社会保障制度の建設の過程で、財源とサービス内容などを含めた制度の設計・管理・運営が煩雑・複雑で、間接的な制度運営費（例えば、認定審査システムの建設とシステム運営にかかる費用）に莫大な費用がかかる介護保険制度の導入はしない方がよいと考える。

少子高齢社会への対応は、基本的に税制改革の課題と一体で進めた方が政府と民衆の信頼関係を築く上でも煩雑さを避けることができると考えられる。ちなみに日本では、少子高齢社会に代表される社会保障・社会福祉予算の膨張に対する政治責任を政府・与党が取らずに30年余り時間を無駄に費やしてきた。その結果、赤字国債が積み上がり、２０１３年度当初予算の一般会計総歳出総額92・6兆円の内45・5兆円が国債発行によって賄われており、税収は半分以下の43・1兆円という危機的な財政構造となっている。その当初歳出予算の社会保障関係費は31・4％（29・1兆円）、国債の償還・利払い費、24・0％（22・2兆円）、地方交付税交付金17・7％（16・4兆円）で、公共事業関係費5・7％（5・3兆円）を含めた政策的経費は約27％と硬直したままである。

保険方式を取らないとすれば、国と地方政府が共同で調査・研究・協議して、税金からの助成・援助を基本にした方式でサービスを提供するシステムを整備することを考えるべきであろう。そのために、提供すべき介護サービス内容の分類と定式化・基準化を行って、各サービスごとの基準単価の案を作成し、それらの基準に基づいて提供すべきサービスの総量の目安を予測し、国・地方政府、社区[注]などの負担割合、利用者の負担割合（金額）などの在り方のモデル案を提示する作業から始めるべきであると考える。ただし、基準化が画一化とならず、フレキシブルな福祉事業の創造を阻害しないような注意が必要である。

（2）報告「中国のコミュニティ医療におけるソーシャルワーカーの役割」へのコメントから

講師：楊団（中国社会科学院社会政策研究センター・中国社会政策研究専門委員会理事長）

日本の戦後の福祉政策は、高度経済成長と共に中央政府の施策として積み上げてきたと言っても誤りではない。一部の地方・地域では、市民の自主的な活動や地方政府の自治的な努力によって先進的な福祉サービス・事業を生み出してきたが、それらの多くの成果は国の制度・政策へ、中央政府の施策として吸収されてきた。その結果、提供される福祉サービスは、中央政府の各省庁、各課・係の「縦割り制度」による予算執行とサービス提供となった。中央政府の「縦割り制度」は地方政府の施策にまで貫徹させられた。その結果、例えば、高齢者施設に児童向けのサービスを結びつけて「幼老統合ケア」を行おうとすると「施設の目的外使用だ」として、行政指導により「幼老統合ケア」実現を阻止される弊害も起こる。つまり住民や福祉職員・経営者が、その地域、地域の実情やサービスを受ける人々の特性に合った福祉サービス・事業を考案し、創造・開発していく能動性・積極性が日本の政治的制度によって抑制させられるという残念な事態が起こる。

こうした「縦割り行政」のなかで一定の水準の福祉サービスと制度が整備されてきた結果、日本のソーシャルワーカーの役割は、社会資源を開発したり、人々の自主性を組織したりして必要なサービスを開発し発展させることはせず、クライアントに現にある制度化されたサービスを紹介し、それにつなぐことに限定させられてきた。熱心なワーカーでも制度外のボランティア的な社会資源を見つけてそれにつなぐことくらいが精一杯である。社会改革の工作はしないのに、「ソーシャルワーカー（社会工作員）」という職名と仕事なのである。

また、日本の市民・住民も自主的に自らの福祉課題を自治の問題として捉えて活動する努力をいつの間にかしなくなり、政府の「年金事業の失敗」に怒ったことはあったが、普段は、遠くにある「お役所」にお任せしているという傾向が１９８０年代から広がってきた。

グローバリズムの進展に伴う貧富の差の拡大と社会矛盾の深化にともなって、本格的な地域社会の工作＝コミュニティ・ソーシャルワークの必要性と重要性が高まってきている。貧富の拡大、教育の格差化、若者の就職難と「引きこもり」、未婚・晩婚、少子化、家族機能の解体的現象などの社会矛盾が蓄積してきたからである。

楊団先生の報告で改めて感じるが、中国の現実は、日本とは別の事情ではあるが、コミュニティ・ソーシャルワークの必要性と重要性はきわめて高いということである。

広い中国は、各地の多様性は日本と比べて格段の相違である。格差も大きい。各地域で福祉・公共ニーズの優先度合いも当然異なる。政治的・文化的・民族的な土壌も相違する。これに合わせた民衆次元からの社会工作がなければ、政府がどのような福祉施策を打ち出しても、「スローガン・空文句」に終わり、制度建設は遅々として進まないであろう。

中国では、解放後の長い政治の混乱による国家建設、経済・社会開発の紆余曲折があり、改革開放後は、各級政府要人の不正などもあり、人民の政府への信頼度は高くない。しかし、他方で民衆の党・政府へ〈依存意識〉は依然強いようである。

こうしたもとで、各地方の現状に即した福祉・公共政策の前進が求められる。となれば、ある地域で求められている優先的な福祉課題を住民と共に明らかにしていくソーシャルワーク（社会工作）から始めることが求められる。しかも、人民が連帯して自主的に自治を育て、社会改革を行うという自発的力は十分育っていない条件の下での社会工作である。

王先生のコメントでも触れたが、上記のような改革・開発をしていく優先課題の序列化と整理がなされ、民衆の同意がなければ、現実に機能する社会保障制度はできあがらない。各種の保険料を被保険対象者が支払うことに同意し、制度運用に足るだけの保険料を徴収できるか、適正な利用と運営がなされる体制・条件が整備できるか、これらの課題解決は、政府の制度設計だけでは可能ではない。

コミュニティ・ソーシャルワーク（社会工作）が、社区などをバックに展開されるなら、それは、日本の失敗（住民の非能動性と行政依存体質や地方自治の力の減退、「縦割り行政」など）を越えて、人民民主主義を豊かに発展させられると考える。つまり、中国の社会福祉建設において、各地方・地域の内発的発展の回路を発見し、「新しい公共福祉」を創造していくことである。

以上から私は、中国の公共福祉の建設においては、〝Social-work is No.1〞であると考えている。

【注】

「社区」とは、Community から中国語に訳された「地域社会」を意味する言葉で、社会構造としての意味と統治の単位＝行政区の意味と二重の意味を持ち、都市では、市区以下の街道弁事処と居民委員会（末端の自治組織）、農村では、県以下の郷鎮人民政府（地方末端行政組織）と村民委員会（自治組織）が管理する基礎的地域組織で中国の基層社会を形作っている。

第6部

介護労働者の組織化を巡って

第11章

なぜ、介護労働者の組織化は困難なのか？

◆労働力商品としての介護労働の特性から考える

本章は、「職場の人権」の２０１３年６月例会の講演と質疑討論の記録に手を入れたものである。介護労働者の組織化をどうするか、というテーマの討論会であった。メインスピーカーは、自治労滋賀県本部組織拡大専門員の桑原文治さん。私は、桑原さんの話を踏まえて、表題のようなテーマでコメント的な話をした。桑原さんの講演は、紙面の都合もあり割愛させていただいた。質疑討論についても、私に対する質疑のみを再録する形とした。

Ⅰ　討　論

はじめに

私は、若いころは労組の書記をしたり、社会運動に参加したりしてきました。50歳頃から縁あって介護現場の仕事につきました。特別養護老人ホームで管理者の仕事を15年近くやってきました。現在は、大阪市立大学の社会人大学院の特任教員をしながら、社会福祉、介護問題に関わる活動をしています。自治労大阪のオルグの方たちと勉強会などもさせていただいております。最近は、中国・南京市の社会福利服務協会などとの研究・研修の交流事業に力を入れています。

さて、今日は、介護労働者の組織化がなぜ困難なのか、という話をします。どう組織化するのか、というテーマの勉強会にその逆の話をなぜするのかとお叱りを受けそうですが、組織化のためにも、「困難な理由」をきちんと理解しておくことが必要と考えるからです。

まともな組合がなぜできにくいか。ここで、「まともじゃない組合」というのは、資本・企業が事実上バックになって作る組合のことを言っているのですけど、こうした組合にしても介護労働者の組織化は簡単ではない。その理由を考えてみようというのが私の話です。

1　介護労働市場の特殊性について

介護労働の特徴には以下のようなものがあります。

一番目は、そもそも介護労働というのは、歴史的には労働市場に最後に登場してきた労働力商品であると言えます。

ずっと長い長い人類史の中で、ドメスティックな、家庭の中の女の仕事として、アンペイドワークとして展開されてきた労働であるということで、労働力商品としては、生まれてから、まだ時間が経っていないということが一番大きな特徴であると思っています。労働市場に最後に登場した労働力商品です。

人々の主要な関係は、①前近代は共同体の中での「共助」の関係、②資本主義の勃興期からは「自助」となり、

③後期資本主義で国家が社会関係に介入する「公助」の関係が生まれてきたわけです。そして、④後期資本主義の福祉国家型が行き詰まり、今、新自由主義により「自助」が強調されるようになっていると考えています。保育労働も介護労働も③の時代に労働力商品として登場しています。正確にいうと、日本では介護労働が労働力商品となって登場したのは③から④への移行期だといえます。

二番目は、介護労働は、端的にいって普通の工場労働とは違って、対人サービスです。労働の対象が物ではなく、人です。労働対象に一方的に人間が労働を投下するのではなく、労働対象との応答関係において労働が成り立ちます。

「朝ごはんにしましょうね」「そうですか、もう朝ですか」／「よく眠られていましたよ。先にトイレに行きましょうね」……などと利用者との応答関係の中で介護の仕事は進められます。それは、桑原さんが「対応関係」と言われていることです。一方的ではなく、双方向の関係であると言われていることです。

そういう労働であって、実は利用者から「ありがとう！」と感謝の言葉が投げかけられることが多いのです。工場の労働者は職制に「ありがとう」と言われることはない、あっても、まあ多くない。つまり、介護の労働は、労働場面で他者からの「承認」という「報酬」を得ることが多いのです。「承認」という考え方は、アメリカの社会学などから出てきた考え方なんですけれども、人間というのは誰かに承認をされるということが非常に大きな意味を持ちます。金銭的な報酬ではないのですが、「ありがとう」と他者から感謝されることによって「承認される」（評価される）ということが多いわけですね。これは介護労働者の「生きがい、やりがい」という形になって現われる性格のものですけれども、そういう性格があって、金銭以外の「精神的報酬」を得るという要素があるということです。

実際に、介護労働安定センターの介護職員調査でも、「賃金が安い」「社会的評価が低い」「休みがとれない」などといった不満も多いのですが、圧倒的多数の労働者が「介護の仕事にやりがいを感じる」と回答をしています。仕事に対する「やりがい」が、低い労働条件と低賃金を我慢させる（する）大きな要素となっているのです。

三番目は、一番目に述べたことと関係しますけれども、家庭内や地域の互酬的労働・ボランティア的労働、あるいは地方自治体で組織されたヘルパー事業が介護保険以前にありました。これらの労働の存在が介護の労働市場を規定しているという点です。

現在の介護労働の前身は、入所施設系では、病院の付添婦や家政婦や養護施設等の寮母といった仕事であり、在宅系のホームヘルパーでは、日帰りの家政婦や長野県の飯田市で始まった家庭奉仕員などがあると言えます。これらの仕事の担い手の多くは、戦争未亡人であったと言われます。

１９７０年代くらいから施設の種類や数も増えてきましたが、１９９０年代に入ると施設系の介護職員は保育士資格を持った若い層が増え、ホームヘルパーは専業主婦がその仕事の担い手になってきました。つまり、介護労働市場は、施設系と在宅のホームヘルパーの2系列の市場ができ上ってきました[(1)]。

２０００年4月以前の措置時代のヘルパーというのは、雇用契約ではなくて有償ボランティアという形になっており、ヘルパーの多くが「専業主婦」であった。本人たちは、社会貢献的な意識を持った有償ボランティアであったわけです。報酬はですから、最賃以下のところもあったようです。介護保険が始まって、ホームヘルパーは事業所との雇用関係を持つことが条件となり、当然、労働基準法などの労働法に規定されるので、有償ボランティアの時と比較して高い報酬を得ることになった。だから、「ワー、高い報酬をもらえる！」と多くのヘルパーは思ったと言われています。けれども、労働市場で比較すると非常に低い。

かつての有償ボランティアの報酬の水準や家庭内や地域の互酬的なアンペイド・ワークの存在が、直接、介護保険のヘルパーや介護職員の労働市場を下から規定したのです。長い目で見ると、こうした歴史的なジェンダー規範による労働市場の下からの機制が働いていると考えて間違いないと思っています。家庭内や地域の互酬的な女性の労働という要素が非常に大きい。保守的なオジサン、オジイサンたちが大事に持っている「育児・介護は女、子どもの仕事。安くて当然」という機制です。

それから四番目は、この介護保険が導入された時期は、世界的に新自由主義、グローバリズムの時代になっていました。要するに労働力を流動化させることで、労働力の構成で非正規職員が一番最低位にあり、真ん中には専門的な契約職員があり、そしてコアの正規職員という三層の労働市場が作られていました。介護保険になってから、ほとんどの介護施設は非正規職員をどっと入れました。正規職員を外して、あるいは事業拡大をして、非正規と正規の比率を圧倒的に変えるというようなことが始まったのです。市場原理導入＝効率化・コスト削減という掛け声のもと、介護労働市場は出発地点から非常に流動的な市場として作られたということです。

三番目に話した介護労働市場の２系列の存在が、この非正規化で大きな意味を持ちます。

施設系の介護職員は、２０００年前後には、介護福祉士や社会福祉主事資格（あるいは保育士資格）を持った若い職員が多数を占めるようになっていましたが、コスト削減（非正規化）の合理化の中で、ヘルパー資格や無資格の中高年の主婦が日勤の非正規職員として施設に大量に雇用されました。施設系介護職員は、措置制度のもとで、比較的高い賃金・労働条件を勝ち取っていましたが、こうした流動化・合理化の中で、ヘルパー労働市場が、施設系の労働市場を下へ押し下げる役割を担わせることになったのです。

五番目に、新自由主義の関係の中で、どうしても言っておかねばならないことがあります。近年急速に若年労働者の労働能力が極めて低くなっているということです。

もちろん、それは本人の責任というより、社会全体、とりわけ教育課程、あるいは生育過程で、すごい競争にさらされていることによるものと考えた方がよいでしょう。「自立せよ」、あるいは「自分らしさを探せ」、というような形で、競争させられています。最近出版された鈴木翔著の『教室内カースト《スクール》』（光文社新書）では、クラスの中で、上、中、下の、いわばカーストができていて、コミュニケーションもそういう三層の上下関係の階層にわかれた形の中で行われる。子どもたち自身の中では共同の生活の経験がほとんどできないことが語られています。そこから見えるのは、子どもたちは、バラバラになっていて、ことに「上」以外のカーストの者は、激しく傷つきながら学業を終えて労働市場に登場することになります。

介護職員はどうか。介護福祉士養成専門学校の教員からよく聞く話ですが、最近は介護福祉士養成学校に来る者は、だいたい「小学校4、5年生の学力しかない」といいます。

私の経験では、2000年前後は違いました。介護保険が始まったときは非常に優秀な人が多かった。しかし、今は大学を選ばなければ、ほとんどの者が4年制大学に行けるわけですから、そこに行かないで介護職員専門学校に来る人というのは、だいたいもう学校の中で排除されてきた人たちです。学歴ということよりも、労働能力としては、学校の中でも非常に排除され、あるいは同級生の人間関係の中でも排除される形で育ってきた人が多い。人との関係がうまく取れない。生活習慣がきちんと身についていない等の問題を抱えている若者が多い。そのためか、勤続期間が非常に短い。最短は就職して半日くらいで辞める。それから3日で辞める、1週間で辞める、3カ月で辞める。だいたい。4、5年も経験がある職員が多い施設は非常に優秀な施設で、数年前の介護労働安定センターの調査では、民間の老人ホームの離職率は50％近くということだったんです。すごい離職率ですが、今はもっとひどくなっているのではと心配です。介護の仕事に集まってくる労働者の質が、特に若年労働者の質が、かつてと全然違うということです(2)。

六番目は、介護保険によって経営主体が多様化し、非営利的な営業主体と、営利的な事業体などそれぞれありますが、社会福祉法人も含めて、経営者の雇用や社会的な責任観そして責任能力が極めて弱い法人が多いというのが実態です。

社会福祉法人も含めた非営利法人は「福祉で、良いことをやっているんだ」という意識ですが、本当の意味での経営責任の意識が弱い。民間営利の場合は「儲けたらいいんだ」ということで、これはある意味では経営者としての意識はものすごく持っているとは思うのですが、雇用者の社会的責任を持った経営者はほとんどいない。

ブラックが多いのです。いずれにしても労務管理や経営責任に問題がある事業体が多いということです。

それから、これはあたりまえのことですが、介護保険というのは疑似市場でありますので、ほとんどの仕事の内容、教育課程、職員の配置等も含めて、全部、国で決められています。報酬も決められています。とすれば、この擬似市場で、効率性が問われれば、労働者を安く使うような市場として機能する、というようになるのです。

以上のような特徴を介護労働市場は持っている。そういう中では、介護労働市場の中では、労使関係が非常に成立しにくい形でそもそも出発している、あるいはその状態がますます深化しているというようなことであると思います。

2　介護労働者の不満と描けない将来の展望

介護労働安定センターが毎年調査していますが、ここ数年、結果は、ほぼ同じです。賃金、労働条件に不満がある。しかし、「仕事は、やりがいがある」という労働者の回答です。つまり、利用者から「ありがとう」と言われることに、やりがい、生きがいを感じる。こうした介護労働者の傾向を促進し、意識付けているのが「顧客第一主義」（コンシューマイズム）という新自由主義的な労務管理手法です[(3)]。

すなわち、

(A)　利用者（顧客）に質の高い、良いサービスを提供したいという職業的倫理・自負心に依存して、

(B)　労働者を安価な労働条件で雇って介護サービスが成り立っている。

そういう中で、賃金が安いからといって労働組合に入る労働者を、すぐ組織できるかというと、かなり難しいということをきちんと踏まえることが必要です。つまり、労働者性をどこから確保するかということが課題であるということです。

しかし、また、この労務管理方法は、他方で、管理者に対して一番大きな不満として、「介護のやり方や中身を良くしたいという意見をまったく聞いてもらえない」等ということです。利用者は、介護労働者の未来の自分です。ある面で、自分に対して、こんな介護のやり方、内容では耐えられないという、労働者と利用者の応答関係から仕事に対する改善意欲も生まれます。その職員の仕事に対する能動的な意識を抑制することになることです。管理者は、職員の改善要求を聞いていたらコストがかかるから、見て見ぬ振り、聞いて聞かない振りをするということもあると思います。

一言でいえば、低い労働条件・賃金ではあるが、やりがいがある。そして、もっといい仕事をしたいという、そういうような意識が介護現場にはあるということです。

現に、介護労働安定センターの実態調査では、

(C)　介護の労働者不満の多くは職場の人間関係である。

そして、

(D)　将来への不安（事業の継続性や自分の将来の生活設計など）を抱いているということです。

こうした関係性を勘案すると、以下のようなことが、介護労働者の社会的自覚、労働者性の覚醒、階級意識が生まれてくる回路として一般的には考えられるはずです。

(1)　(A)の利用者（顧客）に質の高い、良いサービスを提供したいという職業的倫理・自負心を抑圧するのは(C)の職場の人間関係（それは、人事・労務管理の問題）であり、労使の緊張を生み出す。

(2)　(B)の労働者を安価な労働条件で雇って介護サービスが成り立っている問題は(D)の将来への不安（事業の継続性や自分の将来の生活設計など）と結びつくことによって解決すべき賃金・労働条件の改善の課題として自覚さ

れる。

(3)　また、人権・社会福祉政策（年金・子育て・介護など）や税制、その他の政治的テーマへの関心・理解から(1)、(2)を深く理解し、労働者としての権利意識に覚醒する。

（注）家計補助的収入を得るために働いている非常勤・パート職員、登録ヘルパーでも(1)の契機による労働者性の形成条件はある。

(3)は、人権や社会保障政策ですね。特に自分の年金というのは、神戸の小規模の介護事業所の所長が、ある研究大会で「退職までぎりぎり働いて、私の年金を計算したら８万円でしたよ。施設長で一生懸命必死に働いて年金が月８万、このショックから立ち上がれません」というふうに言っていたのですが、介護労働者の将来像、特に年金みたいなことを考えても、実はほとんど将来展望がないということです。

介護現場では男性が寿退職をする。「結婚をします、この給料では妻の給料と合算しても子どもを育てられませんので、辞めて土建関係に行きます」という人は結構います。あるいは長距離トラックの運転手とかに転職していく。若い男性職員の寿退職というのは多いということがあります。

それで、介護現場の中で一生懸命やろうという、４年あるいは5年以上のベテラン――現在は、だいたい5年経つと、介護現場ではベテランです。前、私が勤めていたところでは、10年以上の職員がたくさんおりましたけれども、まあ、だいたい5年も働けばベテランなんですが――そういう人たちは何とか真面目にきちっとやろうとしている。その人たちにとっても、なかなか将来がない。

私自身がある法人の施設長をやっておりましたので、どうしても経営が成り立たないということで、労務管理の全面的な改訂をしました。そこで計算をすると、現場職員で、管理職ではない、一番上の主任クラスで出せる年俸が４５０万円。施設長が７００万から８００万円。これ以上を超えると絶対に経営が成り立たない、ということでした。施設長で７００万ですから、よほど社会貢献の意識がないと勤まりません。施設長は何かあると訴訟の対象になりますし、それから主任クラスは、職員の中で病人が出たりすると夜勤が増えますよね。当然、欠員の穴を埋めるために働くということで労働強化が付きまとう。そういうような条件がありますので、どんなにやりくりしても介護の現場は今、非常に疲れています。でも、「私が辞めた後、あの利用者はどうなるか」という職業的倫理観でがんばる。がんばってバーンアウトやうつ状態になって辞めざるを得ないという状況に追い込まれる。バーンアウトというよりも、もう少し厳しい感じですね。

ですから、若い職員で、すぐ幻滅して辞めそうになる職員の獲得も大切ですが、この中堅の職員の、「介護内容を良くしたい」と考えている職員を獲得することが組織化にとって重要だと言えるようです。

3　「ケア労働の広場～交流と相談」（仮称）の設置について

さて、「ケア労働の広場」について、説明します。【図11―1】を参照下さい。

介護労働者を組織化するのは、前述の(1)、(2)、(3)くらいの回路からできるとするならば、最初から労働組合に組織するということは、あまり考えないほうがよいということです。

「ケア労働の広場」みたいな、自治労、小規模の宅老所やグループハウスの連絡会、良心的な社会福祉事業者の共同で、ケア労働をしている人たちの広場みたいなものを作って、ここの活動の外延した所に自治労・ユニオンなどを設定するというふうに、ワンクッション置くべきではないか。

ある種の職能的な集まりですね。看護師さんたちが非常に力があるのは、あれは労働組合のおかげではなくて、看護協会のおかげですね。100年の伝統がありますけれども、ああいう保守的なものではなくて、もう少し労働組合にも開かれているような……。看護協会は自民党には大きく開かれていますが労働組合のほうにあまり開かれておりませんので、この労働組合に開かれたようなケア労働の広場みたいなものができないかと考えました。

図 11-1 「ケア労働の広場～交流と相談」（仮称）の設置について

自治労、宅老所・グループハウス連絡会などの良心的社会福祉事業者等との共同事業として構想する。

① 介護労働に関わる様々な現場の悩みや事例を集積して、具体的な状態を（ホームページやネットで）発信、また、投稿できるサイトを作る。
② 職場の悩みや課題を相談できる体制を作る。
・労働者の相談
・管理者の相談～職員が安心して働き続けられる人事・管理の助言
（弁護士、社労士などのネットワーク）
③ 専門性のある人材など（看護師、セラピスト・栄養士・事務管理職など）のボランティア・プールなどの人材のネットワーク形成
④ 政府・地方政府の政策・方針などの分析・批判や政策提言
（経営者・研究者のネットワークの形成）
⑤ 介護労働者の現任研修や交流会の開催、介護職員養成講座

①②から出発する。

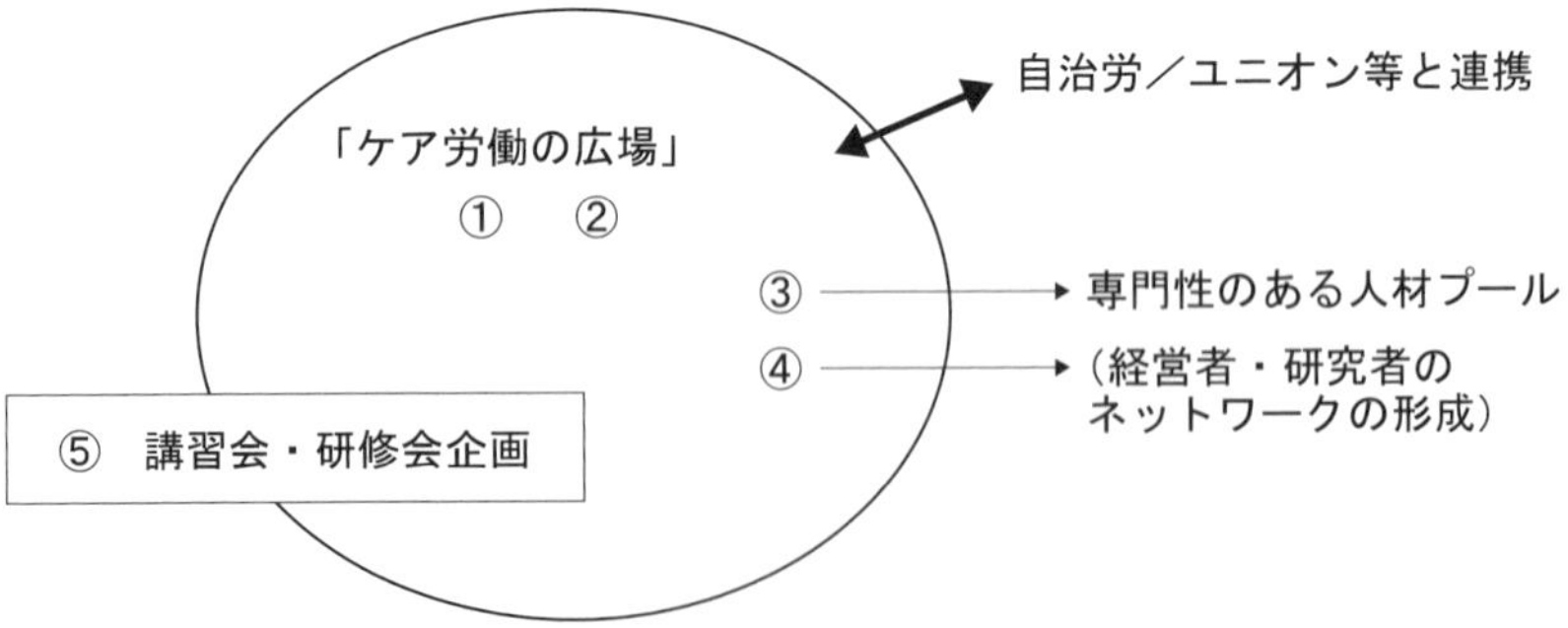

当然、労働組合はそこに資金をきちっと出さないといけない。「労働組合にすぐ何人集められたか、何人組織できたのか」ということを強調しすぎる成果主義では、組織化はなかなか難しい。少し時間をかけて、肩をほぐさないといけない。介護労働者になる若い人は、要するに小学校くらいから傷つき、のたうち回って、介護の現場にたどり着くわけですから、人間性の回復をするためには、仲間というのは実は支え合うことができるんだ、などと理解し合えるようなある種の「リハビリテーション」が必要なんです。自分たちがお年寄りや、障がい者に対して一生懸命サービスして、そこで良い関係ができたのと同じように、働いている仲間の中で、そういう人間的な信頼関係ができるんだということを、再度作り出すような「場」がないと、労働組合にはつながらないというふうに思います。

それからもう一つは、これは労働組合だけではなく社会運動もそうなんですけれども、若い人は経営者とぶつかるのをものすごく嫌がります。「ぶつからないで、汚い言葉は使わないで、争いをしないで」という意思が強く働くようです。労働組合は、使用者と争い、働くものの権利を獲得していくためにあるんですけれど、「争わないで」と言われると、昔のオルグは困ってしまいます。

これはね、別に介護労働だけじゃなくて、実は私は、学者でも何でもなかったんですけど、頼まれて大学院で今、仕事をしておりますけれども、30代から40代はじめくらいの先生たちは、今、大阪府と市の統合問題があって、大学が消えるかもわからないというときに、団塊の世代のメンバーが「黙っていないで、ガンとやろうぜ」と闘争が必要だというふうに言うと、「争いは嫌いです」というふうに言うのは若い先生たちです。あるいは、争うくらいだったら次の就職口を探すという。なぜそうなっているのかということですね。

これは我々の世代の運動のあり方、その頂点は殺し合いまでしちゃったんですから。やっぱり30年くらいの空白があるわけです。そういうことを取り戻すということも含めて、特に介護労働者の場合、大変な状況もありますので、世代間の落差、あるいは断絶もあります。何回も言いますけれども、今の若者は、小さいときから傷つきながら、この現場にいわばたどり着いているということもありますので、人間的な信頼関係ができるんだということを、再度確信できるような「リハビリテーション」の「場」が要るのではないかと考えています。

【注】
本文中に⑴、⑵、⑶を付けた箇所の詳細は、以下の拙著を参照されたい。
（１）「介護の革命の第2段階を目指す改革試案」『共生社会研究』№２、大阪市立大学共生社会研究会、２００７年
（２）「重大な問題はらむ介護労働者の資格と人材確保指針の変更」『共生社会研究』№３、大阪市立大学共生社会研究会、２００８年
（３）「日本における『福祉ミックス論』再考」『共生社会研究』№４、大阪市立大学共生社会研究会、２００９年

Ⅱ　質疑応答

質問については、要約した箇所もあります。桑原文治さんの回答の箇所は割愛させていただきました。

【質問１】

それぞれにご意見をお伺いします。桑原さんのレジュメにある「労働条件が悪いから、そこに労働組合結成のリアルニーズがあるとする社会的常識は真のニーズではなくて、労働組合側の願望にすぎないのではないか」というのは、その通りと私も感じています。それで「コミュニケーションツールが十分に機能すると、不安感が消えて信頼関係の中で広く状況を見つめなおすことができる」ということですが、労組がコミュニケーションツールとしての機能を果たすことができればと思います。もしくはコミュニケーションツールが機能することで労組結成への道筋ができればと思うのですが、そのコミュニケーションツールとはどういったものが具体的にあげられるのでしょうか。

仕事がものすごく忙しくて余裕がなく、みんながぴりぴりしている。くたくたでへとへとのところに、コミュニケーションツールというものを割り込ませる余地があるとするならば、どういった種類で、どういった形でやっていくのがよいのか、教えていただきたい。

【質問2】

先ほどの労働組合のニーズの話ですが、例えば教師というのは聖職者だという。労働組合は作っていますけれども、労働時間とか勤務時間をきちんと調査せず、実態がどうなっているか把握されていないことが多い。一方、今日の資料のアンケートを見ましたら、一応不満のような形で人数が足りないとか、有休が取れないとかの批判は多い。ところが国の方からいうと、労働者性よりも、生きがいとは何かとか、利用者さんから喜んでもらうというようなところを重視して、あたかも教師の聖職論と同じような形ですり替えをやっているのではないかと思っています。

労働者として介護者を見たときに、労働条件とは何かということをもっと正面に据えて、「これでこの賃金か」と訴えるべきではないかと思います。支払えないのは一事業所の問題だけではなく、介護の保険料の設定の仕方とか税金の取り方とか、いろんなところに問題があるわけで、それを現場の人に要求することは不可能かもしれませんが、少なくともナショナルセンターなり自治労、あるいは政党に働きかけるなど、政策の課題、社会問題として取り組むべきだと思いました。

【質問3】

お二人にお伺いしたいのは、介護労働者が仕事をしていて喜びを感じるのは、恐らく利用者なり、その利用者の家族に感謝される言葉をいただいたときだと思うのです。けれども、そういう機会は実際にあるのでしょうが、逆にクレームをつけられるケースの方が多いのじゃないかなと思ったりします。学校の先生からも、そういう話をよく聞きますし、感謝の言葉よりもクレームの方を感じることが多いと、看護師さんからも聞きます。

私はいま「労働者教育」をやっています。就職する前に、看護学校の生徒だとか、あるいは私学・公立のそういう介護に関わる学校の生徒さん、ほとんどは高校生で、将来介護士や看護師資格を取るような人たちです。彼・彼女らに事前アンケートをとると、面接の受け方とかについてはある程度教育はされています。ところが「あなたは雇用保険を知っていますか、健康保険を知っていますか、年金を知っていますか、労災を知っていますか、そういう教育を受けたことがありますか」と聞いたら、90％以上は受けていません。大学の3回生、4回生くらいになると、受けている比率が高くなります。でも、最もそういう社会保険の恩恵を受けなければならない層こそ知らないというのが現実なのです。いわんや労働組合には、ほとんど関心を示していません。

従業員の教育、組合員への教育をもっと労働組合はやるべきではないかと私は思っています。労働条件通知書の読み方だとか、求人票との違いとかいうことを、新入職員を対象にやるべきではないか。新しく入ってきた職員の教育を、学校でやっていないのだから職場に入ったら労働組合がやるべきではないか。そうすれば相乗効果が生まれるのではないかと思います。教育というのはあまり力にならないのかなという思いも正直あります。そのあたりについてご意見をいただきたい。

【水野】

最初のご質問について、私もそう思います。自治労などがきちっとお金を用意して、介護労働者の調査をする。私もいくつか調査をやりましたが、もっと政策に反映させ得るようなデータが必要です。あるいは自治労でやって、そのデータをもとに老人福祉施設連盟などと一緒に交渉しようと呼びかける。滋賀県の場合は、たぶん労働組合主導で介護集会をやっているのでしょうが、大阪の場合は老人福祉施設連盟とか、要するに業界団体がやっていて、労働組合がほとんど関与できていません。たとえやっても、なかなか人を集められない。介護報酬を変えるために自治労などが調査をやって、そのデータをもとに業界団体とも一緒に交渉する。そんな形ができないだろうかといつも思っています。

介護職場の介護報酬がなぜ低いのかというと、医療の場合は、この患者さんを扱うのに看護師さんが何人必要で、それにかかる医者の労働時間が何時間、だから積算していくらという計算をする。ところが介護報酬はそうではなく、これまでは、前年度これだけの報酬を出したらこれだけ全国の事業所で利益が出たので、これだけ減らせると、本当にコストダウンの方法で計算されていて、積算方式ではない。だから労働組合がそういう業界団体と協力して、きちっとデータを出して積算していけば、「こんな介護報酬額ではとうていできない」となるはずです。厚生労働省が何人の利用者に対して介護職員が何人と基準を出していますが、あの要員と利用者の何対何の比は職員が有給休暇を取ったら全部崩れる。有給休暇を取ることを計算しないでやっているものだから、あんな数字では絶対に仕事が回らない。そういうものすごく初歩的なことも含めて、きちっとデータを出して社会的に反撃をするということが、ナショナルセンター的な労働組合の第一の任務だと思います。それをしないで、組織化だけを追求しても無理でしょう。

それから教師聖職論じゃなくて、介護職員は、いわば「お手伝いさん」という認識です。だから「低賃金で何が悪い」という意識が、やはり世の議員さんたちの意識にはある。ですから積算方式で実はこれだけかかる。同一価値労働同一賃金の調査とかも一緒に合わせて、きちっと反撃をするということが大切だと私は思います。これはナショナルセンター的な労働組合の役割です。そうした取り組みと連動しないかぎり、介護現場の労働者を組合に組織するのは容易ではないというのが私の意見です。

それから、社会に出て働く前にその労働者にとって必要な教育をすべきだというご意見ですが、例えば西成高校なんかは非常に一生懸命このことをやっています。だから西成高校の在学生がアルバイトに行って、そこで労働組合を作ったという素晴らしい話も聞いたことがあります。でもそういう労働者教育を普通の高校、あるいは中学校でできるかというと、たぶんできない。たとえやっても、子どもたちは教科でもついていけないのに「そんなややこしいことはいらん」と、今の教育体制の中では、残念ながらそうなりかねません。一朝一夕で変えられないけれども、まずは労働組合が周りで働く労働者の労働者性を引き出す、あるいは労働組合を組織する前にその必要性をどう訴えるのかということをやらざるをえない。おっしゃるとおり公教育現場はすごく荒廃していますので、ここを変えるために労働組合は何ができるのか、そういうふうに考えないといけないと私は思っています。

それからコミュニケーションツールについてですが、介護職場はすごく忙しくて皆さん疲れているのですけれども、意外と飲み会には参加する。忙しくて大変だからもう人と話すのは嫌だということなのかというと、必ずしもそうじゃない。そこのところをどう受け止めるかです。私が提案しているケア労働者の集まりみたいなものを考えているのも、難しい話だけじゃなくて、ずっと小学校のときからいじめられ排除されてきた人の居場所づくりみたいなことも考える。労働組合や、あるいは労働組合の外延の組織が、若者の傷ついた心の癒やしという か居場所を用意する。尊厳をもう一度回復するというようなことをやることによって、ある意味で一番最底辺の労働市場に押し込められた人たちが世の中を変える、最先端の力になる、そういうロマンを持ってやるべきだし、ある程度可能ではないかと期待しています。

２０００年に介護保険制度が始まったときは、すごく優秀な人たちが集まってきたし、皆さん一生懸命勉強していました。どうやったら介護は良くなるのか、本当に疲れも知らずに一生懸命議論し勉強していました。今なぜそうならないかというと、やはり職場なり仕事に希望が持てないからです。ですからもう一度、「我々はこんなにがんばっているのにこんな賃金じゃないか、介護報酬の算定の仕方がおかしい」ということをはっきりと出して、政治的な対決にしないといけない。そこからしか労働者性が持てない現状について、自治労なりナショナルセンター的な労働組合がその下支えをする、その役割は大きいと思います。

【司会】

先ほど桑原さんが紹介した、介護集会という毎年滋賀県でやっている取り組みですが、単なる集会ではなく、水野さんのレジュメで「ケア労働の広場～交流と相談」という提案があるのですけれども、ほとんどこれに近い取り組みとしてやられています。そのことが滋賀県の方で介護労働者の組織化というか、介護労働者に労働組合がかなり浸透できているひとつの特徴だと思います。

【質問４】

最初に感想を申しますと、率直に言って今日のお話は大変難しかった。具体的なテーマのはずなのになぜ難しかったかというと、そういう語り方をする人でないとこういうケアの仕事はできないのかもしれないという気がしています。私みたいな端的なものの言い方をする人にはできないのだろうと思ったりもします。例えばレジュメの「外から見ればニーズととらえられない問題意識」「いやな気持ちがあるが、整理して言語化できないジレンマを感じた」とかそういうことの意味、それから「労働条件が悪いからそこに労働組合結成のリアルニーズがあるとする社会的常識は真のニーズではなくて、労働組合側の願望にすぎないのではないか」というようなことは非常にわかりにくい。

いろいろ部分的に教えられたことは、ちょっと置いて、私どもは外から骨太な議論しかできないのですが、介護労働者は普通の日本のサラリーマン一般みたいな共通のしんどさみたいなものを持っているけれども、その上に介護労働者としての特殊なしんどさみたいなものがある。それは水野さんがちょっと指摘したことですが、一挙に組織化の方へ向かうのは難しい。水野さんは、介護労働者というのは専門職ではないという言い方をされましたが、私は専門職だと思っています。学校の教室のカーストの下の方から出てくるという言い方をされて、私はちょっとギクっとしました。私は介護に入る人というのは、もっと生真面目な人たちだと思っていました。それはともかくとして、広く介護労働者として言われる人には、その専門職的な人もいれば、一般労働者的な人もいるということですか。

例えばナースだったら、正看、准看、それから看護補助者という三層がはっきり分かれていて、西欧の場合だったら組合も違う。日本でも賃金体系が違うというふうになっています。そういう点からいうと、介護労働者というのはどれに当たるわけですか。仮に専門職的な性格を持っていると考えるならば、端的にいうと経営基盤の弱い、施設ごとに組合を作るということ自身が間違っていると私は思います。そうじゃなくて、少なくとも自治労なら自治労の県本部が、直接そこに介護労働者が加入できるような一般組合を作るべきであって、それが交渉の主体になるべきだと思います。そうすることによって介護の現場も徐々に組織化が進むのであって、そこで労使関係的な意識に向かう。そうではなくこれを介護職場ごとにやっていたら、それは百年河清を待つに等しいと私には思えます。

そういう点からいうと、水野さんのご意見に挑戦的なことを申しますが、ゼンセン同盟の介護クラフトユニオン（注）について、私はあの組織の仕方は良いと思います。自治労とゼンセン同盟とどれだけ違うのかということもありますが、自治労みたいに施設ごとに組合を作っていって、桑原さんもそのいくつかを担当しているというお話がありましたが、経営者のなかには実に嫌な経営者、ろくにものわかっていない者もたくさんいると思います。その人ごとに交渉をするというよりは、外の組合員が一挙にそこに押しかける。例えば賃金の調査を進めておいて、その標準が守られない場合には、その施設はボイコットする。そこからどれだけ労働者が流出しようと、他の施設にすわればそれでよろしいわけです。移動というものを、むしろ強みにしなければいけない。今言われている移動というのは、実際には介護労働から他の仕事に移るということで、それは他の介護施設も悪いからでしょう。でも、労働条件の標準みたいなものがあれば、移動もまた強みです。悪いところから出ていくと、そこは経営が立ち行かなくなる、それでよろしいわけです。

国の制度が変わって賃金が上がるようになるというのは、労使関係の考え方としては転倒しているわけで、誤解をおそれずに言うと、介護保険制度の改正とかはむしろ後回しで、組織化のあり方、運動のあり方が問われていると私は思います。例えば看護師さんの例でいうと、西欧の場合、看護師さんはナルゴにもヌーピイにも入っている。ヌーピイというのは現業労働者で、これは准看です。そしてもっと高度なものであるロイヤル・カレッジ・オブ・ナーシングという学校、学校の組織、学校の卒業生みたいな組織がそのまま労働組合になっている。でも、ナースの統一行動というのはみんな一緒にやる。そんなふうにまず介護労働の特徴、労働者の性格を把握し、そして経営体の問題点を分析して一挙に横断的な、直接労働者が交渉ができるような組合を作るのが本当であるというか理想的です。その点から言ったら、ゼンセン同盟の組織化のあり方については正しいのではないかということになります。

【注】
ゼンセン同盟は、介護労働者を事業所単位ではなく職能による横断的な形で組織している。

【質問5】

私も父親が有料老人ホームに入ったのですが、それ以前の2年ほどは私自身が介護休暇をとって自宅で面倒をみたりしたことがあり、今日のお二人の話を興味深くお聞きしました。先ほどのご質問は、労働組合としてはどう考えたらよいのかということを一生懸命お話されたと思うのですが、私は桑原さんの話を聞いて、介護労働っていったい何なんだ、自分らは毎日どういう仕事をしているんだ、という何か自分たちの仕事の存在意義そのものに確信を持てないという、それはやはり放っておけないという感じがします。

先ほど感謝されることのお話がありましたが、入居者、利用者本人の感謝というよりは、ほとんどが家族からの感謝ではなかったかという気がします。私の父親は施設に対しては不満なのですが、しかし施設の人に対しては一生懸命お礼を言うのです。利用者にとっては、やはりここに預けられたという気持ちがあるのでしょう。私らはその施設に行くたびに親父の不満を聞きながら、むしろご迷惑をおかけして申し訳ありませんと、施設の職員に対してお礼を言っています。何か、その気持ちがずっと私の中でわだかまっています。介護労働者が、自分たち自身の労働というのがどうであってほしいのかということを考えたときに、このままで良いのかという気がやはりします。

介護というものが介護保険によって社会化されたということは、大変大きな進歩なわけですけれども、まだ日が浅くて、介護という仕事のありようについて定まっていないような気が私はします。最初に桑原さんが、利用者というのは、一方的なサービスを受けるのみでいいのかということを言われました。そういう利用者の尊厳みたいなところで、私たちはいずれそのようなサービスを受ける側として、どのように担保されていくのかということがやはり気になります。若い介護者自身も、自分たちの仕事に対して、何か根底的な不安みたいなものがあるような気が私はします。やがて私らもこのような介護を受けるようになるわけで、その時にどういうサービスを望むのかということに関わっているのではないかという気がします。

【水野】

「介護労働者というのは専門職ではない」とは言っていないのですが、私の話し方が悪かったのでしょう。言いたいことは、介護労働者が、「自分たちはいったい何なのか」ということをなかなか確定できない。違う言葉で言うと、介護労働に対する社会的認知がないということです。それと同時に賃金が安い、労働条件が悪いということも原因しています。社会的認知を勝ち取っていくためのさまざまな領域での闘い、活動がなければ、自分たちが「社会的に言ってこうなんだ」ということをいくら立証しても、それで不安は解消できない。いま介護労働者の現状が本当に不安定で、社会的にも認知がされていないということが現実にあるからだと思います。

それから介護されているご当人自身が、感謝をいっぱいされています。私の勤めた施設もそうでした。それがそこに働いている介護労働者の、そこの職場におけるいわば尊厳を一定担保していることにつながるのではないかと思います。それが担保されていなければ、利用されている人は、ものみたいに扱われますので、うまく信頼関係ができないということになる。いずれにしても社会的な認知と、現場のある種小さい空間の中における相互の認知のあり方みたいなものが大切で、それらをどう社会的な認知にまで築くかということに大きな意義があると思います。

それからゼンセン同盟についてですけれども、実は組織するときのあり方、運営についての批判であって、組織の形態のことではありません。運営について疑問があるのです。現場の労働者の意見がなかなか反映されないということです。組織の形態については、おっしゃるとおりで、私も各職場単位で組織するというふうには考えていません。さまざまな勉強会や交流会でも、職場を超えて組織すべきだ、そうしないとうまくいかないと主張しています。現実に全然経営能力のない施設なり使用者はいっぱいおり、そこでは個別相談や争議は数多く出てくるのですが、それでおしまいです。そういう経営体は放逐してもよいと私も思っており、労働組合なり労働者階級の闘いは、敵がいい加減なヤツだったら放り出すのは当たり前だと思っています。

日本の介護労働者の場合、これから厚生労働省は何々専門介護者というのを作ろうとしています。従来のヘルパー2級資格はなくしてしまいます。その代わりに介護基礎研修を入れてグレードアップだと言っているのですけれども、たぶんこれでは介護労働者が圧倒的に足りなくなると思います。なぜそんなことをするのかわかりませんが、もし唯一の合理性があるとすると、現状では介護専門学校に生徒が集まらなくて介護専門学校の業界が危なくなってきた。それで介護基礎教育を５００時間受けないと資格はもらえないようにする。その講習をやれるのは、介護専門学校しかできないでしょう。介護専門学校などの業界防衛的な利害関係が非常に強いのではないかと思います。しかしヘルパーさんの制度をなくしてしまえば、とたんに日々の地域に密着した介護のケアがなくなってしまうでしょう。厚生労働省が何を考えているのかわかりませんが、専門介護福祉士、普通の介護士、それから介護助手みたいな格好で、三つのランクを作りたいのかなと思っています。それにしても上積みするほどの報酬も出さないようではどうするのか、という矛盾がみえません。ドイツのように、介護士を看護師に全部統合したというやり方もあるのですが、ただドイツの場合は、ドイツの介護保険で対応しているのは日本でいうと介護度が要介護3以上のレベルの人なので、かなり医療ニーズの高い人です。だから過去も介護士の条件が良かったのは、日本で言う准看護師みたいな人がやっていたので看護師に統一・統合することが当たり前で現実化したとも言えます。これをそのまま日本の制度に持ってくると、さまざまに無理が生じるでしょう。いずれにしても介護労働者の専門性とか職能をどう分けるのかということは、厚生労働省でどんな議論になっているかみる限り私は全然わからない。厚生労働省も混乱しているのではないかという気はしています。

【質問6—①】

今、2級ヘルパーの人って、取りやすいというのもあって比較的多いですね。この2級ヘルパーをなくしていくのですか?

【水野】

そうです。2級ヘルパーは、今後、介護職としての資格として認定しない、ということです。経過処置がありますが……。

【質問6―②】

しかしその一方で、あと10年あまりで介護労働者を2倍くらいにしなきゃ追いつかないという現実がありますが、そこの矛盾をどうするのですか。

【水野】

本当に、どうするのでしょ？

【質問7】

2点質問があるのですが、水野先生がおっしゃった介護に入る、そういう仕事に就く若者の話で思ったのですけれども、いま介護労働と言ってもいろんな人が入っています。私もある短期大学で非常勤をしていたときに、介護福祉課の学生に教えていたことがあって、入学時からあまりにも質が悪かったので、少なくとも自分の授業をしている間に何とか変わるかなと思って努力したのですけれども、授業が終わっても変化はあまりみられず、本当に涙が出そうになったことが何度もあります。そんな子たちが介護福祉士として就職し、かたやいろんな社会経験を積みながら入職した人がヘルパー、あるいは資格もなく入ると、あの学生たちはちょっと大丈夫なのかなという気がします。というのはそういう学生たちのほうが給料が多くて、どちらかというと上の立場になるわけです。資格を持ったか持たないかということが優先され、それまでの人生経験とか経緯とか人間性とかいうことはまったく無関係に、勤務形態とか賃金体系がつくられる。最近はそれなりに良い学生さんが入っていますけれども、社会福祉士とか国家資格をとって介護で就職する学生たちにはそれにふさわしくない人たちもいるわけで、でもそういう介護福祉士の方が給料が上だったり、上司になったりする。こんな中でどうやってコミュニケーションをとっていくのか、一緒につながっていくのか非常に難しいことではないかなと思うのですが、そういったことがあるのかどうかお伺いしたい。

もう一つは給料の話が出ていましたが、厚生労働省が介護労働者の報酬があまりにも低いというので、ある一定の要件を満たせばそこにちょっとお金を出すという制度を設けて、厚労省の資料によればかなりの額が、介護労働者の給料のアップにつながっているという資料を見たことがあります。これは実際にはどうなのか、もしそれが本当であれば、もうちょっと国の仕組みを変えていくということを組合なのか、あるいは何か違ったかたちなのか、その国の仕組みから変えていくということが必要なのではないかと思うのですが、それはいかがでしょう。

【質問8】

今日は介護のテーマということで、非常にわくわくしながら参加しました。ちょっと私事で恐縮ですが、私の雑駁な経験の中で、約6年ちょっと医療と介護に関わったことがあります。その前にはある金融機関の支店長職をやっており、それが倒産して、お金よりランクアップして命のほうに行くんだという思いで、私は期待を持って医療関係に入ったのです。

いわゆる看護師さんは看護協会があり、医師には医師会がある。私は、何カ所かの医療関係で事務長をやらせていただいて、また併設するそういった福祉施設の中で、その施設の管理もさせられました。午前中に三十数人のじいちゃんばあちゃんの入浴介助をするなどの経験をしました。そうした仕事の中で、いろいろと主張することで排除され続けてきたというのが私の経験です。先ほどからのお話をお聞きしていて、ああそうなんだと思ったのは、介護職というのは医療の前では立ちつくすというか、そのことを実感しました。先ほどのお話を聞いていて、時代的にも歴史的にも看護師さんは看護協会があったとはいえ、いろんなプライドを持っておられる。先ほど社会的認知とおっしゃいましたけれども、そのことからいうと介護職は看護師さんの前で立ちすくむ、かなり卑屈な動きになってくることが多かったという経験があります。ましてや医療の中でよく言われる医師をトップとしたヒエラルキーの中で、相当強固な構造になっていると思うのです。ここのところをどうするのか、それをまず目指すことによって介護士さんのプライドができるのではないか、社会的認知度が高まってくるのではないかと私は思います。

それと合わせてどう現場から組織していくのかということで、先ほどからコミュニケーションツールということが言われましたが、私は今は一般企業で働いていますけれども、会話があればコミュニケーションをしているわけです。でも私の経験でいえば、スピリチュアルなコミュニケーションをやったという経験は、やはり介護の仕事の中での方が多かった。例えば要介護度の高い人で、ストレッチャーに乗ったままお風呂に入れる。身体が温まる、非常に気持ち良くなってきて、そこで排便をしちゃう。本当の規定ではダメなのだけれども、あわてて素手でもとれるような覚悟でみんな介護をやっているわけです。その彼女が言葉も何も表現しないのですけれども、一瞬笑っただけで一緒に介護してる人が涙を流すわけです。これがいわゆるコミュニケーションツール以外の何ものでもなかったのではないか。介護の職場はいろんな業種の経験者が参入してきているわけで、カンファレンスの時などに本音が出てくるときがある。現場で関わっている人たちがコミュニケーションをする方法というのは、普段の仕事の中でもカンファレンスの中でもたくさんある。だから私は、もっと単純に考えていった方がいいんじゃないかという提案です。

【質問8】

私が質問したかったことの大半は皆さんがすでにお話しされました。「話がわからなかった」というお話もありましたが、私は全然違って、何回もこの研究会には出ていますけれども、今日くらい私の琴線に触れる話をお聞きできたことはなかったと思います。先ほどの組合論の議論、「労働条件が悪いからそこに労働組合結成のリアルニーズがあるのではない」というご指摘は、私もその通りだと思います。また、なぜ介護職というのがこれだけ認知度が低いかというのは、私も今までのいくつかの断片的な情報なり知見としては聞いていたのですが、今日まとめてくださったご報告で非常にわかりやすく感激しました。長い間、考えていたことがようやくわかったようで、本当に素敵なお話をありがとうございました。

【水野】

若者の話ですけれども、本当に介護を目指すということで、その学校を選択した場合はともかく、短大はまだ良いほうで、介護専門学校などは大変です。先生が最初にやらなければいけないのは、朝、学生に電話して、「起きた?」「朝ご飯食べた?」「服着てすぐおいで」と、これなんです。まず朝、ちゃんと起きられない。それから実習に行かせる場合、実習の事前に学生を連れていって、施設の人によろしくお願いしますと頼む。ところが三人お願いすると、まずたいてい一人は休みます。最初の日から休む子もいる。そうすると実習担当の先生は施設に謝りに行って、生徒が一緒についてきて謝るのだったらまだいいけれど、生徒は来ない。そういう繰り返しみたいなことがあって、だんだん専門学校の応募者も少なくなって、この間、大阪府では半分くらいが潰れたのでは。ところが年寄りはどんどん増えて、今の２・５倍くらいの介護労働者が要るわけで、さあどうなるのでしょうということです。つまり資格制度で賃金、労働条件、および処遇は全部決めてしまうような職場の労務管理をやるのか、あるいは仕事の本当の能力みたいなものを見据えて勤務体系、および処遇を作るのかということで、私は後者の必要性を感じます。そういうモデルになるようなことを前提にして、私は自分の職場でそういうものを作ったこともあります。でも、一つの職場で作っても広がっていかないとダメなのです。だから先ほども指摘があったように、ひとつの職場だけで労働組合を作って、そこで労使交渉をして、どんなに頑張って良い賃金体系、労務管理体系を作っても、広がらなければダメなわけで、そういう横に広げるような組織を作らないといけない。

東京の社会福祉協議会がそれに挑戦をしている例があります。介護職員が集まりにくいので介護職員の協同雇用制度を作っています。協同雇用の中で、3年働くと「ここの施設に替わりたい」ということができる。プロ野球の選手みたいに移動ができる。ただし、その協同雇用に事業所が参加できるためには、労働条件がどうで賃金がどうとかなり細かく決められています。協同雇用に参加できるということは、労働者のいろんな権利が守られていて、一定の介護水準があるところです。そうした条件を満たさないとそこに入れないという制度です。今はどうなっているのかわかりませんが……。

これは労働組合ではなく、社会福祉協議会の中のある課長がやろうといって頑張って作ったのです。こんなことをヒントに、労働組合で、労働者供給事業としてやってみるのもいいのではないかと思います。そういうことで賃金や労働条件の水準をずっと広げていけるような活動をしない限りダメでしょう。まったく新しくできた労働市場ですから、むちゃくちゃになっているのは事実だけれども、むちゃくちゃになっているから逆に言うと、一番新しい労働者の組織化の考え方で組織しようと思ったら組織できる。だから私は、世の中を変える条件がここにはいっぱいあると思っています。その意味でも自治労なりナショナルセンターはもっとお金をかけるべきだと思っています。

それから介護職員の処遇改善給付金の話ですが、介護報酬を上げると、いまの介護保険の金が足りなくなります。一人あたりの介護保険の保険料は、今だいたい全国平均でひとり5000円いくら、夫婦だと1万円くらいです。厚生労働省は、1万円を超えると払わなくなるのでこれで止めたいとしていますが、今の介護保険費の中でやると、現状の介護労働者の賃金くらいしか出ない。それでは労働者が集まらないので、給付金は保険財源からではなく税金から出しているのです。それに対してある人たちは、措置の時代に戻ったといいます。税金ではなく保険でやりましょうと言ったけれども、事実上措置に戻った。税金を別に投入し始めたということは、介護保険は完全に破綻し始めているわけです。ですから私は、この先、介護の社会化の制度は、やはり税でやらざるを得ないのではと思っています。介護保険になったのはなぜかというと、「福祉目的税でも増税は嫌だ」と国民の多くが言ったからで、仕方なく保険金という別の取り方をしているだけです。だから結局は、税の問題に戻り着かざるを得ないと思っています。なお、介護職の給与改善の給付金ですが、問題点も多い。介護職は対象になるが、事務職や看護職、セラピスト、厨房職員など介護職以外の職種は対象でないことが職場で波紋を呼んでいます。

それから職員とのコミュニケーションツールですが、感謝されるというのは違う言葉でいうと、魂の交流だと思っています。コミュニケーションって、基本は人間と人間の交流です。特に利用者と介護職員の言葉にならない、魂の交流だと思うのです。ここのところはものすごく深いから、給料が安くても辞められないという真面目な人がたくさんいます。看護師さんもそうで、特に終末期を看取っている看護師さんなんかそうです。そういう魂の交流みたいなものがものすごく大切な職場です。

ところが一方で、利用者第一主義、コンシューマイズムというのは、実はこういう看護とか介護の労働の中から新自由主義者は、労務管理のあり方として上手に抜き取って、お客様が第一ですよという。お客様というのはサービスをしている目の前の利用者だけじゃなくて、利用者の家族なり保護者もお客様ですから、お客様に迷惑をかけたらいけない、お客様のことを考えて仕事をしなさいと。そうすると管理者はあまり指揮命令をしなくても、「お客様第一ですよ」と言っていれば仕事は回る。そうした介護や看護の労働のやり方が、いま全産業を覆っていると言ってもいいぐらいです。これに、しっかり介護労働者はやられているわけですが、魂の交流の話と、労務管理としての「お客様第一」とは全然話が違います。この辺の区分けみたいなものができないと、労働組合なり労働者の組織というのはなかなかできにくいのかなと私は思っています。

【司会】

今日のテーマは介護労働者のニーズと労働組合の役割と思っていたのですけれども、非常に難問です。そこについてはさまざまな議論が必要だと改めて思いました。仕事に自信が持てない、働き続けることに確信が持てない、そういう環境にあるという中で、組合結成にはなかなか向かわないですね。私の失敗の経験からしても、企業に働いている人らがその企業に対して帰属意識を持てない。そこで組合を作って、がんばって労働条件を変える、ここでずっと働き続けるんだという意識にならない。その前に辞めてしまう。そのことにコミットできない組織化には無理があることを痛感しました。

介護労働は社会的認知がまだされていないという、その結果として労働条件が悪いというのはあるのですけれども、先ほどのご意見の中で、お金よりもランクのアップした仕事として介護職を選んだという話もあったし、そこから仕事への確信の道があるのか、それは聖職論の問題に道を開くのか、なかなか大変な課題だと改めて思います。しかし、いずれ私どもも介護の利用者になるつもりですので、ここのところはぜひ自分たちの問題として改善していかなければと思いました。利用者の尊厳が守られるようなというお話もありましたが、また今後も研究テーマとしていきたいと思います。今日は桑原さん、水野さん、ありがとうございました。

おわりに

本の執筆が終わりにさしかかった２０１４年11月9日、10日、２日連続で朝日新聞が医療法人と提携したマンション業者が経営・管理する東京の「シニアマンション」の高齢者の人権と安心・安全な生活を顧みない運営実態を報道した。その後もこの件について続報が続いた。

シニアマンションと提携した医療法人が経営する訪問介護事業所から、ホームヘルパーがマンションに派遣される。要介護5では、月に最大約36万円の介護報酬をヘルパー事業で稼ぐことができ、この額は、有料老人ホームの介護報酬より約10万円高い。また、このマンションに囲い込んだ高齢者への実際と虚偽・架空の両方の訪問診療・往診によって医療報酬を不当に得ていた可能性も高いという。

「シニアマンション」は、特別養護老人ホームや有料老人ホーム、さらには、サービス付き高齢者向け住宅にも該当しない一般の民間賃貸マンションなので、居室やサービス内容については、法の規制外にある。居住条件は、「老人タコ部屋」とでもいうようなもの。居室の外側からは施錠ができ、徘徊を防ぐために「拘束」が常態化していたという。ある女性の入居者（70代）の事例を報道していた。要約すれば、以下のようであった。

脳梗塞で自宅生活は困難であろうと医師に告げられた。「特養への入所はすぐには難しい」と言われた。評判のいい有料老人ホームは高額で手が出せず途方に暮れていたところ「うちで引き取ります」と言われたのが、このマンションだった。

東京都では、数年前にも、生活保護受給者とそれに準ずる低所得者一人暮らしの高齢者の行き場がなく、都から離れた関東地方の居住条件が最悪の一般民間賃貸住宅に送り込んでいる実態が報道された。これらの不良住宅が火事で、死亡事故が発生したことなどが報道されたこともあった。急速に高齢化・単身化・貧困化する大都市においては、特養ホームなどの施設の不足や高齢者及びその親族の経済状態もあって、高齢者の生活維持の困難さの足元を見透かした悪質なビジネスが、法の規制や行政指導の外側に形を変え、「工夫」を凝らして繰り返し生まれてくるのである。

「またか」という、怒りさえ失いそうになる記事を前に、高齢者とこの社会の未来に対する薄ら寒い予感を抱きながら、本の副題に「人は生きてきたようにしか死ねないのか」を選ぶことにした。

これは、第2部第4章のタイトルでもある。この章は、『現代の理論』２００５年春号に掲載された拙稿に手を加えたものである。元原稿は、５年に一度行われる介護保険法の第1回目の見直しがなされた２００５年に、介護保険の行く先には希望が持てないと思い定めながら執筆したものである。その時のサブタイトルは「老後生活の階層化を促進する『介護市場』を問う」であった。

あれから10年が経とうとしているが、介護保険を振り返ると２００５年に感じた老後生活の階層化の促進という懸念が、今回（２０１４年の6月）の法改定でくっきりと姿を現した。人間の普遍的な生存権のベースにある「尊厳」が、「市場での（選択の）自由」として、つまるところ「消費者主権」として読み替えられ、国家が担うべき社会権の保障や社会的な連帯の重要性が、いわば「自己責任」という論理にすり替えられて無視・軽視され、老後の生活の階層化・格差化が押し広げられている。こうした老後生活が分断化され、階層化されてきた15年の経過を振り返るという意味を込めて、書名をどうするかと考えあぐねていた。明石書店の森本直樹さんや『現代の理論』編集部の矢代俊三さんの助言もあって、ようやく腹を決めることができた。感謝！

本書の書名にこめた問題意識は、実は、日本の高齢者の怨嗟の気持ちを表現するだけではない。この間、経済の急成長を果たした東アジアに共通する民衆の怨嗟の感情を表現したいと思うからである。数カ月前に偶然読んだ中国の作家・余華著の小説『死者たちの7日間』（原題「第7天」河出書房新社）にも、同じようなテーマが、寓話と言ってもよいような手法で扱われていた。

中国の農村地域では、人々の多くは、自然村（行政的な村の単位ではなく、昔からその地域に住んできたか、あるいは行政区画が制定されるしばらく前に住み着いてきた人たちの共同体で、日本の農村地方の「字」に近い）に一族の墓＝廟を持っているが、都市の下層の勤労住民で墓を持っていない、持つことができなかった階層が生まれている。小説は、その階層に属する鉄道の踏切番の仕事をしていた男・楊飛（死者＝主人公）の死後7日間の話である。死者たちは、かつては「火葬場」と言われた「葬儀場」に、それぞれ自分でやって来て番号札をもらう。火葬の順番を表す番号札である。生前「上級」であった者は、多くの参列者を伴って「葬儀場」に到着し、優先して火葬にふされ、安息の地＝「あの世」に行く。一方、「下級」の者は、順番が来て呼び出されても、墓のない者は、火葬を許されない。火葬を許されなかった楊飛は、安息の地＝「あの世」に行くことができず、7日間「あの世」と「この世」の間隙をさまよい、「この世」でも「あの世」でもない境界にある、霧に包まれた「墓場なき死者の地」に辿り着く。そこは、「貧困も富貴もない、悲しみも痛みもない、恨みも憎しみもない……誰もが死んだあと平等を得る場所」であると楊飛が直観するところで話は終わる。

食堂の火災で突然死亡した楊飛の人生そのものが、そして、人々の老後も死後も、上下の階層が揺らぐことなく続く。否、死に方や、死に様自体が、階層によって異なり差別化されている現実の中国社会の姿を主人公の死後7日間を描くことによって、浮き上がらせた。これは中国社会の寓話であるが、この現実は、これからの日本や韓国のことでもある。年老いてからも尊厳を傷つけられながら死に至る人々の「生きてきたようにしか死ねないのか」という怨嗟の声が、徐々に大きくなってくる気配を感じるのである。

日本の介護・ケアをめぐる私自身の15年の軌跡をなぞってみると、社会が、高齢者介護を含めて市場原理で覆い尽くされようとしている様相に警鐘を鳴らし続けてきた15年なのかも知れない。現在を起点に、この先を見つめると、荒涼とした原野が広がっているようにも見える。しかし、貧しい者、生きにくさを抱える者が放置される社会は、社会全体が病んでいる社会でもある。資本主義の勃興期に、人々は、協同組合や互助組織、労働者や農民の闘う組織を編み出して資本の横暴と世の冷たさに対峙してきた。歴史は、繰り返されているようにも思えるが、グローバリズムの労働市場の広がりの中で、外国人労働者との連帯や、反原発の広がりなど、人々の生きる場の「剥奪感」を超える社会のあり方を求める運動も確実に芽吹いている。

介護保険に未来がないことは、おいおい人々が気づき、確信することになるであろう。では、どうするのか。社会全体の改革のイメージについては第5部第9章で述べた。介護やケアについての改革の方向について、駆け足で私の考えを述べておく。

介護保険が始まる前に、要介護高齢者ではなく「障碍高齢者」や「高齢障碍」という概念、あるいは考え方や表現があった。私は、この概念を復活させ、高齢者のケア・支援や障碍者のケア・支援の問題に再びアプローチをするべきだと考える。

中国の「中華人民共和国老年人権益保障法」には、「5つの権利」（扶養、医療、社会参加、生涯教育、娯楽）が規定されている。しかし、その老年人に保障される権利は、家族が保障することになっているので、実際上は、すべての高齢者にとっては、実現可能な「権利・権益」ではない。

他方、日本の高齢者の生存権は、①居住や日常生活を賄う経済的な費用は老齢年金によって担保され、②健康保険によって医療を受ける権利が担保され、③介護保険によって介護を受ける権利が担保されていることに、とりあえずというか一応なっている。高齢者の社会参加や生涯教育、娯楽は、権利としては明確な位置づけがなく、個人の家計費によって賄うものとして考えられているようであり、①によって担保され、部分的に③の介護サービスに含まれていると言えそうである。要約すれば、要介護状態になった高齢者には、「社会参加」の権利は社会的には保障されていない。生涯教育、娯楽も公的サービスでは「生きがい」作りとして、わずかに施設サービスなどに含まれている程度である。

高齢になって、病気や老化や欠損などで、他者から何らかのケア・支援がなければ、自立的な生活が困難になる状態を「要介護状態」ではなく、「障碍」という概念で捉えてみれば、高齢者の社会参加や生涯教育、娯楽は、権利として明確に位置づく。つまり、高齢者も若い世代の者も「障碍」の程度・内容によるケア・支援を得られる社会制度を再構成・構築することになるのである。

また、堤修三が繰り返し言うように、介護保険は、医療保険と違って、一生に一度も保険を使わずに、あるいは、ほんのわずかしか利用しないで死亡することもあり、また、40歳から被保険者になるが、一般的にみて、40歳からは、65歳になって以後の25年先のサービス受給のメリットは理解し難く、ピンとこない。世代を超えた連帯感の大切さよりも、保険料の負担率が大きいと感じてしまいがちとなる。実態的にも介護保険財政の下支えをする40歳の~64歳の被保険者の人口は、今後減少し、2号被保険者には、保険財源の29%を負担することが難しくなる。世代間の利害対立が激化することになるのである。こうした介護保険制度のリスクを解消するためには、健康保険と介護保険を合体・再編した制度を構築すべきであろう。すなわち、高齢、障碍、疾病・ケガなどにトータルに網をかける総合的・統合的社会保障制度の構築である。もちろん、そこでの「障碍の程度」の評価・分類は、ICF（国際生活機能分類）の考え方を応用したものでなければならないし、税金からの財源補填を大きくする必要がある。

ただし、統合した全国統一の社会保険で介護・ケアを受給できるには、現在の介護保険で言えば、要介護3程度以上にあたる被保険者とする。この層の人（高齢者とは限らない）は、恐らく医療ニーズも高い人が多くなるはずである。

そのほかの「要介護2」以下の人は、放置するのか。そうではない。地方自治政府の事業として、地域や学校や職場で、障碍の程度、内容によって、一人一人の自立した生活が送れるように支援・ケアを受けられる体制を作ることである。「要介護2」以下の多くの人は、少し支援や助けがあれば、自立的生活が可能である。被支援者と支援者が固定された介護・ケアサービスに閉じ込められると、自立的な生活意欲や力が後退する。だから、被支援者と支援者が固定されない、双方向に開かれているコミュニティの自主的・能動的な相互連帯の活動・事業が中心となる内容であることが求められる。そこでは、住民自治を原点にした地方分権による事業・活動の創造力が大きな力となる。もちろん、現状の地域社会の状態の延長上に、このような制度・体制ができるわけではない。台湾では「二毛作」の生き方の推奨・キャンペーンがなされているという。一毛作目は、定年まで職業を全うし、二毛作目は、定年後、地域などでの社会貢献の活動に従事するという生き方であるという。このキャンペーンが、どの程度社会に浸透し、実際に、人々に受け入れられているかについての知見を私は持たない。しかし、行政機関や市民団体、協同組合、労組、NPOなどの自主的団体、個人のさまざまな活動による社会をあげての取り組みがないところでは実現できるものではない。人々の生き方を含めた考え方や生活の中での相互連帯を生むある種の「文化革命」への数年かけた努力が必要であろうことは、疑う余地がない。

付け加えれば、全国的な「統合社会保険」は、20歳以上が被保険者となり、国税と保険料がその財源となり、地方政府の「障碍者支援・ケア事業」は、地方自治体財源と市民の自主活動によって実現されるいわば「コミュニティ事業」である。全国的な統合社会保険の制度と事業計画、制度の運営と財政などについては、中央政府と地方政府代表、被保険者などの利害関係者の代表などを構成員とする、もう一つの国会のような「社会福祉中央会議」におけるオープンな討論・審議によって決定されるものとする。地方政府の「障碍者支援・ケア事業」も市民の直接参加が大きく保証された地方分権・自治の実験場となるべきものである。なお、全国的な「統合社会保険」で受けられるサービスの内容とレベル、及び「受給可否等の判定」の基準作成などは、広く当事者・市民による検討・議論に付され、地方政府の意見具申を含めて「社会福祉中央会議」におけるオープンな討論・審議によって決定されなければならない。言うまでもなく、以上の改革には、中央政府が財源を一手に握る現在の税制から、地方の自治権が強化される税制のあり方への改革が必要となる。

いずれにしても、第5部の第10章で述べた、〈政府セクター〉〈市場セクター〉、地域コミュニティ・協同組合・非営利・ボランティアの〈協働セクター〉、家庭などの〈私的セクター〉という異質なセクター間の関係調整をベストミックスさせ、新たな公共性に基づく「新しい公共福祉」を創造するという目標を実現する取り組みが、日本を含めた東アジアの共通課題である。こうした制度・政策にかかわる諸課題について、東アジアの民衆レベルの共同の研究・交流が大きな意味を持つであろう。アジアの草の根の活動・議論・交流を通して、新しいアジアの民衆連帯が深まることを望むのである。

最後に、各章が関連する初出論考のリストを示す。各論考を掲載していただいた雑誌や研究誌の編集部の方々に、逸散した元原稿を探して頂いたり、データを提供して頂いたりとお手数をおかけした。記して感謝の意を表したい。

2015年2月

水野博達

【初出一覧】

序　章「地域は、介護・福祉の救い主になり得るか」『現代の理論』電子版No.1、現代の理論編集委員会、2014年

第1章「『介護の社会化』とは『市場』での自由のことか」『大阪市社会福祉研究』23号、大阪市社会福祉協議会・大阪市社会福祉研修センター、2000年

第2章「介護保険――尊厳を支える制度に向けた改革試案」『共生社会研究』No.1、大阪市立大学共生社会研究会、2005年

第3章「財政事情優先で進む『市場主義』と『特養解体』への流れ」『市政研究』2003年春号、大阪市政調査会、2003年

第4章「生きてきたようにしか死ねないのか」『現代の理論』2号、明石書店、2005年

第5章「介護の革命の第2段階を目指す改革試案」『共生社会研究』No.2、大阪市立大学共生社会研究会、2007年

第6章「『尊厳を支える介護』というけれど～改革の行き詰まり」自治研へ投稿予定原稿（未発表）、2008年

第7章「重大な問題をはらむ介護の資格と人材確保指針の変更」『共生社会研究』No.3、大阪市立大学共生社会研究会、2008年

補論1「『介護報酬3％アップで2万円の賃上げ』のペテン」機関紙編集者クラブ／『解放新聞』2009年新春号、2009年

第8章「日本における『福祉ミックス論』再考」『共生社会研究』No.4、大阪市立大学共生社会研究会、2009年

補論2「外国人介護・家事労働者の導入と地域の高齢者サービス」書き下ろし、2014年

第9章「超高齢社会、必然化する『持続的社会』の構想」『現代の理論』30号、明石書店、2012年

第10章「政府の機能と市民の活力で『新しい公共福祉』へ」中国南京市・鐘山職業技術学院での講演原稿、2012年

第11章「なぜ、介護労働者の組織化は困難なのか？」『職場の人権』第85号、研究会「職場の人権」、2013年

著者紹介

水野 博達（みずの・ひろみち）

1944年、名古屋市生まれ。関西学院文学部英文科に入学するも、学生運動に参加し退学処分。2003年、大阪市立大学創造都市研究科都市共生社会研究分野に入学し、2005年、同修士課程修了。

1968年、全電通労組近畿地方本部書記を皮切りに、団体役職員の傍らフリーランスのルポライター。労働運動、部落解放運動、三里塚闘争、沖縄連帯、反天皇制運動に関わる。その後、1994年より社会福祉法人・特別養護老人ホームの設立準備に関わり、1995年、特別養護老人ホーム開設にともない事務長、施設長を歴任。2010年、同所を退職し、2009年4月より大阪市立大学大学院創造都市研究科特任准教授。

『現代の理論』『共生社会研究』などに介護問題、部落問題等について寄稿する他、「打ち破られた社員組合の幻想」「大合理化下の佐世保重工」「解雇撤回全面勝利ならず・佐伯造船所」等のルポルタージュを『月刊労働問題』（日本評論社）に発表。共著に『「橋下現象」徹底検証』（2012年）、『これでおしまい「橋下劇場」』（2013年）いずれもインパクト出版会などがある。

介護保険と階層化・格差化する高齢者
——人は生きてきたようにしか死ねないのか

2015年4月2日　初版第1刷発行

著　者　水　野　博　達
発行者　石　井　昭　男
発行所　株式会社　明石書店
〒101-0021　東京都千代田区外神田6-9-5
電　話　03（5818）1171
FAX　03（5818）1174
振　替　00100-7-24505
http://www.akashi.co.jp

装　幀　明石書店デザイン室
印刷・製本　モリモト印刷株式会社

（定価はカバーに表示してあります）　ISBN978-4-7503-4174-3